Robert H. Schuller

Himmel auf Erden

Anleitung zu einem glücklichen Leben

Robert H. Schuller

Himmel auf Erden

Anleitung zu einem glücklichen Leben

Projektion J

Titel der Originalausgabe:
The Be Happy Attitudes

1. Auflage 2004
Best.-Nr. 657 526

ISBN 3-89490-526-3

Übersetzung: Marianne Magnus
Umschlaggestaltung: Olaf Johannson
Lektorat und Satz: Nicole Schol, Gerth Medien GmbH
Druck und Verarbeitung: Schönbach-Druck, Erzhausen

Für die *Crystal Cathedral*-Gemeinde
und die unzähligen Freunde der *Hour of Power*-Fernseharbeit –
die Menschen, mit denen ich gelacht, geweint und geträumt habe.

Gemeinsam haben wir den Weg von der Trauer zur Freude,
von der Verzweiflung zum Sieg zurückgelegt.
Gemeinsam haben wir die Wahrhaftigkeit
der wunderschönen Seligpreisungen Jesu gesehen und erlebt.

Inhalt

Vorwort

Ich bin all jenen Freunden und Verwandten, die mir so freimütig gestattet haben, ihre Erfahrungen in diesem Buch weiterzugeben, sehr, sehr dankbar. Sie hoffen und beten wie ich, dass noch viele andere das Geheimnis der Seligpreisungen entdecken. Mein Dank gilt auch Sheila Schuller Coleman, der Redakteurin meiner wöchentlichen Sonntags-Botschaften. Sie hat meine Gedanken und schriftlichen Anekdoten gesammelt und gebündelt. Ihre Hilfe bei der Zusammenstellung des Manuskriptes war von unschätzbarem Wert. Danke auch dir, Betty Cornell: Vielen Dank für die unermüdlichen Stunden, die du auf die Recherche und geistliche Unterstützung verwandt hast.

Einführung

Wahres Glück! Unerreichbar, oder?

Haben Sie nicht schon oft gedacht:

- „Wenn ich nur dieses Auto hätte … dann wäre ich rundum zufrieden!“
- „Wenn ich nur jemanden finden könnte, der mich wirklich liebt … dann wäre ich völlig glücklich!“
- „Wenn ich nur nicht so viele finanzielle Belastungen hätte … dann wäre ich so richtig selig!“
- „Wenn ich nur …“
- „Wenn ich nur …“

Die große Neuigkeit, die ich Ihnen heute präsentieren will, ist: All die „Wenn ich nur …“-Hypothesen der Welt – selbst wenn sie sich alle erfüllen würden –, könnten Ihnen doch kein wahres Glück garantieren! Sicher haben wir alle schon das ein oder andere Mal feststellen müssen, dass Autos, Häuser, Schmuck oder andere materielle Errungenschaften uns nicht sehr lange glücklich machen. Nach dem unmittelbaren „Freudentaumel“, der uns überfällt, wenn wir etwas bekommen, das wir uns so sehr gewünscht haben, holen uns dann die Probleme ein, die jede Neuerwerbung so mit sich bringt.

Mir fällt dazu immer wieder die Geschichte von dem jungen Mann ein, der gern einen Ferrari gehabt hätte. Er träumte immer wieder davon. Er stellte sich vor, wie er hinter dem Lenkrad saß. Er konnte förmlich das weiche, geschmeidige Leder riechen – und die Schubkraft des Motors auf dem Asphalt spüren.

Dann war es endlich so weit. Er bekam die lang ersehnte Beförderung. Und mit der Beförderung kam eine ordentliche Gehaltserhöhung. Schließlich wusste er, dass er sich seinen Traum erfüllen konnte.

Funkelnagelneu. Schwarz lackiert. Der Ferrari blitzte und glänzte, als er ihn aus dem Ausstellungsraum fuhr. Ein Traum war wahr geworden. Er war hin und weg!

Das Auto ließ sich supergut fahren. Und der junge Mann genoss sichtlich all die Aufmerksamkeit und Bewunderung, die ihm die neidischen Blicke anderer junger Männer sowie flotte Bienen zollten. Die Ratenzahlungen für das Auto waren jedoch beträchtlich. Die gesamte Gehaltserhöhung und noch mehr flossen in das Auto. Die Mädels, die durch das Auto angezogen wurden, erwarteten, dass er sie in teure Lokale ausführte. Sie erwarteten edle Geschenke. Und die Parkplatzeinweiser erwarteten entsprechend ein sattes Trinkgeld.

Dann musste der Ferrari schließlich zur Inspektion! Wow! Er hatte ja nicht die leiseste Ahnung gehabt, dass ein stinknormaler Ölwechsel so viel Kohle kosten konnte. Er konnte das Geld dafür gerade so zusammenkratzen, obwohl die hohe Werkstattrechnung ein ordentliches Loch in sein Budget riss.

Aber es war es wert! Er hatte einen Ferrari – sein Traumauto!

Dem Mann machte es Spaß, seinen Ferrari zu waschen und zu wachsen, das Wachs zu verreiben und zuzusehen, wie die Sonne sich in der funkelnden Karosserie widerspiegelte. Doch nach einigen Monaten bemerkte er so langsam kleine Kratzer im Lack und Schrammen an der Tür.

Es ödete ihn allmählich an, dass er dem Auto und dessen anspruchsvollen neuen Freundinnen so viel Aufmerksamkeit widmen musste. Ja, er fragte sich nun sogar, mit wem die Mädels eigentlich ausgingen – mit ihm oder dem Auto!

Das Auto – die Freude und der ganze Stolz des jungen Mannes, die Quelle seines Glücks – wurde so langsam zur Quelle der Enttäuschung und Traurigkeit und auch zu einer Belastung. Mit dieser Ernüchterung hatte er überhaupt nicht gerechnet. Er hatte gedacht, er wäre nun auf ewig glücklich, wenn er erst mal sein Auto hätte. Doch glücklich war er nun keineswegs.

> *„Einstellungen sind wichtiger als Tatsachen!"*
> Karl Menninger

Hinzu kam die Angst vor der Zukunft, die ihn packte – und ganz schön beutelte. Jetzt quälte ihn die Frage: „Werde ich jemals glücklich sein? Werde ich jemals zufrieden sein?"

Materielle Besitztümer machen nicht wirklich glücklich. Menschen, die ihr Glück im Geld, in Immobilien, Besitztümern oder Investmentgeschäften suchen, laufen immer Gefahr, ein böses Erwachen zu erleben. Sie können sich für alles Geld der Welt kein Glück kaufen.

Ich habe einige sehr wohlhabende Personen getroffen, die genauso viele Probleme haben wie normale Menschen. Sie sind keineswegs glücklicher als Sie oder ich. Im Gegenteil. Das liebe Geld bringt gewöhnlich eher noch mehr Probleme und noch weniger Glück mit sich. Reiche Leute sind oft einsam und argwöhnisch, was die Beweggründe anderer Menschen angeht.

Wenn Reichtum kein Glück garantieren kann, wie steht es dann mit Berühmtheit?

Ich kenne viele prominente Menschen und viele von ihnen sind in und an ihrem Leben verzweifelt. Sicher fallen Ihnen auch einige bekannte Kinostars und Schauspieler ein, deren Namen in aller Munde waren und die auf der Erfolgsleiter ganz oben standen, jedoch so unglücklich waren, dass sie dem Ganzen durch Selbstmord ein Ende setzten.

Wo hoffen Sie also, wahres Glück zu finden?

- In Reichtümern? Dazu bedarf es mehr als nur Geld.
- In Ruhm? Anerkennung und Berühmtheit sind flüchtig!
- In Relationen, Interaktionen, Beziehungen? Selbst die Menschen, die uns lieben, werden uns mitunter enttäuschen.
- In Rauschgift? Drogen schaffen nicht nur Entspannung, sie führen zu unguten Gewohnheiten, die nichts als Probleme schaffen!

Wie aber sonst findet man wahres Glück? Nicht in Reichtümern, Ruhm, Relationen oder Rauschgift, sondern in neu eingeübten Reaktionen und geistigen Haltungen! Darum geht es in diesem Buch: um die lebensverändernde Macht von neu eingeübten geistigen Haltungen! Die gute Nachricht dabei ist: Schlechte Nachrichten können sich in gute Nachrichten verwandeln, wenn Sie Ihre Haltung gegenüber den harten Zeiten neu einüben.

Im vorliegenden Buch:

- werden Sie auf Menschen stoßen, die genau das getan haben,
- lernen Sie acht geistliche Gesetze kennen, die Jesus gelehrt und ge-

lebt hat und die Sie dabei unterstützen, eine neue Haltung einzunehmen und einzuüben,
- finden Sie Anregungen, wie Sie sich bewusst dazu entscheiden können, positiv auf negative Zeiten zu reagieren!

Dieses Buch wird mit absoluter Sicherheit Ihr Leben verändern – vorausgesetzt, Sie sind bereit, zu lernen, nach den „Glücklich sind"-Aussagen zu leben.

Worum geht es bei den „Glücklich sind"-Aussagen? Wahrscheinlich sind diese Ihnen schon einmal unter der Bezeichnung „Seligpreisungen" begegnet – acht positive Haltungen, die den acht einleitenden Aussagen aus der bekannten Bergpredigt von Jesus von Nazareth entstammen (Matthäus-Evangelium, Kapitel 5). In der bekannten Luther-Übersetzung lauten sie:

- „Selig sind, die da geistlich arm sind; denn ihrer ist das Himmelreich."
- „Selig sind, die da Leid tragen; denn sie sollen getröstet werden."
- „Selig sind die Sanftmütigen; denn sie werden das Erdreich besitzen."
- „Selig sind, die da hungert und dürstet nach der Gerechtigkeit; denn sie sollen satt werden."
- „Selig sind die Barmherzigen; denn sie werden Barmherzigkeit erlangen."
- „Selig sind, die reinen Herzens sind; denn sie werden Gott schauen."
- „Selig sind die Friedfertigen; denn sie werden Gottes Kinder heißen."
- „Selig sind, die um der Gerechtigkeit willen verfolgt werden; denn ihrer ist das Himmelreich."

„Selig" bedeutet wörtlich eigentlich „glücklich". Egal, ob Sie gewinnen oder verlieren, Erfolg haben oder versagen, begeistert sind oder deprimiert, froh oder leidend – so können Sie dennoch glücklich sein, wenn Sie die acht positiven Einstellungen für sich entdecken, die Jesus uns in den Seligpreisungen mitgegeben hat.

Philip Johnson, der Architekt, der das Kirchengebäude der *Crystal*

Cathedral entworfen hat, sagte einmal: „Der wichtigste Teil einer jeden Konstruktion ist das ‚Hineingehen' bzw. der Teil oder die Stelle, an der eine Person in das Erleben ‚hineingeht'."

Was das „Hineingehen" bei einem Gebäude ist …
Was die Ouvertüre bei einer Symphonie ist …
Was der erste Aufschlag beim Tennis ist …
Was der Haupteingang bei einer Einrichtung ist …
Was die feierliche Taufe bei einem Schiff ist …
Was der Eröffnungsapplaus bei einer Rede ist …
Was der erste Eindruck bei einer neuen Beziehung ist …
Was die Eröffnungsnummer bei einem Programm ist …
… das ist genau das, was auch diese acht klassischen Sätze bei der Lehre Jesu sind. „Klassisch" will heißen: Sie haben sich bewährt. Seit über 2 000 Jahren haben sie das Befinden und Verhalten von Männern und Frauen verändert.

Was ist das Geheimnis daran? Warum haben sie sich als unübertroffene und erfolgreiche Therapie bei Niedergeschlagenheit oder Bedrückung erwiesen? Heute wissen wir es! Jeder dieser Sätze enthält die geistliche Motivation zur Veränderung der Einstellung eines Menschen. Was wir hier eigentlich haben, ist ein therapeutisches Trainingsprogramm, das negative Einstellungen durch positive Haltungen ersetzt! Genau, hier sind – unübertroffen in der einschlägigen Literatur –, acht positive Ansätze, die jedes Leben verändern! Entdecken Sie sie! Wenden Sie sie an! Genießen Sie das Leben mit diesen „Glücklich sind"-Aussagen!

„Glücklich sind"-Aussage 1

„Ich brauche Hilfe – ich kann es nicht allein"

„Glücklich sind, die da geistlich arm sind; denn ihrer ist das Himmelreich"

„Wer ist heute schon glücklich? Jeder hat doch so viele Probleme“, schnauzte sie.

Ich hatte auf dem Bildschirm mitverfolgt, wie der Fernsehreporter auf einer Straße in New York auf diese Frau zugegangen war. Offensichtlich war sie abgehetzt und angespannt. Der Interviewer hatte sie einfach nur gefragt, ob sie glücklich sei. Alles, was ich nun auf meiner Mattscheibe sehen konnte, war der misslungene Schnappschuss einer unhöflichen und unwirschen Frau, deren negative Haltung in meinen Ohren widerhallte.

Ich hätte ihr am liebsten mitten ins Gesicht gesagt: „Moment mal, wer immer du auch bist! Glück ist nicht unbedingt eine Frage der persönlichen Probleme. Jeder hat Probleme und doch ist nicht jeder gleich unglücklich!“

Glück hängt nicht davon ab, ob wir Probleme haben oder nicht. Genauso wenig wie davon, ob wir materiellen Besitz haben oder nicht. Es gibt Menschen, die glücklich sind, auch wenn sie nur sehr wenig besitzen. Und ebenso gibt es Leute, die unglücklich sind, auch wenn sie so wohlhabend wie Könige sind.

Ich ging im Haus und Büro eines Mannes ein und aus, dessen persönliches Vermögen sich auf etwa zehn Millionen Dollar beläuft. Und doch hat dieser Mann finanzielle Probleme. Er hat Liquiditätsprobleme. Sein gesamter Reichtum ist fest in Wertpapieren angelegt und er verdient ein wahnsinnig hohes Gehalt. Der größte Teil seines Monatsverdienstes geht jedoch in die ebenfalls wahnsinnig hohen Hypothekentilgungen.

Vielleicht sagen Sie ja jetzt: „Ich würde gerne meine finanzielle Unsicherheit gegen seine finanzielle Sicherheit eintauschen!“

Darauf gebe ich Ihnen dann zur Antwort: „Niemand ist finanziell sicher. Je mehr man hat, desto mehr kann man verlieren.“

Wo aber finden wir diese positive Einstellung zum Glück? Wo finden wir einen Ausweg aus den schwerwiegenden Problemen, die uns die Freude rauben? Wo finden wir Heilung für unsere verwundeten Herzen?

Diese Frage ist alles entscheidend, denn allzu oft suchen die meisten von uns an der falschen Stelle nach Hilfe.

Ich erzähle immer wieder gerne die Geschichte des Mannes, der zum Arzt ging. Der Arzt sagt zu ihm: „Ich bin mir sicher, dass ich die Antwort auf Ihre Probleme habe.“

Woraufhin der Mann antwortet: „Ich hoffe doch sehr, Herr Doktor. Ich hätte schon viel früher zu Ihnen kommen sollen.“

Der Arzt hakt nach: „Wo waren Sie vorher?“

„Ich war beim Apotheker“, kommt die Antwort.

Der Arzt bemerkt abfällig: „Welchen albernen Rat hat er Ihnen denn gegeben?“

„Er hat mir gesagt, ich solle Sie aufsuchen!“

Allzu oft wenden wir uns an die falsche Adresse. Wenn Sie ein medizinisches Problem haben, dann gehen Sie zum Arzt. Wenn Ihr Problem Ihr Unglücklichsein ist, dann gibt es da einen geistlichen Arzt, den ich Ihnen empfehlen kann. Sein Name ist Jesus Christus. Glauben Sie mir, Jesus war ein von Freude erfüllter Mensch. Er hatte Probleme, aber er wusste, wie er sie auf kreative und konstruktive Weise lösen konnte.

Folgen Sie mir durch die nächsten acht Kapitel! Beim Betrachten der „Seligpreisungen“ – der „Glücklich sind“-Aussagen – von Jesus Christus werden Sie den Schlüssel entdecken, den er uns zu einem freudigen Leben an die Hand gab.

Es ist eine tolle Sache, fröhlich durchs Leben zu gehen! Ja, auch wenn wir Probleme haben! Haben Sie finanzielle Probleme? Augenblick mal! Unsere Reaktion auf unsere finanzielle Situation ist weit wichtiger als die Realität dieser finanziellen Lage.

Schließlich ist Armut nicht nur eine Sache der Finanzen! Jeder von uns muss sich mit irgendeiner Form von Armut zurechtfinden. Wir haben alle irgendein Bedürfnis in irgendeinem Bereich unseres Lebens.

Vielleicht *finanzielle* Armut. Es kann aber auch die *berufliche* Armut sein – entweder der Mangel an Erfolg in dem von uns gewählten Beruf oder schlicht die Perspektiven- oder Ziellosigkeit in dem ausgeübten Job. Oder es kann die *intellektuelle* oder *emotionale* Armut sein.

Jesus beginnt seine Rede auf dem Berg mit einer gewaltigen Aussage, einem geistlichen Prinzip, das sich mit der Frage der Armut auseinander setzt: „Glücklich sind, die erkennen, wie arm sie vor Gott sind, denn ihnen gehört die neue Welt Gottes." Das Geheimnis eines erfolgreichen Lebens ist einfach: Sie und ich, wir müssen unsere wunden Punkte, unsere Schwachstellen, unsere Bildungslücken und leeren Taschen anerkennen. Und dann müssen wir auch „geistlich arm" werden – uns unserer Armut stellen, demütig sein, unsere Schwachheit eingestehen und um Hilfe bitten.

Berufliche Armut

Jeder ist auf ihre oder seine ihm eigene Weise arm. Vielleicht sind Sie ja in beruflicher Hinsicht arm. Wenn Sie gerade erst ins Berufsleben starten, fehlt Ihnen vielleicht noch ein Traum. Sie müssen wissen, wie Sie zu einem beruflichen Traum kommen und wie Sie ihn verfolgen können. Wenn Sie bereits ein Ziel haben, auf das Sie zustreben, fehlt Ihnen vielleicht ein Netz emotionaler Unterstützung, das Sie zum Erfolg führt.

Wenn Sie sehr erfolgreich sind, wenn Sie meinen, am Ziel Ihrer Träume angekommen zu sein und es geschafft zu haben, fehlt Ihnen vielleicht auch etwas. Was ist es? Sie müssen sich etwa entscheiden, wohin Sie von diesem Punkt aus gehen und wie Sie mit dem Erfolg umgehen, den Sie erreicht haben.

Wenn der berufliche Erfolg bei Ihnen ausbleibt, dann gilt die erste „Glücklich sind"-Aussage ebenfalls Ihnen. Denn das Glück wird sich einstellen, wenn Sie Ihre Arroganz ablegen und um Hilfe bitten. Der Stolz hält uns davon ab, um Hilfe zu rufen. Auch die Gier bremst uns. Wir wollen uns den gesamten Erfolg selbst zuschreiben. Ich habe mir vor langer Zeit einmal einen Satz gemerkt, den ich Ihnen hier weitergeben möchte: „Gott kann großartige Dinge durch den Menschen tun, der sich nicht darum schert, wem die Anerkennung zuteil wird."

Wenn Sie bereit sind, diese Grundvoraussetzung ernst zu nehmen, dann sind Sie auch bereit, hoch qualifiziertes Personal in Ihrer Firma oder Organisation einzustellen. Es wird Ihr Geschäftsvorhaben zum Erfolg führen. Es bekommt vielleicht das Lob, aber Sie werden Erfolg haben – und Sie werden nicht nur sich selbst geholfen haben, sondern auch jedem in Ihrem persönlichen Umfeld.

Armut, die auf eine angenehme, positive Art bewältigt wird, bietet eine Gelegenheit, gute und großzügige Menschen in unsere Träume einzubeziehen, denn häufig begrüßen die Starken die Gelegenheit, einem Schwachen zu helfen. Die Wohlhabenden finden einen Sinn für ihr Leben, wenn ihnen die Gelegenheit geboten wird, sich an einem nützlichen Projekt oder der Verbindung zu einer bewundernswerten Person zu beteiligen. Heute genieße ich die Freundschaft vieler großartiger Menschen, die ich kennen lernte, als ich sie um ihre Unterstützung für den Bau der *Crystal Cathedral*-Kirche oder den Aufbau einer Fernseharbeit bitten musste.

Ich wurde gesegnet, weil ich arm war – arm genug, um meinen Stolz hinunterzuschlucken, und demütig genug, um um ihre Unterstützung zu bitten. Was kam dabei heraus? Nicht nur Erfolg beim Erreichen meiner beruflichen Ziele, sondern dauerhafte Freundschaften mit denen, die sich den Tag für mich frei nahmen.

Stehen Sie also Ihrem Mangel nicht ablehnend und feindlich gegenüber. Und versuchen Sie nicht, ihn zu überspielen oder das Problem zu leugnen. Es kann nämlich sein, dass eine solche Haltung damit endet, dass Sie ohne Sinn durchs Leben geben und einen schrecklich hohen Preis dafür bezahlen. Wie sollten Sie aber stattdessen mit Ihrer Armut umgehen? Indem Sie sich sagen: „Ich brauche Hilfe.“

Intellektuelle Armut

Als ich das *Hope College* in Holland/Michigan besuchte, studierte ich Wirtschaftswissenschaften unter Dr. Edward Dimnent. Man sagte Dr. Dimnent nach, er sei so schlau und besäße ein so umfassendes Allgemeinwissen, dass er dafür qualifiziert wäre, jeden Kurs im Bildungsangebot des *Hope Colleges* zu unterrichten. Er kannte sich in Biologie, Chemie, Physik aus – kurzum in allen naturwissenschaftlichen

Fächern – und hätte auch kunst- und geisteswissenschaftlichen Unterricht erteilen können.

Die Krönung des Ganzen war, dass er auch der Architekt der College-Kapelle war! Ein solch umfassendes Wissen war vor 40 Jahren noch möglich! Heute wäre das undenkbar, was schlicht und ergreifend daran liegt, dass das gesamte Wissen dieser Welt weit mehr ist, als ein einziges Menschenhirn zu fassen vermag. Hinzu kommt, dass die Schnelligkeit, mit der das Wissen durch die Forschung erworben und erweitert wird, die Möglichkeit ausschließt, dass jemand irgendwann an den Punkt kommen kann, an dem er oder sie alles erlernen könnte.

Demzufolge könnte man annehmen, dass die Intellektuellen von heute bescheidener wären, als sie es noch vor 20 oder 30 Jahren waren. Das wäre doch zumindest logisch. Angesichts einer derartigen Anhäufung von Wissen möchte man doch meinen, dass dies das Ende intellektuellen Elite-Denkens und akademischer Arroganz wäre. Doch da bin ich mir keineswegs so sicher.

Doch worum es mir geht, ist Folgendes: Jeder ist doch auf irgendeinem Gebiet unwissend. Jeder hat sein Gebiet intellektueller Armut.

Ich möchte Ihnen dies einmal anhand eines Beispiels illustrieren. Ich besuchte eine kleine Highschool in Iowa, die keinen Geometrie-Unterricht anbot. Als ich mit meinem Studium am *Hope College* in Michigan begann, musste ich feststellen, dass jeder Student acht Stunden Naturwissenschaften belegen musste und dass dazu auch ein Mathematik-Kurs erforderlich war.

Es wird Sie keiner für etwas schlagen, das Sie nicht wissen können.

Demzufolge fand ich mich in einem Mathe-Kurs wieder. In der ersten Woche hatte der Dozent einige Ausführungen heruntergerasselt, die sich auf geometrische Grundprinzipien bezogen. Da ich nie Geometrie gelernt hatte, wusste ich auch nicht, worüber er sprach. Ich beobachtete nur, dass meine Kommilitonen eifrig nickten, so als würden sie alles hundertpro verstehen. Deshalb tat ich das auch und dachte bei mir: *Das kann ich später noch nachholen.* In der darauf folgenden Woche: wieder das gleiche Spiel! Ich hatte zwar nicht den blassesten Schimmer, wovon der Prof eigentlich quasselte, aber ich tat so, als verstünde ich alles so gut wie meine Kommilitonen. Die Wahrheit kam dann beim ersten Test ans Licht. Ich war durchgerasselt.

Mein Prof kam hinterher auf mich zu und fragte mich freundlich: „Hast du ein Problem, Bob?“

Ich erwiderte: „O, nein, nein. Alles bestens!“

Das war eine Lüge. Wäre ich ehrlich gewesen, hätte ich zugeben müssen, dass ich ein enormes Wissensdefizit mitgebracht hatte. Aber das wollte ich ja nicht eingestehen, weil ich nicht wollte, dass der Lehrer wusste, wie dumm ich war. Das war einer der größten Fehler, den ich je gemacht habe. Armut? Kann sich darin auch die Möglichkeit zu etwas Positivem verbergen? Ja, wenn sie mich zu einem demütigen Hilferuf bewegt hätte. Hätte ich offen und ehrlich geantwortet und meinem Dozenten meinen kümmerlichen Wissensstand eingestanden, dann hätte er sich – davon bin ich heute überzeugt – bestimmt ins Zeug gelegt, mir unter die Arme zu greifen und mir Nachhilfe zu geben! Schließlich sehnen wir alle uns danach, gebraucht zu werden. Das Eingeständnis meiner intellektuellen Armut hätte sich in eine positive Möglichkeit für wirkliches Lernen verwandeln lassen. Ich hätte eine Eins statt einer Vier haben können, wenn ich nur diese Lektion gelernt hätte. Erfolg fängt da an, wo ich es wage, zuzugeben, dass ich Hilfe brauche!

Ich habe miterlebt, wie Geschäfte wieder Aufschwung bekamen, Studenten ihren Abschluss schafften und Ehen gekittet wurden – eben auf Grund dieser bescheidenen und optimistischen Einstellung. Und ich habe auch gesehen, wie das in Eltern-Teenager-Beziehungen funktionierte.

Was ist das für ein Schmerz?
Es sind die Geburtswehen
einer neuen Einstellung,
die versucht,
sich Bahn zu brechen!

John war 16 Jahre alt. Er war über die Art und Weise, wie sein Vater und seine Mutter ihn behandelten und von oben herab mit ihm redeten, nicht gerade erbaut. Aber was konnte er bloß tun? Er konnte abhauen und von zu Hause davonrennen, aber so schlimm war es eigentlich gar nicht. Also versuchte er, so zu tun, als würde er das Problem ignorieren, indem er mauerte und sich weigerte, darüber zu reden.

John fing an, sich immer mehr in sein Schneckenhaus zurückzuziehen. Er schmollte und war eingeschnappt. Das stieß seinen Eltern bitter auf; sie reagierten wütend und gereizt: „Warum sagst du denn nichts?", war ihr frustrierter Versuch, mit John ins Gespräch zu kommen. Als einzige Antwort erhielten sie nur ein Schulterzucken.

„Stimmt was nicht mit dir?", drangen seine Eltern in ihn.

John murmelte immer nur: „Nööö!"

„Haben wir was falsch gemacht?"

„Nööö!"

„Warum sagst du denn nichts?"

„Was soll ich denn sagen?!"

Ihre Beziehung war in einer Sackgasse angelangt, bis John diese Seligpreisung ernst nahm und merkte, dass es viel klüger war zu sagen: „Mama, Papa, ich hab da ein Problem mit der Art und Weise, wie ihr mit mir umspringt." Das war der Beginn für eine offene und ehrliche Beziehung zu seinen Eltern.

Natürlich brauchen auch Eltern diese Seligpreisung. Ich rate Eltern immer, sich nicht zu scheuen, ihren Kindern gegenüber transparent zu sein. Zeigen Sie ihnen Ihre Schwächen! Vermitteln Sie ihnen nicht den Eindruck, als seien Sie perfekt. Stülpen Sie Ihren Kindern nicht zu große Schuhe über, in die sie nie hineinpassen werden! Sprechen Sie mit ihnen darüber, in welcher Klemme Sie als Eltern stecken! Fragen Sie Ihren Teenager: „Wie würdest du mit diesem Problem umgehen, wenn du in unserer Haut stecken würdest?"

Emotionale Armut

Cherry Boone O'Neill, die Tochter meines Freundes Pat Boone[1], berichtet in ihrem Buch *Starving for Attenion* („Hunger nach Anerkennung")[2] von ihrem Kampf gegen ihre Krankheit *Anorexia nervosa* (Magersucht). Als Cherry lernte, mit ihrer emotionalen Armut umzugehen und sich selbst zu lieben und anzunehmen, konnte sie die entsetzliche Krankheit, die weiter verbreitet ist, als man denkt, überwinden.

Magersucht, eine Essstörung, die auch als „Selbst-Aushungern" („Seelenhunger") bezeichnet wird, ist eine psychosomatische Erkrankung, die eigentlich auf der emotionalen oder psychologischen Ebene beginnt und ihren Verlauf nach außen zur physischen Ebene nimmt. Wenn sie sich schließlich im körperlichen Bereich manifestiert, ist professionelle Hilfe nötig, denn die äußeren Anzeichen – ein gravierender selbst herbeigeführter Gewichtsverlust – sind lediglich ein Symptom für das, was im Inneren abläuft.

So berichtet Cherry aus eigener Erfahrung: „Ich hungerte mich auf 80 Pfund herunter. Ich war am Verhungern. Ich war wirklich auf einem langsamen Selbstmord-Trip, weil ich mich selbst so schrecklich hasste. Ich konnte es gar nicht fassen, dass Gott mich überhaupt lieben konnte – angesichts dessen, was ich mir selbst und den Menschen antat, die mich gern hatten. Da war nur eine schwache Hoffnung, dass Gott tatsächlich existierte und dass es irgendwie einen Weg aus meiner Misere heraus geben musste. Es gab Momente, da betete ich, dass ich doch sterben könnte, denn ich glaubte nicht daran, je wieder da rauszukommen.

Doch meine Eltern und auch mein Mann, der im wörtlichsten Sinne mit mir durch dick und dünn ging, hielten zu mir. Schließlich konnten wir eine professionelle Psychotherapie eines christlichen Psychiaters in Anspruch nehmen. Mein Mann und ich zogen in die Gegend von Seattle und im Verlauf der folgenden sechs Monate intensiver Therapie ging es mir schließlich besser.

Ich habe nicht den geringsten Zweifel daran, dass Gott mich zur richtigen Zeit zu dem richtigen Arzt führte. Denn innerhalb von einem halben Jahr hatte sich meine Einstellung so stark geändert, dass ich nicht mehr sterben, sondern leben wollte. Und ich hatte gelernt, dass es Dinge an mir gab, die liebenswert waren – ungeachtet dessen, was ich tat und wie ich aussah.

Gott hat mich so sehr gesegnet. Er ging mit mir durch etwas so Traumatisches und Entsetzliches wie Magersucht. Er hat mir eine wunderschöne kleine Tochter geschenkt, und nun stehe ich auf der anderen Seite und kann anderen Menschen Hoffnung schenken, die das Gleiche durchmachen. Es gibt fast eine Million Menschen in den Vereinigten Staaten, die an der Ess-Brech-Sucht leiden. Und diese Menschen – wie auch die fettleibigen – haben ein gemeinsames Problem, denn alle Ess-Störungen haben so ziemlich die gleichen Ursachen. Und das ist zum großen Teil ein geringes Selbstwertgefühl."

„Glücklich sind, die erkennen, wie arm sie sind …" Und so gesegnet ist auch Cherry Boone O'Neill. Sie wagte es, zuzugeben, dass es ihr an Selbstachtung mangelte. Sie war nicht in der Lage, das Problem ohne fremde Hilfe anzugehen. Und heute ist sie glücklich mit ihrer Familie, ihrem Leben und – was am wichtigsten ist – mit sich selbst.

Glücklich sind Sie, wenn Sie sich Ihrer emotionalen Leere stellen und sich Ihre Schwachheit eingestehen. Glücklich sind Sie, wenn Sie nicht versuchen, eine Insel zu sein, und alles auf eigene Faust versuchen.

Gestehen Sie sich Ihre Not ein – das ist nicht einfach, aber enorm wichtig

Für jeden Bereich des Lebens gilt das gleiche Prinzip: *Glück stellt sich dann ein, wenn man zugibt, dass man an manchen Stellen an seine Grenzen stößt, und dort, wo man sich eingesteht, dass man ein bestimmtes Bedürfnis hat.*

Ich erinnere mich noch gut daran, wie der Indien-Missionar Eli Stanley Jones (1884–1973) vor Jahren so genannte christliche „Ashrams", wie er sie nannte, durchführte. Dieser Begriff stammt ebenfalls aus Indien und bedeutet so viel wie eine Zeit geistlichen Wachsens und Reifens. Dr. Jones begann seine Ashrams jedes Mal damit, dass er Blätter austeilte und sagte: „Niemand bekommt das, was ihr auf das Papier schreibt, zu sehen. Ich möchte, dass ihr aufschreibt, was heute euer Bedürfnis ist."

Und bei jedem Ashram passierte dann das Folgende: Während die Leute noch dasaßen und nachdachten, beteten und schrieben, sagte einer von ihnen: „Bruder Stanley, ich habe kein Bedürfnis. Was soll ich bloß schreiben, wenn ich keine Not habe?"

Und Bruder Stanley erwiderte dann immer: „Wenn du glaubst, du hättest keine Bedürfnisse, dann ist genau *das* deine Not!"

Wenn es stimmt, dass jeder von uns irgendwo in seinem Leben arm ist, warum zögern wir dann, das auch zuzugeben? Bewusst oder unbewusst entwickeln wir manchmal Schutzmechanismen gegen eine Offenlegung oder Bloßstellung dieser Bedürfnisse. Wir versuchen, uns selbst abzuschirmen – insbesondere in Bereichen, in denen wir verletzlich sind.

Wir zögern auch, unsere Bedürfnisse einzugestehen, weil wir Angst haben, dass die Menschen uns ablehnen könnten. Wir fürchten uns, öffentlich beschämt zu werden. Aber das Problem liegt eigentlich noch tiefer. Es geht um einen grundsätzlichen Mangel an Selbstwertgefühl. Wir fürchten uns davor, dass man uns keine Achtung mehr entgegenbringt, wenn wir unseren Mangel eingestehen.

Was uns aber klar werden muss, ist, dass wir eigentlich gar keine Angst vor einer Blamage oder Zurücksetzung haben müssen. Wovor wir allerdings Angst haben sollten, sind die Folgen unseres Versteckspiels – das, was geschieht, wenn wir unseren Mangel, unser Bedürfnis, unsere Armut weiter verbergen.

Vielleicht erinnern Sie sich noch an die Zeit, als der Popsänger Tony Orlando[3] mitten in einem Konzert verkündete: „Ich hör auf!" und die Bühne verließ. Zur großen Verwunderung der Zuschauer, der Presse und sogar seiner Gesangskollegen, der Band *Dawn*.

Kurze Zeit später kreuzten sich unsere Wege, und Tony erzählte mir, was an jenem Abend passiert war:

„Als ich auf der Bühne zusammenbrach – und genau das ist eigentlich passiert –, konnte ich mich einfach nicht mehr auf den Beinen halten. Ich sagte da Dinge, die meiner Familie nicht gerade schmeichelten. Sie schmeichelten weder meiner Großmutter, die mich aufgezogen hatte, noch meiner Mutter, die so verzweifelt versucht hatte, mich zu einem Menschen mit Charakterstärke und Tiefgang zu erziehen.

Dann spürte ich eine Stille. Und diese Stille war so laut, dass sie schon fast göttlich war. Diese Stille war meines Erachtens das Gewissen, das sich meldete. Und dieses Gewissen war die Stimme Gottes, der zu mir sagte: ‚Tony, du musst auf dich aufpassen.' Und ich sagte zu mir selbst: ‚Du musst dich erholen. Du musst noch mal von vorne anfangen.'

Deshalb sagte ich dann zu allen: ‚Ich geb auf!' Aber, ohne mir dessen bewusst zu sein, meinte ich eigentlich: ‚Ich muss noch mal von ganz vorne anfangen.'

Die Medien haben natürlich meinen Abgang von der Bühne hochgespielt und meine Worte beschönigt, sodass es eher danach klang, als sagte ich: ‚Ich geh raus aus dem Showgeschäft.'

Rückblickend kann ich jedoch ehrlich sagen, dass ich in Wirklichkeit gar nicht das Handtuch geworfen habe. Sondern nur für einen Augenblick innehielt."

Dann zitierte Tony mir gegenüber das „Bekenntnis des Möglichkeitsdenkens":

„Wenn ich auf einen Berg stoße,
Werde ich nicht aufgeben!
Ich werde mich weiter vorkämpfen,
Bis ich darüber klettere,
Einen Weg hindurch finde,
Einen Tunnel darunter
Oder einfach nur stehen bleibe und
Den Berg in eine Goldmine verwandle –,
Und zwar mit Gottes Hilfe!"

Er meinte: „Ich gab auf, als Christus noch nicht in meinem Leben war. Aber ich ging wieder zurück zu diesem großartigen Leben und diesem großartigen Business. Und zwar mit der Einstellung, dass ich auf gar keinen Fall das Handtuch werfen kann, wenn ich nur bekenne: ‚Es tut mir Leid, dass ich dich, Herr, verletzt habe. Aber da war ich noch nicht dein Freund und wusste noch nicht, dass du mich so sehr liebst. Ich lag falsch. Ich werde niemals mehr aufgeben. Ich werde mich weiter vorkämpfen, bis ich einen Weg hindurch oder einen Tunnel darunter gefunden habe oder einfach nur stehen bleibe und den Berg in eine Goldmine verwandle.'"

> *Wenn du zu stolz (oder zu ängstlich) bist, zuzugeben, dass du verletzt bist, dann sei nicht überrascht, wenn sich keiner darum zu scheren scheint.*

Der Anfang vom Neuanfang

„Glücklich sind, die erkennen, wie arm sie sind …" Wie kann diese „Glücklich sind"-Aussage Ihr Leben und meines verändern? Indem sie uns dazu inspiriert, zu lernen, wie viel Kraft sich in den beiden folgenden Aussagen verbirgt: 1. „Ich brauche Hilfe!“ und 2. „Es tut mir Leid!“

„Ich brauche Hilfe!“

- „Ich habe ein Problem. Kannst du mir helfen?“
- „Ich versteh das nicht. Kannst du mich mal aufklären?“
- „Ich stimme dir nicht zu. Können wir uns irgendwo in der Mitte treffen?“
- „Ich kann das nicht gutheißen. Kannst du etwas von deiner Meinung abrücken?
- „Ich bin wirklich aufgeschmissen. Kannst du mir weiterhelfen?“
- „Ich geb gleich auf. Was rätst du mir?“
- „Ich bin mit meinem Latein am Ende. Mir reicht's. Bitte sag mir doch, was ich tun soll!“

Diese klaren Bekenntnisse sind der Anfang vom Neuanfang! Wenn wir lernen, den Satz „Ich brauche Hilfe“ auszusprechen, entdecken wir eine geheimnisvolle Kraft, die wir in Anspruch nehmen können.

Wenn Sie sich in die Enge getrieben fühlen, die Kontrolle verloren haben, in Probleme verstrickt, ja verkettet sind, dann habe ich eine gute Neuigkeit für Sie: Ihre Ketten können zu einer Kehrtwende in Ihrem Leben führen, wenn Sie bereit sind, diese drei Worte auszusprechen.

„Selig sind, die da geistlich arm sind.“ Glücklich ist derjenige, der weiß, wo er oder sie einen Mangel hat, und sich offen diesem Problem stellt. Erfolg ist dem beschieden, der um Hilfe bitten kann. Und das Erstaunliche daran ist, dass das Eingeständnis Ihrer Bedürfnisse Ihrem Ego keinen Abbruch tut. Ganz im Gegenteil! Es macht Sie zu einer Person mit emotionaler und intellektueller Integrität und Redlichkeit, sodass man Ihnen Vertrauen schenken wird. Und sich mit Ihnen versteht und verständigt. Und Sie dabei sogar eine enorme Selbstachtung erfahren werden.

Die andere Möglichkeit ist natürlich die, dass Sie das Ganze überspielen, eine Show abziehen, so tun, als seien Sie jemand, der Sie gar nicht sind, und darauf hoffen, dass niemand Sie mal eiskalt dabei erwischt, wie Sie gerade nicht Ihre Maske tragen, Ihre Haare gerade nicht zurechtgerückt haben und nicht in Hab-Acht-Stellung sind. Sie werden die Hilfe, die Sie brauchen, eben nicht dadurch bekommen, dass Sie Ihr wahres Gesicht verstecken, den Coolen markieren und so tun, als hätten Sie gar keine Probleme, oder darauf hoffen, dass der ganze Spuk bald wieder vorbei ist.

Im Gegenteil: Es gibt bestimmt jemanden, der gerade neben Ihnen steht und sich sehr darüber freuen würde, wenn er Ihnen bei Ihrem Problem helfen könnte. Vorausgesetzt, der Betreffende weiß auch davon. Wenn Sie jedoch nach wie vor so tun, als hätten Sie alles im Griff, als wäre alles *null problemo*, dann kann der Betreffende Ihnen auch nicht unter die Arme greifen.

Es gibt immer jemanden, der bereit ist, einem anderen zu helfen. Das proklamieren die „Anonymen Alkoholiker" schon seit Jahren. Es kann nur dann Heilung geben, wenn der oder die Betreffende es schließlich wagt, sich einzugestehen: „Mann, ich hab's nicht leicht. Ich hab da ein Problem. Ich schaff's nicht alleine. Ich fühl mich so hilflos." Wenn wir an diesem Punkt angelangt sind, sind wir auch bereit, loszulassen und Gott das Ruder zu übergeben.

Eine bekannte Persönlichkeit, die nach einem langen Kampf ihr Alkoholproblem überwand, kann hier als leuchtendes Vorbild dienen. Sie drückte es einmal folgendermaßen aus: „Ich kämpfte jahrelang gegen mein Alkoholproblem an. Ich redete mir immer wieder ein: ‚Ich komme ganz gut alleine damit klar.' Ich gestand aber mir selbst nicht die Wahrheit ein: dass ich Alkoholikerin war. Ich zögerte. Ich dachte bei mir: ‚Eines Tages werde ich schon davon loskommen. Ich schaff das schon.' Erst als ich am Boden lag, konnte ich mir meine Niederlage eingestehen und die drei schwersten Worte sagen, die ich je in meinem Leben ausgesprochen habe: ‚Ich brauche Hilfe!'"

Das funktioniert tatsächlich. Ich spreche aus eigener Erfahrung. Ich bin auf einer Farm in Iowa groß geworden, wo wir immer genügend Brot mit sehr viel Butter hatten. Es gab immer Kuchen und Nachtisch in Hülle und Fülle. Und so war ich als kleines Kind ein richtiger Fettklops und hatte als Heranwachsender dauernd mit meinem Gewicht zu kämpfen. Ich probierte diese und jene Diät aus. Ich zählte die Kalorien. (Was ich immer noch tue.) Aber ich nahm im Laufe der Jahre nur noch mehr an Masse zu. Schließlich beschloss ich, dass ich nur noch mageres Fleisch, Gemüse und frisches Obst zum Nachtisch essen würde.

Dann an einem Abend – es ist schon fast sieben Jahre her – wurde ich zum Abendessen eingeladen. Das Brot wurde herumgereicht. Mein Gastgeber meinte: „Das Brot ist sagenhaft. Nimm dir doch ein Stück!“ Ich nahm es in die Hand – es war weich und noch ganz frisch und warm. Mein Tischnachbar strich sich schon die Butter darauf, die sogleich auf dem warmen, köstlichen Brot zerfloss. Und wieder versuchte mein Gastgeber, mich zu überreden. „Du musst unbedingt noch das Steak mit der Sauce béarnaise probieren“, meinte er. Ich folgte seinem Rat. Als es schließlich Zeit für das Dessert war, fühlte ich mich schon etwas schuldig. Und wieder wurde ich beschwatzt. Dieses Mal mit dem Argument: „Die machen hier den besten Apfelkuchen – mit Schokoladenglasur. Den wirst du dir doch wohl nicht entgehen lassen! Mit deiner Diät kannst du morgen wieder weitermachen!“ Und so probierte ich den Kuchen.

Als ich das Restaurant verließ, rechnete ich zusammen, dass ich an die 3 000 Kalorien zu mir genommen hatte. An diesem Abend ging ich völlig deprimiert und schuldbewusst zu Bett. Um zwei oder drei Uhr nachts wachte ich auf. Voller Schuldgefühle! Mich überkam ein Gefühl absoluter Sinnlosigkeit, weil dies offen gestanden der eine Bereich in meinem Leben war, in dem mich mein Möglichkeitsdenken völlig im Stich ließ. Ich konnte Kirchen, Türme und sogar eine Mega-Gemeinde bauen. Ich konnte Bücher schreiben, aber ich konnte nicht von meinem Gewicht runterkommen. Ich konnte Millionen von Dollar an Spenden für die Sache Gottes eintreiben, aber ich konnte nicht von einem Stück Schokoladenkuchen lassen.

Ja, wenn Ihr Leben wirklich aus dem Ruder läuft, dann denken Sie daran: Stress kann der Beginn des wahren Erfolges sein.

Nun, in dieser schwärzesten Nacht meines Lebens betete ich ein schlichtes Gebet: „Lieber Herr Jesus, ich weiß nicht, ob du tot bist oder ob du lebst. Ich weiß noch nicht einmal, ob du real bist! Ich habe es geglaubt! Ich habe es gepredigt! Aber ich kann es nicht beweisen. Meine Gewichtsprobleme sprechen eine andere Sprache. Jesus, wenn es dich gibt, dann hilf mir!“

Geistlich arm – endlich gab ich meinen Mangel zu. Und augenblicklich ging mir ein Bild durch den Kopf. Ich sah den alten Floyd River auf der Farm unserer Familie in Iowa vor mir. Ich wurde weggespült – hinauf zu den Gras bewachsenen Hügeln. Dort in der Mitte des Stromes stand ein großer, wuchtiger und stattlicher Baum, der entwurzelt war. Er wurde von dem Fluss weggespült. Irgendwie wusste ich: Dieser Baum war ich, war mein Körper.

Die Hänge und Hügel, gegen die die Wassermassen plätscherten, vermittelten einen ruhigen Anblick. Sie sahen nicht wild und zerklüftet aus. Hier konnte man sicher sein. Aber wenn ich zu nahe ans Wasser kam, konnte der Fluss mich fortreißen. Das war, wofür Butter, Eiskrem und Torten standen. Ein Biss genügte. Ich dachte zwar, ich könnte nach einem kleinen Probier-Häppchen wieder aufhören. Aber ein Biss führte immer zu noch einem … und noch einem … und noch einem. Und ich war von einem scheinbar harmlosen winzigen Bissen am Boden zerstört. Dann hörte ich, was das Bild mir sagen wollte: „Ich habe dich von der Zerstörung weggerissen.“

Ich sollte mich also vom Probieren, von den kleinen Häppchen, die schließlich doch zu ganzen Mahlzeiten führten, fern halten. Es war für mich wie eine innere Verwandlung. Ich wusste nun, dass ich von den Kräften in meinem Unterbewusstsein befreit war, die mich in Abhängigkeit von Süßem hielten. Ich habe zwar immer noch meine kleinen Höhen und Tiefen, aber ich bin nie wieder zu dem geworden, was ich einmal war.

Gott, der Herr, half mir, als ich endlich zugab, dass ich unfähig war, es ohne ihn zu schaffen. Solange ich weiterhin glaubte, dass ich bequem hier und da eine Kleinigkeit naschen konnte und doch alles im Griff hätte, war ich verloren. Aber wenn ich um Hilfe schrie, war ich gerettet! „Glücklich sind, die erkennen, wie arm sie vor Gott sind, denn ihnen gehört die neue Welt Gottes.“

„Es tut mir Leid!"

Lernen Sie, Ihren Mangel offen zu bekennen! Sie werden glücklich und zufrieden, denn Sie werden entdecken, wie viel Kraft in einem Leben steckt, das mit Ehrlichkeit gelebt wird. Sie und ich – ja, wir sind frei, wenn wir zugeben können, dass wir eben nicht Recht haben. Anstatt auf dem Ego-Trip befinden wir uns dann auf dem Integritäts-Trip – dem Weg zum wahren Glücklichsein. Denn dieser Integritäts-Trip gibt unserem Selbstwert wahren Auftrieb. Wir können nämlich stolz darauf sein, dass wir so offen und ehrlich und demütig sind! Im Gegensatz dazu stellt der Ego-Trip eine ständige Bedrohung dar und wirkt sich schließlich fatal auf die ehrliche Selbstachtung aus!

Auf unserem Integritäts-Trip sind wir nicht länger Sklaven unseres Perfektionismus. Wir müssen auch nicht mehr ärgerlich sein, wenn man uns einen Fehler nachsagt. Haben wir etwas falsch gemacht, müssen wir einfach sagen: „Es tut mir Leid!“ Zu denjenigen, die wir verletzt haben, können wir sagen: „Ich bin auch nur ein Mensch. Gott hat mir aber vergeben. Ich habe mir auch selbst vergeben. Und ich hoffe, dass du mir auch vergeben kannst.“

Ich werde nie den Morgen vergessen, an dem ich meine älteste Tochter Sheila bat, vor der Schule noch das Frühstücksgeschirr abzuwaschen. Da es mir überhaupt nicht bewusst war, dass sie eh schon spät dran war und in der Schule vielleicht Probleme bekommen könnte, war ich völlig perplex, als sie in Tränen ausbrach.

Und auch hier interpretierte ich wiederum den Beweggrund für ihre Krokodilstränen falsch und nahm an, dass sie lediglich versuchte, sich vor der verhassten Hausarbeit zu drücken. Ich verlangte also von ihr, dass sie sich die Tränen abwischte und sich an die Arbeit machte – und zwar zackig.

Widerwillig gehorchte sie mir. Aber das Geklirre der Teller in der Spüle verriet unmissverständlich ihre Wut und ihren Ärger. Auf dem Weg zur Schule drehte sie mir den Rücken zu und starrte missmutig aus dem Fenster.

Normalerweise nutzte ich die gemeinsame Zeit im Auto – ohne Unterbrechungen – dazu, um meinen Kindern Gedichte oder Bibelverse beizubringen, oder einfach nur, um mich mit ihnen vor der Schule noch zu unterhalten.

An jenem Morgen jedoch gab es keine Gedichte, keine Verse, keine Lieder – nur eisiges Schweigen. Ich setzte Sheila an der Schule ab, murmelte ein „Tschüss“ in meinen Bart hinein und fuhr weiter ins Büro. Ich versuchte zu arbeiten, konnte mich jedoch nicht konzentrieren. Mir stand nur eines vor Augen: das entsetzte, tränenüberströmte Gesicht meiner Tochter, als sie zögerlich aus dem Auto ausstieg, um sich zu ihren Klassenkameraden und Lehrern zu gesellen.

Allmählich dämmerte es mir: Mein Timing war alles andere als perfekt gewesen. Ich hatte kein Recht, so ganz ohne Vorwarnung und ohne dass sie es zeitlich einplanen konnte, von ihr zu verlangen, den Abwasch zu erledigen. Mir wurde klar, dass es falsch war, sie so kurze Zeit, bevor sie ihre Freunde und Klassenkameraden traf, zu brüskieren – eine Zeit, die sie eigentlich noch zum Gespräch mit ihnen benötigt hätte.

Je mehr ich darüber nachdachte, desto mehr tat es mir Leid. Mir wurde schließlich klar, dass ich etwas unternehmen musste. Ich musste meiner Tochter sagen, wie sehr es mir Leid tat. Und diese Entschuldigung konnte nicht bis zum Abendessen warten. Also rief ich die Schule an und bat den schulischen Berater um Erlaubnis, mit ihr zum Mittagessen gehen zu dürfen.

Ich werde nie ihren überraschten Gesichtsausdruck vergessen, als sie mich im Büro der Schule warten sah. „Sheila, ich hab die Erlaubnis, mit dir essen zu gehen. Sie meinten, du könntest eine Stunde wegbleiben. Also dann – packen wir's", munterte ich sie auf.

Ich hakte mich bei ihr ein und ging mit ihr den kahlen Schulflur entlang. Sobald die schweren Türen hinter uns ins Schloss gefallen waren, wandte ich mich meiner Tochter zu und sagte: „Sheila, es tut mir Leid. Es tut mir wirklich unheimlich Leid! Nicht, dass ich dich gefragt habe, zu Hause mitzuhelfen. Nein. Ich hatte nur nicht das Recht dazu – so ganz ohne Vorwarnung –, heute Morgen darauf zu bestehen. Und ich habe dich ziehen lassen, ohne dir zu sagen, dass ich dich gern habe. Das war nicht richtig von mir. Verzeih mir!"

Sheila schlang ihre Arme um meinen Hals und drückte mich fest. „O, Paps, klar verzeihe ich dir. Ich hab dich auch lieb", gestand sie.

Ja, die Macht dieser heilenden Worte: „Es tut mir Leid!" ist ja so groß! Sie heilen Beziehungen – zwischen uns und unseren Freunden und unseren Lieben – und zwischen uns und Gott.

Das erkannte auch der Psalmist und schrieb: „Ich bin zerknirscht und verzweifelt über meine schwere Schuld. Solch ein Opfer gefällt dir, du wirst es nicht ablehnen" (Psalm 51,19).

Er schrieb diese Worte für viele. Überall in der Bibel sehen wir sie: die Geängstigten und Zerbrochenen:

- den reumütigen Dieb,
- den verlorenen Sohn,
- den Ehebrecher David,

- den Christenhasser Saulus von Tarsus,
- die Prostituierte Maria Magdalena.

Was haben diese fehlerhaften Menschen gemein? Trotz ihrer Taten gehören sie alle zu Gottes *Hall of Fame*, zur ewigen Ruhmeshalle. Und in den himmlischen Gefilden werden sie alle Ehrenplätze einnehmen.

Wie haben sie sich eine so ehrenhafte Auszeichnung erworben? Alle kamen sie an den Punkt, an dem sie angesichts ihrer persönlichen Schwächen und Fehler, ihrer Sünde und Schande, ausriefen: „O Gott, sei mir Sünder gnädig!"

Ja, wenn Ihr Leben wirklich aus dem Ruder läuft, kann der Stress der Beginn des wahren Erfolges sein. Denn schließlich liegt der wahre Erfolg darin begründet, dass wir im Königreich des Himmels Einlass gefunden haben.

Sie und ich: Wir sollten demütig genug sein, anzuerkennen, dass wir vor Gott und den Menschen eben *nicht* perfekt sind. Beispielsweise auch in unserem Gebetsleben. Was, wenn ich Zweifel habe? Wie gehe ich mit ihnen um? Tue ich so, als würden sie sich schon irgendwann in Luft auflösen? Tue ich so, als gäbe es sie gar nicht? Singe ich die Lieder, rezitiere ich die Gebete, als ob ich wirklich glauben würde? Nein. Ich gehe vielmehr zu Gott und sage ihm: „Wenn du da bist, Gott … ehrlich gesagt, kann ich das im Moment gar nicht so recht glauben, aber ich wünschte, ich könnte das … Wenn es falsch ist, an dir zu zweifeln, dann vergib mir bitte!"

Wenn Sie anfangen, ehrlich zu sein – in allen Bereichen Ihres Lebens und insbesondere in Ihren Gebeten –, werden Sie erstaunt sein, was sich alles ereignen wird. Versuchen Sie nicht, andere an der Nase herumzuführen! Am wenigsten sich selbst!

„Glücklich sind, die erkennen, wie arm sie vor Gott sind, denn ihnen gehört die neue Welt Gottes." Haben Sie ein Problem? Gott hat eine Antwort! Er ist ein echter Fachmann, wenn es darum geht, die passende Antwort auf das Problem, Heilung für die Wunde und Lösungen für ausweglose Situationen zu finden.

Was hält Sie zurück?

Erst wenn wir einmal „ganz unten“ gewesen sind, können wir den Weg zur Freude einschlagen, denn Gott schüttet seinen Segen vor allem über die aus, die wissen, wie sehr sie ihn brauchen. Gott hat uns versprochen, uns Freude zu schenken. Bitten Sie ihn einfach um Hilfe, geben Sie zu, dass Sie es nicht alleine schaffen. Doch das Problem, das uns daran hindert, uns bei Gott auszuweinen, ist unser unheiliger Stolz.

Es gibt tatsächlich so etwas wie einen heiligen Stolz – die Selbstachtung stellt einen gesunden Stolz auf uns selbst dar, weil wir wissen, dass wir von Gott geliebte und erlöste Geschöpfe sind. Hochmut und Eitelkeit hingegen rühren von einem unheiligen Stolz her, der sich sagt: „Geh mir aus dem Weg. Ich kann das schon alleine.“ So wie ein stures kleines Kind, das sich gegen die Liebe und Hilfe seiner Eltern sperrt.

„Glücklich sind, die erkennen, wie arm sie vor Gott sind, denn ihnen gehört die neue Welt Gottes.“ Und so kommt eine Zeit in unserem Leben, in der wir aufhören müssen, Versteck zu spielen und uns hinter einer Maske zu verbergen. Wir kommen im Leben an einen Punkt, an dem wir merken, dass wir unsere geistliche Bankrotterklärung unterschreiben müssen. An diesem Punkt sollten wir uns vor Gott demütigen und ihm sagen: „Gott, ich möchte ein neues Leben anfangen. Ich möchte von neuem geboren werden. Ich möchte, dass Christus mit seiner Freude in mir lebt. O Gott, ich wende mich zu dir und unterstelle dir mein Leben.“

Es braucht Mut, den gewohnten Trott zu verlassen.

Vor einigen Jahren erhielt ich einen Brief, der mich tief berührt hat. Das lag zum einen an der Verfasserin des Briefes selbst – an ihrer professionellen Integrität und ihren Referenzen –, aber auch an dem, was sie zu sagen hatte.

Der Brief stammte von Dr. Mary Ellen Bening, die an der *United States International University* von San Diego arbeitet und einen Doktortitel in Sozialwissenschaften hat. Ihre Aufgabe bestand darin, Dissertationen zu bearbeiten, die an der Universität erstellt wurden. Das beeindruckte mich insofern, als sie von Haus aus mit den neuesten Forschungsergebnissen in Sachen menschlichen Verhaltens vertraut sein musste. Sie schrieb mir Folgendes:

„Sehr geehrter Dr. Schuller,

am 26. August haben mein Mann und ich den 11-Uhr-Gottesdienst in der Kirche Ihres Sohnes besucht, um uns Ihre Predigt anzuhören. Nach dem Gottesdienst haben wir uns die Hand geschüttelt, aber ich hatte leider nicht die Gelegenheit, mit Ihnen ins Gespräch zu kommen. Was ich im Gottesdienst erlebt habe, machte mich jedoch sprachlos.

Der Grund, warum ich an diesem Sonntag in den Gottesdienst kam, lag darin, dass ich mir zwei Wochen zuvor zum ersten Mal einen Fernseh-Gottesdienst, der aus der Crystal Cathedral *übertragen wurde, angeschaut hatte. Normalerweise zappte ich immer weiter und sah mir einen nichtreligiösen Sender an. Nicht so bei Ihrer Predigt über die Widersprüchlichkeit des Lebens. Diese fesselte meine Aufmerksamkeit.* [...] *In Ihrer Predigt zeigten Sie auf, dass es ganz und gar kein Widerspruch ist, ein recht nachdenklicher, verstandesbetonter Mensch und zugleich ein durch und durch überzeugter Christ zu sein. Nachdem ich mir Ihre Predigt angehört hatte, konnte ich nicht aufhören, über den Inhalt Ihrer Worte und ihre vielfältige Bedeutung nachzudenken. Ich kam auch ins Nachdenken über den alternativen Weg, der sich in Christus erschließt. Und zum ersten Mal sah ich nicht nur, nein, ich spürte das besondere Geschenk, das er uns gibt. Als ich am 26. aufwachte, hatte ich das Gefühl, dass ich vielleicht bereit wäre, dieses Geschenk zu empfangen.*

Ihre Predigt an jenem Morgen stand unter dem Motto: ‚Durchbruch: Es gibt Hoffnung für dich.' Es ging dabei um den Glauben – etwas, das ich unbedingt verstehen lernen musste, da meine anfängliche Unfähigkeit, die Bedeutung des Glaubens zu erfassen, mich zunächst davon abgehalten hatte, Christ zu werden. Ich hatte bislang immer geglaubt, dass einige glücklich zu schätzende Menschen einen Ruf von Gott erhielten, auf mystische Weise berührt wurden, ein geistliches Erwachen verspürten und dann den Glauben empfingen. Es wäre mir nie im Traum eingefallen, dass der Glaube eine Entscheidung ist!

Mein Mann und ich kamen schon früh an besagtem Sonntag in der

Kirche an. Und als der Gottesdienst begann, geschah etwas Wunderbares. Ich fühlte mich in Frieden, Liebe und Kraft eingehüllt. Ich würde es eine Art geistliche Wiedergeburt nennen, nur dass ich mich noch nie zuvor so lebendig gefühlt hatte. Ich erlebte an diesem Tag im Gottesdienst eine Neugeburt, und ich war erstaunt, wie einfach das wirklich war! Ich hatte angenommen, dass ich zuerst eine Art Mammut-Test durchlaufen müsste, bevor ich dafür geeignet wäre, meinen rechtmäßigen Platz in einer Kirche einnehmen zu dürfen. Der Glaube erschien mir wie ein weiterer Schritt, der weiteste Schritt schlechthin, den man sich verdient, nachdem man die Geheimnisse des Universums entschlüsselt hat.

In Wirklichkeit jedoch forderte Gott nur so wenig und gab dafür so viel!

Mary Ellen Bening"

Hier war also der Brief einer intellektuellen, sehr gebildeten und klugen jungen Frau, die geglaubt hatte, dass sie alles im Griff hätte. Sie hätte sich nie träumen lassen, dass ihr etwas fehlte oder dass sie etwas brauchte außer ihrer Fähigkeit, zu denken und zu lernen und zu begreifen. Und doch fehlte auch Dr. Bening etwas. Sie war geistlich leer. Geistlich gesehen war sie arm. Ihre Seele war ausgetrocknet und durstig und voller Verlangen nach mehr. Sie sehnte sich nach etwas – was das aber war, wusste sie nicht.

Dann erkannte sie jedoch ihre Bedürftigkeit. Sie sah das, was sie brauchte. Sie brauchte Glauben, Glauben an die liebende, rettende Gnade Jesu Christi.

Sie wurde geistlich arm, als sie erkannte, dass sie dabei geistig gesehen nicht arm sein musste. Als ihr bewusst wurde, dass sie an Christus glauben konnte, ohne ihren Intellekt opfern zu müssen, wandte sie sich an Jesus, nahm voller Glauben sein Angebot an, schenkte ihm ihr Herz und wurde von neuem geboren.

Wenn Sie das Geheimnis der ersten „Glücklich sind"-Aussage entdecken, wenn Sie sagen können: „Ich brauche Hilfe!" oder „Es tut mir Leid!" oder „Mir fehlt etwas!", dann haben Sie den ersten wichtigen Schritt hin zum wahren Glücklichsein gemacht. Denn dann haben Sie eine Einstellung erworben, die Sie dazu befreien kann, sich auch den anderen „Glücklich sind"-Aussagen zuzuwenden.

Ich glaube fest daran, dass es bei den Seligpreisungen eine gewisse logische Steigerung gibt. Jesus gab sie uns aus einem ganz bestimmten Grund in genau dieser Reihenfolge: Sie hängen voneinander ab und die eine ist eine Voraussetzung für die nächste. Denken Sie einmal darüber nach! Bevor Jesus uns trösten kann, bevor er uns helfen und uns heilen kann, müssen wir uns auch eine Haltung zu Eigen gemacht haben, die bereit ist, sich helfen zu lassen! Er kann uns nicht glücklich machen, solange wir nicht glücklich sein wollen.

Wie steht es mit Ihnen? Wollen Sie sich helfen lassen? Wollen Sie glücklich sein? Gibt es einige Bereiche in Ihrem Leben, in denen Sie einen Mangel empfinden und in denen Sie Hilfe brauchen? Dann freuen Sie sich, denn Sie haben die eine wesentliche Eigenschaft, die Sie brauchen, um das Geheimnis zu entdecken, das sich hinter den verbleibenden „Glücklich sind"-Aussagen verbirgt.

„Glücklich sind"-Aussage 2

„Ich bin so verletzt – aber ich lass mich nicht unterkriegen"

*„Glücklich sind die Trauernden,
denn sie werden Trost finden."*

„Mr. Schuller, warum passieren guten Menschen immer so schlimme Dinge?“ Ich weiß nicht, wie oft mir diese Frage in den 45 Jahren, in denen ich nun Pastor bin, schon gestellt wurde.

Gewöhnlich entgegne ich darauf: „Ein Teil des Problems liegt darin, dass wir die falschen Fragen stellen. Und wenn wir die falschen Fragen stellen, werden wir nie die richtigen Antworten bekommen.“

„Warum passieren guten Menschen immer so schlimme Dinge?“ Das ist eindeutig die falsche Frage, denn es ist eine Frage, die Gott nie beantworten wird.

Diese Erfahrung mussten auch die Propheten im Alten Testament machen, die ebenfalls in schweren Zeiten klagten: „Warum, o Herr?“ Doch Gott schwieg immer auf diese Frage. Selbst als Jesus am Kreuz ausrief: „Mein Gott, mein Gott, warum … (hast du mich verlassen)?“, antwortete Gott nicht.

Gott bleibt die Antwort auf das Warum immer schuldig, denn derjenige, der nach dem „Warum“ fragt, will meistens überhaupt keine Erklärung haben, sondern sucht die Konfrontation. Er klagt Gott an. Und Gott weigert sich, auf die Anklagebank gesetzt zu werden. Er weigert sich, sich mit uns herumzustreiten. Würde Gott auch nur ein einziges Warum beantworten, kämen wir bereits mit dem nächsten an. Das Spiel würde kein Ende finden.

Wenn die falsche Frage lautet: „Warum passieren guten Menschen immer so schlimme Dinge?“, wie lautet dann aber die richtige Frage? Sie lautet: „Was passiert mit den guten Menschen, wenn ihnen schlimme Dinge passieren?“

Jesus hat diese Frage in den Seligpreisungen beantwortet. In der zweiten Seligpreisung, um die es in diesem Kapitel ja geht, wird offen angesprochen, dass wir alle von Zeit zu Zeit mit schwierigen Situationen konfrontiert werden. Jesus sagt dazu im Wesentlichen: „Auch wenn guten Menschen schlimme Dinge passieren, haben sie Grund, sich zu freuen, denn Gott wird sie trösten.“

Das Christentum ist keine Friede-Freude-Eierkuchen-Religion. Es verbreitet nicht wie in dem Film „Alle lieben Pollyanna“ (USA, 1960) eine heitere Philosophie des naiven Optimismus angesichts schwieriger Umstände. Es stellt nicht die Behauptung auf, dass uns keine schlimmen Dinge zustoßen werden. Im Alten und auch im Neuen Testament wird uns nirgends zugesichert, dass wir ein Leben ohne Krankheit oder Trauer führen werden. Jedoch wird uns in Jesaja 43 (Verse 1–3) etwas sehr Trostreiches verheißen: „Hab keine Angst [...], denn ich habe dich erlöst! Ich habe dich bei deinem Namen gerufen, du gehörst zu mir. Wenn du durch tiefes Wasser oder reißende Ströme gehen musst – ich bin bei dir, du wirst nicht ertrinken. Und wenn du ins Feuer gerätst, bleibst du unversehrt. Keine Flamme wird dich verbrennen. Denn ich, der Herr, bin dein Gott.“

Wenn Gott zu seinen Verheißungen steht, wie tröstet er dann die guten Menschen, wenn ihnen schlimme Dinge widerfahren?

Als Pastor stehe ich in der besonderen Verantwortung, mich um die Verwundeten, die Einsamen, die Leidenden, die Kranken und die Sterbenden zu kümmern. 35 Jahre trotte ich nun schon die samtweichen, grünen Rasenflächen der Friedhöfe entlang und strecke meine Arme zu den Ehefrauen, Ehemännern, Vätern, Müttern, Verwandten und anderen geliebten Menschen aus, um sie tröstend um sie zu legen. Ich habe gesehen, wie Särge hinabgelassen wurden – Hunderte von Särgen: kleine, mittlere und große –, geschmückt mit Blumen und Kränzen. Ich habe miterlebt, wie Menschen in ihrer Schultracht, ihrem Talar oder Brautkleid begraben wurden. Sie können mir glauben: Ich weiß sehr wohl, dass Menschen eine Menge leiden müssen. Und auch ich habe mich durch so manches menschliche Herzeleid hindurchgeweint.

Eine große Anzahl und Vielfalt an menschlichen, emotionsgeladenen Erlebnissen lassen sich unter dem allgemeinen Begriff „Leid“ zusammenfassen. Marie, eine gute Bekannte von mir und ein Mitglied unserer Kirchengemeinde, ließ mich an ihren ganz persönlichen Gefühlen Anteil nehmen, als ihr Mann starb: „Auch ein Schmerz gleicht nicht dem anderen. Ich verlor meinen Sohn, als er noch ein Teenager war. Ich verlor meine Tochter, als sie Mitte Zwanzig war. Nun ist auch noch mein Mann verstorben. Jede Trauer war schmerzvoll. Aber jede Trauer war anders."

Immer wieder bin ich dem Leid begegnet und immer wieder konnte ich das eine bezeugen: *Gott tröstet die Menschen, wenn ihnen schlimme Dinge zustoßen.* Es ist möglich, glücklich zu sein – auch in einer Welt, in der das Leid seinen langen, grauen Schatten wirft.

Wenn wir Schwierigkeiten durchlebt haben, werden wir hinterher nicht mehr dieselben sein. Das Leid verändert unseren morgigen Tag. Aber Gott lädt uns dazu ein, bessere Menschen zu werden – und keine bitteren. Er zeigt uns, dass das Negative in etwas Positives verwandelt werden kann: ein Minus in ein Plus. Und darum geht es beim Kreuz.

Wie aber können wir in unserem Leid Trost erfahren? Wie können wir in unserem Klagen noch dem Morgen entgegengehen? Erstens, indem wir uns bewusst machen, was wir für uns selbst tun können. Und zweitens, indem wir uns bewusst machen, was Gott für uns tun kann.

Was Sie für sich selbst tun können

Klagen Sie Gott nicht an!

Wenn Ihr Herz gebrochen ist, wenn Sie wirklich eine schwere Zeit durchmachen, dann klagen Sie Gott nicht an! Der Schuldige ist doch zumeist der menschliche Irrtum: der Irrtum in der Beurteilung, der Irrtum in der Willenskraft, der Irrtum in der Zielsetzung. Die menschliche Selbstbezogenheit, Gleichgültigkeit, Rebellion, Torheit, Dummheit, Dreistigkeit ist in den meisten Fällen die Wurzel der menschlichen Misere und des menschlichen Leides.

Krebs und Herzerkrankungen – zusammen mit ihren Begleiterscheinungen – sind in den Vereinigten Staaten zur Zeit die Haupttodesursachen schlechthin. Keiner wird je Gott die Schuld für diese Krankheiten in die Schuhe schieben können. Im Hier und Jetzt oder in der Ewigkeit werden wir die Wahrheit erkennen: Jede Krankheit ist ein Un-wohlsein, ist ein Mangel an Harmonie zwischen dem menschlichen Organismus und seinem Umfeld. Krankheiten werden oftmals dadurch verursacht, dass man sich nicht richtig ernährt, nicht richtig schläft, sich nicht richtig bewegt, nicht richtig atmet oder nicht richtig erzieht. Sie bringt dann zum Ausdruck, dass der Betreffende es nicht fertig bringt, ein harmonisches Gleichgewicht mit seiner Umgebung herzustellen. Wenn eine Krankheit eintritt, ist das ein Zeichen dafür, dass der Mensch etwas verkehrt macht: Und Gott ist daran nicht schuld!

Sie wenden hier vielleicht ein: Liegt es aber denn nicht an Gott, dass er uns nicht zeigt, wie sich bestimmte Todesfälle vermeiden oder bestimmte Krankheiten heilen ließen?

Denken Sie mal einen Augenblick nach! Das eigentliche Problem ist doch nicht unsere Ignoranz, sondern unsere Rücksichtslosigkeit. Viele Krankheiten, Tod und Leid ereilen uns nicht aus einem Mangel an Wissen, sondern aus Mangel an Gehorsam gegenüber dem Licht, das Gott uns durch viele verschiedene Kanäle hat zuströmen lassen.

1. Gott hat uns die Zehn Gebote gegeben. Er gab uns diese zehn Gesetze, um uns vor den Verlockungen und Versuchungen eines Weges zu schützen, der uns letztendlich nur in Krankheit, Sünde und Trauer führen würde. Folgen wir aber den Zehn Geboten, beschert uns das geistliche Gesundheit, geistige Rüstigkeit und körperliches Wohlbefinden! Töten, lügen, stehlen und die Ehe brechen sind schlecht für die Gesundheit! (Denken Sie nur einmal an die Verbreitung von Geschlechtskrankheiten!) Unter dem Banner des Fortschrittsdenkens und der Emanzipation jagen viele Gott in die Wüste! Wenn wir das tun, schicken wir nur uns selbst dorthin.

2. Gott hat uns Geheimnisse der Gesundheit offenbart. Er hat uns überall in der Bibel – wie auch in der Heilkunde – Ratschläge in Bezug auf unsere täglichen Gewohnheiten wie Essen, Trinken, Schlafen, Arbeiten, körperliche Bewegung mit auf den Weg gegeben. Ja, mag sein: Es gibt immer noch Ärzte, die rauchen und übermäßig trinken. Einige Pastoren haben falsche Essgewohnheiten. So mancher Christ treibt nicht häufig genug Sport und achtet nicht auf sein körperliches Befinden. Können wir da im Ernst Gott dafür beschuldigen, dass er uns nicht mehr Einsicht schenkt, wenn es um unsere Gesundheit geht, wo wir doch das Wissen, das er uns gegeben hat, so sträflich außer Acht lassen?!

3. Gott hat uns das Geheimnis der Erlösung von der Sünde offenbart. Wir wissen, dass Traurigkeit, Entzweiung, Krankheit und Un-wohlsein oftmals letzten Endes auf Sünde zurückzuführen sind. Wir wissen, dass ein großer Teil körperlicher Gebrechen durch Anspannung, Stress, Sorge, Wut, Angst und Schuld hervorgerufen wird. Wir wissen auch, dass, wenn wir die Erlösung durch Jesus Christus annehmen und unser Herz und Verstand dem erlösenden Geist Christi unterstellen, unsere Sünden und negativen Emotionen von uns genommen werden und eine Heilung von Körper und Geist einsetzen kann. Und doch zögern viele noch, sich ganz und gar Christus anzuvertrauen. Und sie weisen Gottes Erlösung von sich.

Können wir Gott denn nicht wenigstens die Schuld dafür in die Schuhe schieben, dass er es zulässt, dass die Menschen so egozentrisch sind? Hat Gott nicht die Macht, jeden Menschen auf der Erde zu kontrollieren und jeden dazu zu zwingen, ihm zu gehorchen? Sollten wir nicht Gott dafür anklagen, dass er den Menschen mit der Fähigkeit zu sündigen erschaffen hat?

Halten wir noch einmal einen Moment lang inne und stellen wir uns einmal die Zwickmühle vor, in der sich Gott zu Beginn der Schöpfung befand! Als Gott die Menschheit erschuf, wollte er damit eine materielle Form des Lebens schaffen, die sein immaterielles Selbst widerspiegeln würde. Also beschloss er, den Menschen „nach seinem Ebenbild" zu machen – zu einem Geschöpf, das Entscheidungen treffen konnte und zur Willensäußerung, zur Unterscheidung, Beurteilung, Bewertung, Entscheidungsfindung und Entschlusskraft fähig war. Als Gott ein solches Wesen erschuf, war ihm völlig bewusst, dass diese Kreatur auch die Macht besaß, sich gegen ihn zu entscheiden. Aber was wäre die Alternative gewesen? Hätte Gott sich einen Menschen erdacht, der nie eine falsche Entscheidung treffen konnte, wäre dieses Geschöpf nie in der Lage, eine persönliche, eigenständige Entscheidung für ihn zu treffen. Er wäre doch nichts weiter als ein perfekter, sündloser, schuldloser, fehlerfreier … Mensch! Oder? Nein! Eine Maschine! Ein Computer! Aber niemals ein menschliches Wesen! Gott entschied sich dafür, das größte Glücksspiel aller Zeiten zu wagen – und ein Geschöpf zu erschaffen, das sich eine eige-

> *Was passiert mit guten Menschen, denen schlimme Dinge zustoßen? Sie werden zu besseren Menschen.*

ne Meinung bilden, Ideen sammeln und seine Entschlüsse selbst treffen konnte. Was er da erschuf, war ein potenzieller Sünder, aber auch eine potenziell liebenswerte Person!

Schieben Sie Gott nicht die Schuld dafür in die Schuhe, dass er die Sünde zugelassen hat! Danken Sie Gott, dass er uns trotz unserer Sünden niemals die Freiheit genommen hat und damit zugleich auch nicht die Möglichkeit, aufrichtige, liebenswerte Menschen zu werden. Schieben Sie Gott nicht die Schuld für das Leid in der Welt in die Schuhe! Klagen Sie die Menschen dafür an, dass sie persönlich den Weg zu menschlichem Herzeleid und Leiden eingeschlagen haben. Geben Sie den Menschen die Schuld dafür, dass sie die göttliche Wahrheit ablehnen, die sich ihnen offenbart hat! Beschuldigen Sie die Menschen dafür, dass sie Gottes Erlösungsangebot mit Füßen treten, das ihnen in Jesus angeboten wurde. Sie müssen nur aufs Kreuz schauen, dann wissen Sie, dass kein menschliches Wesen jemals Grund hätte, Gott dafür anzuklagen, nicht weit genug gegangen zu sein, uns zu erlösen.

Klagen Sie sich nicht an!

Trauer scheint wohl auf die eine oder andere Weise auch immer mit Schuld verbunden zu sein. Aber eine Selbstverdammung kann nie die Lösung des Problems sein und wird auch die Umstände nicht verändern. Sie ist lediglich ein negatives, wenig konstruktives Gefühl, das in unserem Leben verheerenden Schaden anrichten kann.

Vielleicht erinnern Sie sich noch an den tragischen Zwischenfall, der sich am 17.07.1981 während der Einweihungsfeier im *Hyatt Regency* in Kansas City ereignet hat? Damals kamen in dem Hotel 114 Menschen ums Leben. Über 200 Menschen wurden verletzt, als zwei Gänge aus Beton herabstürzten, die das Atrium umgaben. Eine jüngere Bekannte von mir war an diesem Abend vor Ort und erlebte dieses Horror-Szenario hautnah mit. Später berichtete sie mir: „Dr. Schuller, ich kam mir vor wie in einem Horrorfilm. Nur mit dem einen Unterschied, dass das da ja ganz real war! Ich wünschte mir nichts sehnlicher, als dass jemand käme und die ganze Sache ungeschehen machte und alles wieder in den Zustand versetzte, in dem es zuvor gewesen war."

Natürlich gab es keine Möglichkeit, das Geschehene ungeschehen zu machen. Viele Menschen aus dem Umfeld meiner Bekannten starben. Sie war ganz und gar nicht auf einen derartigen Notfall vorbereitet gewesen und so waren ihr die Hände gebunden. Sie konnte nichts tun. Dieses Gefühl der Hilflosigkeit – gepaart mit den Schreckensszenarien aus der Erinnerung – brachte sie fast um den Verstand.

So erzählte sie mir: „Es gab nichts, was ich tun konnte. Den ganzen Abend Taschentücher herbeischleppen, ja. Aber das brachte die Leute nicht wieder zurück. Ich ging an diesem Abend nach Hause und konnte nicht einschlafen. Die Schuld lastete zentnerschwer auf mir, weil ich sie nicht wieder lebendig machen konnte. Dutzende starben – und es gab nichts, das ich tun konnte.

Mein ganzes Leben lang war ich schon Christ. Und so betete ich ununterbrochen, dass die Verletzten am Leben bleiben würden. In der Zeitung wurde eine Liste mit den Namen der Opfer veröffentlicht, die noch immer im Krankenhaus lagen. Ich betete jeden Tag für sie. Aber ich konnte die Schuld einfach nicht abschütteln, die mit einem Gefühl der Hilflosigkeit einherging. So fing ich an, mich zurückzuziehen. Ich zog mich von meinen alten Freunden zurück und versuchte auch nicht, neue zu gewinnen. Die Leute, die mich kennen, wissen, dass ein solches Verhalten mir eigentlich gar nicht ähnlich sieht. Ich fraß alles in mich hinein. Ich redete mit niemandem darüber. Eigentlich hörte ich im Grunde auf zu leben.

Ich dachte, dass ich bei diesem tragischen Unglücksfall eigentlich selbst hätte sterben sollen. Warum war ich noch am Leben, wo doch so viele andere starben? Niemand, der nicht auch ein solches Desaster miterlebt hat, kann solche Gedanken nachvollziehen. Niemand kann verstehen, wie tief der Schmerz ist. Ich wollte einfach nicht mehr innerlich verletzt sein. Ich beschloss, meinem Leben ein Ende zu setzen. Also nahm ich mir vor, eine Überdosis Medikamente zu schlucken. Ich traf entsprechende Vorkehrungen. Meine Freundin sollte meine Kinder abholen. Und ich wollte die Medikamente nehmen, die mein Arzt mir gegen meine Depressionen verschrieben hatte. Ich hatte schon fast die halbe Flasche geleert, als ich daran dachte, wie sehr ich meine Familie liebte und wie sehr meine Familie mich liebte. Ich rief die Hotline der ‚Crystal Cathedral'-Gemeinde an, die sich ‚Neue Hoffnung' nennt.

Der Telefonseelsorger stellte mir Fragen über mich selbst. Er sagte zu mir: ‚Man möchte meinen, dass Sie noch eine Menge haben, wofür es sich zu leben lohnt.' Er betonte, dass es noch eine Menge Dinge gab, die ich tun, und eine Menge Menschen, denen ich noch helfen konnte. Irgendwie hat er etwas in mir bewegt, das kein anderer hatte anrühren können.

In der Zwischenzeit hatte er die Polizei verständigt. Die Sanitäter brachten mich ins Krankenhaus, aber als der Notarztwagen dort eintraf, lag ich bereits im Koma. Drei Tage lang hielt dieser Zustand an. Es konnte keine Hirntätigkeit mehr festgestellt werden. Man erklärte mich bereits für klinisch tot und verständigte meine Familie, damit sie mich noch einmal sehen konnte, bevor die Maschinen abgeschaltet wurden.

Viele Personen beteten zu dieser Zeit für mich. Und einer meiner Onkel, der mir mein Leben lang sehr nahe gestanden hatte, stand an meinem Bett, hielt meine Hand und sagte mir, dass er mich lieb hatte. Mein Unterbewusstsein muss ihn gehört haben, denn ich öffnete meine Augen – etwa drei Stunden, bevor sie die Maschinen abschalten wollten.

Alles, was seither passiert ist, war viel besser, als ich es mir jemals hätte erträumen können. Ich wünschte, ich könnte jedem, der unter Depressionen leidet oder der mit dem Gedanken spielt, sich das Leben zu nehmen, sagen, dass es vorüber geht! Es sieht vielleicht nicht danach aus, aber es geht vorbei und es wird immer besser."

Such nicht den Schuldigen – such das Problem!

Ein Mitglied unserer Gemeinde zeigte mir einmal ein Motto, das sich ihr Arbeitgeber auf die Fahne geschrieben hatte:

Such nicht den Schuldigen – such das Problem!

Wo liegt Ihr Problem? Zum einen: Machen Sie sich bewusst, dass das eigentliche Problem nicht der Schicksalsschlag ist, der Sie ereilt hat! Das eigentliche Problem ist Ihre Reaktion darauf. Wenn Sie nicht Ihre Reaktion auf Ihren Verlust in den Griff bekommen, können und werden Sie höchstwahrscheinlich davon zerstört werden.

Wie können Sie sich aber auf „die Suche nach dem Problem" machen?

1. Entscheiden Sie sich bewusst dafür, sich nicht den Rest Ihres Lebens der Trauer und den Tränen hinzugeben. Mit einer solchen Reaktion würden Sie Ihrer Familie, Ihren Freunden und sich selbst keinen Gefallen tun und diese gering schätzen. Darüber hinaus entehrt ein Festhalten am Schmerz Gott, der nur damit geehrt werden will, dass er bei Ihnen die Freude wieder entfacht. Entscheiden Sie sich konsequent dafür, dass diesem nichtkonstruktiven Schmerz und dem Selbstmitleid EinHALT geboten werden muss!

André Thorton kann uns im Umgang mit dem Schmerz ein gutes Vorbild sein. Er war in den späten Siebzigern und Achtzigern ein bekannter Baseball-Profi bei den *Cleveland Indians*. Die persönliche Tragödie, die er durchlebte, hätte die meisten von uns zerbrochen. Als André Thorton 1977 zusammen mit seiner Frau und seinen zwei Kindern nach Pennsylvania fuhr, um an der Hochzeit seiner Schwester teilzunehmen, passierte es. In diesem Teil des Landes können sich die Wetterverhältnisse bereits im Oktober drastisch verschlechtern. Als sie an jenem Abend zu ihrer Fahrt aufbrachen, fing es an zu regnen. Dann schneite es. Während sie die Berghänge Pennsylvanias entlang fuhren, wurden die Windböen immer heftiger und erfassten schließlich das Heck ihres Kleinbusses. Dieser geriet ins Schleudern und überschlug sich. Sie wurden an die Leitplanke gedrückt. André verlor das Bewusstsein.

Als er aufwachte, lag er in einem Krankenhaus in einem Bett neben dem seines Sohnes. Kurz nachdem er das Bewusstsein wieder erlangt hatte, kam eine Schwester und meinte: „André, es tut mir Leid, dass ich Ihnen das sagen muss.“ Sie fing an zu weinen. Dann sagte sie nur: „Der Gerichtsmediziner obduziert gerade Ihre Frau und Ihre Tochter.“

> *Was ist das Kreuz? Es ist ein Minus, das in ein Plus verwandelt wurde!*

André gestand mir: „Diese Zeit war für mich die Hölle. Es war, als würde mir das Herz aus dem Leib gerissen. Aber selbst in solchen Momenten können wir auf das Wort Gottes zählen. Er hat dort gesagt: ‚Niemals werde ich dir meine Hilfe entziehen, nie dich im Stich lassen‘“ (Hebräer 13,5).

Sein Versprechen war da. Ich bin so dankbar, dass ich Christ war und dass ich es schon seit einigen Jahren war. So konnte ich diesem Versprechen vertrauen und mich in diesem besonderen Augenblick meinem Herrn anvertrauen.

Ich weiß, dass Christus bei uns war – selbst inmitten der tragischsten Augenblicke unseres Lebens. Die Stärke Gottes hat meinen Sohn und mich gestützt und uns die Kraft gegeben weiterzugehen. Ich denke, das Wichtigste, das ich dabei gelernt habe, ist, dass unser Gott treu ist."

Ich konnte mir nicht verkneifen, André zu fragen: „Aber hast du denn angesichts des Verlustes deiner Frau und deiner Tochter nie an Gottes Liebe gezweifelt?"

Andrés Antwort war genial. Er meinte: „Ich glaube, dass wir alle Phasen durchleben, in denen wir uns fragen, ob wir es nicht hätten anders machen sollen. Und ich will mich da auch gar nicht ausschließen. Aber ich bin dankbar, dass Gott nicht zulässt, dass wir solchen Gedanken nachhängen. Wir sollen diesen Zweifeln nicht nachgeben. Vielmehr sollen wir Gott vertrauen. Wir sollen wissen, dass dieser Plan – egal, was er damit bezweckt, egal, wie er aussieht – ihn verherrlichen soll. Wenn ich heute auf dieses tragische Ereignis zurückblicke, sehe ich die Menschen, deren Leben von dem berührt wurden, was Gott durch uns bewirkt hat. Und so kann ich die ganze Sache heute gar nicht mehr nur als Tragödie sehen, sondern erkenne auch die positiven Auswirkungen – weil ich weiß, dass andere Menschen vom geistlichen Tod zum Leben in Fülle zurückgefunden haben."

„Weißt du was, André", sagte ich. „Im Psalm 23 heißt es: ‚Deine Güte und Liebe werden mich begleiten mein Leben lang' [Vers 6]. Wenn du angesichts der Schmerzen die Güte Gottes, all das Gute, das von ihm kommt, nicht erkennen kannst, so kannst du doch seine Barmherzigkeit erfahren. Und das ist genau das, was du erlebt hast, André."

„Ja, daran gibt es nichts zu rütteln!", gab er mir zur Antwort. „Ich bin nur durch die Annahme seines Sohnes ein Kind Gottes. Und als Kind Gottes weiß ich, dass er mein Leben führt und leitet. In Sprüche 16, Vers 9 heißt es: ‚Der Mensch plant seinen Weg, aber der Herr lenkt seine Schritte.' Ich habe den Weg Christi, meines Erlösers, gewählt. Und Gott lenkt meine Schritte. Dafür bin ich dankbar, denn ich muss mich nie fragen, wohin der Weg mich führt."

„Woher nimmst du einen solchen Glauben?", hakte ich nach.

„Ich wurde in einer schwierigen Zeit groß – in einer Zeit, als es in unserem Land viele Umbrüche gab – und hatte eine Menge Fragen. Ich habe miterlebt, wie mein bester Freund im Alter von 17 Jahren erstochen wurde. Ich wuchs in dem großen Tumult der Rassenunruhen auf. Der Vietnam-Krieg war auf seinem Höhepunkt angelangt. Die Menschen glaubten, dass Gott tot sei. Sicherlich war es eine Zeit, in der ein junger Mensch wie ich vieles hinterfragte. Ich nehme mich da nicht aus. Ich stellte mir Fragen wie: ‚Wo gehen wir hin? Was ist der Sinn des Lebens? Wer gibt dem Dasein seine Berechtigung?'

Die Worte meiner Mutter klingen mir heute noch in den Ohren: ‚André, ich kann dir diese Fragen nicht alle beantworten, aber ich kann dich auf den verweisen, der es kann.'

Dann zog ich als Angehöriger der ‚Pennsylvania National Guard' nach Fort Dix im US-Bundesstaat New Jersey. Als ich ging, gab meine Mutter mir eine Bibel mit. Und als ich in der Kaserne ankam, fing ich an, intensiv darin zu lesen. Zu jener Zeit glaubte ich schon, dass es einen Gott gab. Ich kannte ihn nur noch nicht so gut, dass ich mich ihm anvertrauen und sagen konnte: ‚Vater, hilf mir!'

Beim Lesen der Bibel erkannte ich, dass ich Gottes Kind bin, dass die Kluft, die mich von ihm trennte, durch den Tod und die Auferstehung seines Sohnes Jesus Christus überbrückt worden war. Diese Zuversicht war genau das, was ich brauchte, um zu begreifen, dass es eine größere Hoffnung gab als die, die die Welt zu bieten hatte.

Sie wollen also wissen, woher ich meinen Glauben beziehe? Ich kann nur eines sagen: Ich beziehe ihn von meiner Mutter. Ich danke Gott, dass ich eine Mutter hatte, die ihren Sohn so sehr liebte, dass sie ihm das Kostbarste mit auf den Weg gab, das sie ihm geben konnte – ihren Glauben!"

André war nicht für immer am Boden zerstört, als er seine Frau und seine Tochter verlor. Gott gab ihm die Kraft, sein Leben weiterzuleben. André ist heute wieder verheiratet und hat ein kleines Kind. Er machte weiter. Er ging vorwärts und hörte nicht auf zu leben, als seine Frau und Tochter das taten!

2. Akzeptieren Sie die Niederlage nicht! Wir müssen lernen, die Realität der schlimmen Dinge, die uns im Leben zustoßen, zu akzeptieren, ohne eine emotionale Niederlage hinzunehmen. „Der Tod, den dein Tod mir eingebracht hat, ist schlimmer als der Tod, den dein Tod dir eingebracht hat!“ So formulierte es einmal eine Witwe, als sie auf den leblosen Körper ihres Mannes starrte. Geben Sie nicht auf! Harte Zeiten dauern nicht ewig! Aber harte Menschen tun es! Seien Sie mutig! Kämpfen Sie für sich! Kehren Sie aktiv ins Leben zurück! Dort draußen gibt es eine Welt, die verhungert ist und verletzt. Denken Sie daran! Die Welt pulsiert, sie lebt. Sie braucht Sie!

In dem Klassiker „Vom Winde verweht“ lesen wir von dem Schicksal eines Südstaaten-Gentlemans, der unter der Last und der Tragik des Bürgerkrieges zusammenbrach. Angesichts dieses Unglücks philosophiert eine andere Figur in dem Roman: „Er konnte von innen angegriffen werden. Damit will ich sagen: Das, was die Welt nicht tun konnte, das vermochte sein eigenes Herz zu tun.“ Dann schließt dieser philosophierende Mensch mit den simplen Worten: „Es gibt nichts von außen, das uns angreifen könnte.“

3. Begraben Sie Ihre selbstbezogene Trauer! Trauer, die uns davon abhält, an andere zu denken und ihnen zu helfen, ist egoistisch. In Ihrem Umfeld gibt es eine Welt voller lebender Wesen, die mehr leiden als Sie. Da draußen sind einsame, zerbrochene, sterbende Frauen und Männer und Kinder! Sie brauchen Sie! Sie sind stärker, als diese es sind. Sie können sie trösten. Das Geheimnis des wahren Glücks, das überall in den Seligpreisungen wiederholt wird, kann mit den Worten zusammengefasst werden: „Ich komme erst an dritter Stelle.“ Leiden Sie? Sind Sie verletzt? Wissen Sie, wie Sie wieder lebendig werden können? Denken Sie zuerst an Gott, an andere an zweiter Stelle und setzen Sie sich selbst dann an die dritte Stelle!

4. Wenden Sie sich dem Erfreulichen zu! Hegen Sie nicht Ihre Wehwehchen! Sehen Sie auf das, was in Ihrem Leben übrig geblieben ist! Denken Sie nicht so sehr an das, was Sie verloren haben! In Ihrer Trauer sind Sie vermutlich von dem Schock, dem Schmerz und der Schwermut so überwältigt und fortgerissen, dass Sie sich noch nicht einmal all der Freuden bewusst sind, die immer noch tief unter der Decke Ihrer Trauer schlummern. Beschließen Sie, Ihre unterdrückten Freuden wieder hervorzuholen! Lassen Sie sie wieder aufblühen! Lassen Sie frischen Wind wehen! Es gibt so viele Dinge, für die Sie immer noch dankbar sein können, auch wenn Sie keine Dankbarkeit empfinden. Fangen Sie an, sich diese Dinge ins Gedächtnis zu rufen! Durchleben Sie noch einmal Ihre glücklichen Erinnerungen! Bewegen Sie sich dazu, diese große Ansammlung an erfreulichen Erfahrungen und Begegnungen, die es in Ihrer Vergangenheit gegeben hat, wieder zu beleben. Es gibt doch so viele großartige Dinge, die sich in Ihrem Leben ereignet haben!

An der Wand im Restaurant eines meiner Freunde hängt ein Gedicht, das von einem italienischen Philosophen stammt. Diese Zeilen sind es wert, in Erinnerung gerufen zu werden:

„Bemiss deinen Garten nach den Blumen;
Nie nach den Blättern, die da fallen.
Bemiss deine Tage nach den goldnen Stunden;
Erinnere dich nie an die Wolken.
Bemiss deine Nächte nach den Sternen, nicht nach den Schatten.
Bemiss dein Leben nach den Lächeln, nicht nach den Tränen.
Und nach der Freude an jedem Geburtstag.
Bemiss dein Alter nach den Freunden, nicht nach den Jahren."

5. Suchen Sie die positiven Seiten Ihres Leids! Wenn Sie Ihre Traurigkeiten begraben haben, sind Sie bereit, aus Ihrem Schmerz einen hilfreichen Partner zu machen. Verdrießlichkeit kann ein dämonischer Diktator sein, wenn Sie dies zulassen. Sie kann Sie zu einem zynischen, zweifelnden, verbitterten, im Selbstmitleid badenden Einsiedler oder Säufer machen. Oder sie kann Ihnen zu Diensten sein und Ihnen helfen, mehr Mitgefühl für andere zu entwickeln, die leiden. Sie kann Ihnen neue Möglichkeiten zum Dienst aufzeigen. Treffen Sie eine positive Entscheidung! Lassen Sie Ihren Schmerz Ihr Diener sein, der Gott und Ihrem Mitmenschen dient!

Die gute Nachricht ist: Schlechte Nachrichten können sich in gute Nachrichten verwandeln, wenn Sie eine neue Haltung einüben.

Ein Brief, den ich vor kurzem von jemandem aus New York erhielt, der meine Sendung gesehen hatte, unterstreicht dies. Ich habe diesen Brief schon oft gelesen, ja, habe ihn immer wieder gelesen, sodass ich ihn fast schon auswendig kenne. Lesen Sie selbst!

„Sehr geehrter Dr. Schuller,

ich habe noch nie in meinem Leben einen solchen Brief geschrieben. Was Sie hier lesen, ist die Geschichte eines verbitterten Mannes … und des Menschen, der ihn gerettet hat. Ich bin dieser verbitterte Mann. 1961 heiratete ich. Ich liebe meine Frau. Unsere Liebe ist das Einzige, das mich am Leben hielt. Kurz nach unserer Hochzeit erlitten wir einen schweren finanziellen Verlust, was mich sehr verbitterte.

Dann wünschten wir uns Kinder und mussten feststellen, dass wir keine bekommen konnten. Das verbitterte mich nur noch mehr. Nach einer Weile adoptierten wir ein Kind und einige Zeit lang waren wir sehr glücklich. Dann entdeckten wir, dass dieses adoptierte Kind – ein kleiner Junge namens Joey – auf Grund eines Gehirnschadens geistig zurückgeblieben war. Das verbitterte mich wieder ein bisschen mehr. Aber der bitterste Tag in meinem Leben war der Tag, an dem der kleine Joey starb. Als wir ihn zu Grabe trugen, war ich so voller Bitterkeit und Groll. Ich glaubte nicht an Gott, an Christus oder an irgendjemanden oder irgendetwas.

Seit einigen Monaten sehen nun meine Frau und ich uns Sonntag morgens Ihre religiöse Sendung im Fernsehen an. Sie bat mich, diese mit ihr zusammen anzuschauen. Aber ich wollte nicht. Vor sechs Wochen lief ich gerade durch das Wohnzimmer, als etwas, das Sie da gerade sagten, meine Aufmerksamkeit fesselte. Ich hörte zu. Ich hörte auch die darauf folgende Woche zu und die Woche danach und die Woche danach. Ich schreibe Ihnen heute, um Ihnen zu sagen, dass ich innerhalb von sechs kurzen Wochen ein neuer Mensch geworden bin. All meine Verbitterung ist verschwunden, ist vorbei.

Ich danke Ihnen, denn Sie haben mir Jesus Christus nahe gebracht. Meine Frau und ich haben deshalb beschlossen, unser Leben geistig zurückgebliebenen Kindern zu widmen. Ich kann Ihnen gar nicht sagen, wie sehr sich mein Leben verändert hat, denn mein Denken hat sich durch Christus erneuert!

Mit fröhlichen Grüßen,
ein Zuhörer von ‚Hour of Power'"

Lassen Sie Ihre Traurigkeit Sie zu einem besseren Menschen machen und Ihr Leid wird sich als Segen erweisen!

6. Nehmen Sie den Trost an, den Gott Ihnen schenken möchte! Zu Beginn des Kapitels sagte ich bereits, dass Gott nicht der Urheber des Leids ist. Die Sünde des Menschen brachte den Schmerz in diese Welt und daran hat sich bis heute nichts geändert. Gott aber möchte uns seinen Trost schenken. Dieser Trost, den er uns anbietet, zeigt sich in seiner Liebe, die er uns erweist, und in dem ewigen Leben, das er uns schenken will.

„Glücklich sind die Trauernden, denn sie werden Trost finden." Das ist eine unumstößliche Wahrheit. Doch vorher müssen wir eine kleine Bedingung erfüllen, es gibt noch ein kleines „Wenn". Sie werden glücklich sein, Sie werden getröstet werden, wenn Gott Ihr Freund und Christus Ihr Erlöser ist. Nehmen Sie diesen Trost, den Gott Ihnen bietet, an!

Was Gott tun will

Gott will wahren Trost schenken. Kein neurotisches Mitleid. Keine Sympathie, die die verletzte Person im Grunde nur noch mehr schwächt. Er bietet eine starke Liebe, die uns in liebenswertere und stärkere Personen verwandelt.

Als unsere Tochter Carol im Alter von 13 Jahren bei einem Motorradunfall ihr Bein verlor, bemühten meine Frau und ich uns, sie zu trösten. Wir brachten ihr ihre geliebten Kuscheltiere ins Krankenhaus. Wir riefen ihre Freunde an und baten sie darum, sie zu besuchen. Wir wichen nie von Carols Seite. Einer von uns war fast immer in ihrer Nähe.

Dann erhielten wir eines Tages einen Anruf von unserer Bekannten Dorothy DeBolt. Sie ist Mutter von 14 adoptierten Kindern. Diese sind alle etwas ganz Besonderes. Einige sind blind, einige sind querschnittsgelähmt. Eines ist vierfach amputiert. Alle Kinder leben mit der einen oder anderen körperlichen oder geistigen Behinderung.

Dorothy hat an all diesen Kindern ein wahres Wunder vollbracht. Trotz ihrer Handikaps hat sie sie dazu motivieren können, über sich selbst hinauszuwachsen. Sie ziehen sich alle eigenständig an. In ihrem Haus gibt es keine Behindertenrampe. Sie wissen alle, wie sie die Treppen hinaufklettern können, damit sie sich auch ohne eine solche Hilfe überall jederzeit zurechtfinden können.

Als Dorothy von Carols Unfall hörte, rief sie an, um ihre Zuneigung und Betroffenheit zum Ausdruck zu bringen. Ja, sie brachte ihre Liebe zum Ausdruck. Sie sorgte sich darum, dass Carol so viel Schmerz erlebt hatte. Und sie war wirklich betroffen. Sie wollte Arvella und mir auch klar machen, dass es einen richtigen und einen falschen Weg gab, Carol zu helfen.

Sie sagte einfach: „Achtet darauf, wie ihr sie tröstet."

Und diese Worte waren wirklich weise! Carol brauchte Verständnis und Trost, kein Mitleid. Und der Trost stellte sich nicht dadurch ein, dass wir ihre Tränen trockneten, sondern dadurch, dass wir ihre Aufmerksamkeit über den gegenwärtigen Schmerz hinaus auf die zukünftigen Siege lenkten.

Gott tröstet. Er bemitleidet uns nicht. Er fühlt nicht nur mit. Sondern er hebt uns auf, trocknet unsere Tränen, besänftigt unsere Ängste und führt unsere Gedanken über den Schmerz hinaus. Wie tröstet Gott uns so meisterhaft? Indem er uns die folgenden fünf Dinge schenkt:

1. Er schenkt uns Courage, das heißt Mut.
2. Er schenkt uns Coolness bzw. Ruhe.
3. Er schenkt uns Christen als Weggefährten.
4. Er schenkt uns Charakterfestigkeit und Trost.
5. Er schenkt uns ein Comeback mit neuen Aufgaben.

Er schenkt uns Courage

Wenn wir verzweifelt sind, gibt uns Gott die Courage bzw. den Mut, weiterzumachen und unseren Schmerz und unsere Trauer zu durchleben. Er gibt uns die Kraft, damit wir uns wieder erholen und bereit sind, uns dem Morgen zu stellen.

Ich werde nie vergessen, wie ich vor einigen Jahren einen Anruf von der Familie des an Krebs erkrankten Senators Hubert Humphrey erhielt, der zu diesem Zeitpunkt im Sterben lag. Seine Familie bat mich, ihm einen Besuch abzustatten, in der Hoffnung, dass ich ihn dazu bewegen könnte, noch einmal nach Washington D. C. zurückzukehren. Als ich in dem kleinen Appartement in Minneapolis ankam, wartete er schon auf mich. Er saß aufrecht auf einem Stuhl und war komplett angezogen. Er sah hager aus. Sein weißes Hemd stand einige Zentimeter von seinem dünnen Hals ab.

Das war Mut! Denn es bedurfte angesichts seiner gesundheitlichen Situation einer gehörigen Portion Mut und Kraft, ein Hemd und eine Krawatte anzuziehen und Hosen, Schuhe und Socken überzuziehen und aufrecht auf einem Stuhl zu sitzen. Woher kommt dieser Mut, sich nicht hängen zu lassen? Er kommt von Gott.

Ich sagte zu diesem tapferen Mann: „Hubert, wenn du einmal so richtig unten, so richtig deprimiert und entmutigt warst, was hat dich dann wieder nach oben gebracht?" Ich hoffte, dass diese Frage ihn dazu bringen würde, sich an die Zeiten zu erinnern, in denen er traurigen Lebensumständen getrotzt hatte.

Er fing an, sich an einige Bibelverse, Lebensweisheiten und erfreuliche Erlebnisse zu erinnern. Plötzlich sah ich ein Funkeln in seinen Augen.

Deshalb fragte ich: „Wann gehst du nach Washington zurück?"

Er sah seine Frau Muriel an und meinte: „Vielleicht sollte ich das ja tun – noch ein einziges Mal?!"

Das tat er dann auch – und lebte die letzten Wochen seines Lebens so, wie er sein Leben gelebt hatte: mutig und tapfer. Es war mir eine Ehre, nur wenige Monate später – neben Billy Graham, Jesse Jackson, Präsident Carter und fast allen hochrangigen Senatoren – die Traueransprache halten zu dürfen. Etwa 40 Millionen Amerikaner hörten und sahen über die Fernsehkanäle zu.

Für den Trauergottesdienst wählte ich als Thema „Courage – das große C".

„Das große C – so nennen sie den ‚Cancer', den Krebs", meinte ich. „Hubert Humphrey wusste das. Aber er wusste auch um das noch größere C – um die Courage, um den Mut, die uns Christus schenkt."

Gott schenkt uns Coolness

Wie tröstet Gott die Menschen, wenn ihnen schlimme Dinge zustoßen? Neben Courage gibt er ihnen auch Coolness, innere Ruhe und Gelassenheit – auf ungeahnte Weise und zu einem Zeitpunkt, zu dem wir dies gar nicht erwarten. Wie es so schön in einem alten Kirchenlied heißt: „Manchmal überrascht das Licht einen Christen, noch während er singt. Es ist der Herr, der mit Heilung auf seinen Flügeln kommt."

Ich erinnere mich auch an die Schwester des verstorbenen Kongressabgeordneten Clyde Doyle. Sie hatte zwei Kinder – einen Sohn und eine Tochter –, die beide als Teenager starben. Ihr Mann starb ebenfalls in sehr jungen Jahren und so war sie völlig allein. In einer solchen Situation ist es nicht sehr hilfreich zu sagen: „Denk nicht an das, was du verloren hast. Denk an das, was du immer noch hast."

Vor allem bei einer Frau, die gar niemanden mehr hatte!

Ich fragte sie: „Wo hast du Trost gefunden? Was gibt dir die Kraft, weiterzumachen?"

Sie entgegnete mir: „Ich lebe in Long Beach. Ich ging immer jeden Tag an den Strand. Oft saß ich nur ganz benommen da. Ich konnte nicht mehr denken. Ich konnte nichts mehr fühlen, aber ich konnte immer noch sehen. Und so beobachtete ich die Wellen, wie sie sich in eine Schaumkrone einrollten, wie sie gegen das Ufer brandeten und sich dann wieder zurückzogen. Tag für Tag ging ich an den Strand. Woche um Woche. Monat um Monat und Jahr um Jahr. Eines Tages beobachtete ich, wie sich die Welle einrollte, brach, schäumte und über den Sandstrand hinwegfegte. Da schenkte Gott mir einen Gedanken. Ich hörte eine Stimme in mir, die mir sagte: ‚Es gibt nichts als das Leben!'"

Schau nie auf das,
was du verloren hast!
Schau auf das, was dir bleibt!

Und dann sagte sie: „Jetzt wusste ich, wo mein Sohn war. Jetzt wusste ich, wo meine Tochter und wo mein Mann waren." Zum ersten Mal war es ihr möglich, Ruhe und inneren Frieden zu empfinden. Und dann konnte sie wieder anfangen, ihr Leben neu aufzubauen.

Gott schenkt uns Christen

„Glücklich sind die Trauernden, denn sie werden Trost finden." Sie bekommen Courage und Mut und genügend Durchhaltevermögen, um die Beerdigung zu überstehen oder was auch immer Sie durchmachen. Sie bekommen Coolness und innere Ausgeglichenheit. Und Gott schenkt Ihnen Christen (ein weiteres großes C) und auch andere Menschen, die Sie als Weggefährten begleiten.

In den 33 Jahren als Pastor habe ich von Menschen, die eine niederschmetternde Erfahrung gemacht haben, immer wieder den gleichen Ausspruch gehört: „Oh, wir haben so viele Anrufe und Briefe erhalten. Da haben Menschen an uns gedacht, von denen wir schon seit Jahren nichts mehr gehört hatten. Ich war erstaunt, wie viele sich um mich sorgen."

Ich werde nie die Beerdigung vergessen, zu der niemand kam. Der Verstorbene hatte drei Söhne gehabt. Alle lebten vor Ort, lebten in derselben Stadt. Und doch war kein Einziger von ihnen beim Begräbnis des Vaters anwesend. Lediglich der Bestatter und meine Wenigkeit waren zugegen.

Ich fragte: „Was ist los? Kommt denn niemand zur Beerdigung?"

Der Bestattungsunternehmer entgegnete: „Er war ein sehr, sehr egoistischer Mann. Zu seinen Lebzeiten hatte er nie Zeit für seine Familie. Wen wundert's da, dass jetzt keiner Zeit für ihn hat?"

Für die Verheißung „Glücklich sind die Trauernden, denn sie werden Trost finden" gibt es allerdings eine Einschränkung: Sie gilt nicht allen Menschen. Denken Sie nur an die Frage, die diesem Kapitel zugrunde liegt: „Was passiert eigentlich mit den guten Menschen, wenn ihnen schlimme Dinge zustoßen?"

Als meine Tochter Carol den Unfall hatte und ihr Bein verlor, war ihr nichts wichtiger als das Foto, das sie von John Wayne bekam. Er hatte es mit den folgenden Worten signiert:

„Liebe Carol,
schätze dich glücklich, du wirst geliebt."

Ich kann Ihnen sagen, dass dieser eine Satz mich genauso tief berührt hat wie Carol. Man kann einen großen Verlust annehmen, wenn man jemanden hat, der einen dabei in Liebe begleitet. Gott wird Ihnen Freunde zur Seite stellen.

Keith Miller, seines Zeichens Theologe, Philosoph und Psychologe, hat unter anderem gemeinsam mit Bruce Larson die so genannte Beziehungstheologie begründet. In den vergangenen Jahren hat er sich darauf spezialisiert, die Lehren Jesu so auszulegen, dass sie Menschen helfen, Heilung zu finden. Über eine Million Exemplare seines Buches „Neuer Wein – lebendiges Wasser. Von der Sehnsucht nach geistlicher Erneuerung" wurden bereits verkauft.

Keith genoss den Erfolg, die Liebe und Bewunderung, die er auf Grund seines Dienstes bekam. Aber dann erfuhr er am eigenen Leib, wie viel Schmerz und Leid eine Scheidung mit sich bringt. Er fühlte sich als Versager. Und bedauerlicherweise schrieben ihn einige Christen ab, indem sie ihm vorwarfen: „Wie kannst du dich da noch Christ nennen, wenn du eine Scheidung hinter dir hast?“ Aber dann kamen viele zu ihm – auch Menschen, denen er geholfen hatte – und bestärkten ihn: „Wie können wir dir helfen?“ Durch all ihre Unterstützung konnte er fühlen und verstehen, was Gnade wirklich ist.

Heute übt er einen ganz neuen Dienst aus und beschäftigt sich mit Menschen, die verletzt sind und wahre Kraft gefunden haben, weil sie sich nicht mehr auf ihre eigene Kraft verlassen. Sie finden echte Liebe, die trägt.

Was passiert mit den guten Menschen, wenn sie schlimme Zeiten durchleben? Sie finden Weggefährten, die sie lieben und tragen. Eine neue Liebe kommt in ihr Leben. Sie bekommen neuen Mut und inneren Frieden, Ruhe und Gelassenheit sowie eine Hoffnung, die sie nie zuvor gekannt haben.

Gott schenkt uns Charakterfestigkeit

Courage, Coolness, Christen … und Charakterfestigkeit. Jeder gute Mensch, der schlimme Zeiten durchmacht, entwickelt eine größere Sensibilität für das Leid anderer. Es gibt einen sehr schönen Ausspruch, den ich oft schon zitiert habe: „Für den Dienst der Liebe kommen nur gebrochene Herzen in Frage.“ Gute Menschen machen ihre Wunden zu Sternstunden.

Die Ärztin Dr. Benjy Brooks ist eine großartige Frau. Ihr wurde der *Horatio Algier Award* verliehen; daneben zeichnet sie sich dadurch aus, dass sie die erste weibliche Kinderchirurgin in den Vereinigten Staaten war. Sie hat eine Professur für Chirurgie an der *University of Texas Medical School* in Houston/Texas und fungiert als Assistentin für den Rektor im Fach Ethik.

Als Dr. Brooks noch in der fünften Klasse war, deutete ihr Lehrer ihrer Mutter gegenüber an, dass sie geistig zurückgeblieben sei. Ihre Mutter ließ dies jedoch unbeeindruckt, so Benjy heute. Sie erzählt: „Ich passte einfach nicht so recht in diese Bildungsfabrik, aus der jeder als kleines Würstchen herauskommen sollte. Leider ist es das, was unser Bildungssystem aus den Kindern macht. Zuweilen nimmt es ihnen ihre Kreativität und ihre Andersartigkeit.“

Benjy war jedoch fest entschlossen, Ärztin zu werden. Schließlich fand man sie oft unter dem Küchentisch, wo sie mit Maniküreschérchen an den Puppen ihrer Schwester „herumoperierte“. Und sie ließ nicht zu, dass irgendein Lehrer oder ein starres Bildungssystem ihr dabei im Wege standen.

Dann passierte etwas, das bei Benjy mit ihrer medizinischen Veranlagung einen tiefen Eindruck hinterließ. Ihr einziger Bruder, ein Testpilot bei der Air Force, kam mit 27 Jahren ums Leben.

Und so trauerte sie. Darüber sagt sie heute: „Ich glaube nicht, dass man darüber hinwegkommt. Man lernt nur, damit zu leben. Und ich lernte, mit dem Tod meines Bruders zu leben. Später in meiner medizinischen Praxis sah ich ihn in jedem Kind jeder Altersstufe und konnte so diese Kinder lieben und ihnen anstelle von ihm etwas geben.“

Gott schenkt uns ein Comeback mit neuen Aufgaben

Wie tröstet Gott gute Menschen, wenn ihnen schlimme Dinge widerfahren? Er gibt ihnen Courage (Mut), Christen und andere Menschen als Weggefährten und Charakterfestigkeit und Mitgefühl. Darüber hinaus teilt er ihnen neue Aufgaben zu. Ein gutes Beispiel hierfür ist Art Linkletter.

Er ist mir ein besonderer Freund und sein Humor und seine gewitzte Art im Umgang mit der amerikanischen Lebenskultur hat unser aller Leben bereichert. Aber blickt man einmal hinter Arts fröhlich-witzige Art und seinen Optimismus, sieht man einen Mann, der sein Kreuz in einen Auftrag verwandelt hat. Einen Auftrag, bei dem es darum geht, junge Menschen zu erreichen, die drogenabhängig sind. Der Auslöser für diesen Dienst war der tragische Tod seiner Tochter durch Drogenmissbrauch und der seines Sohnes bei einem Autounfall.

Einmal fragte ich ihn: „Art, wie verwandelst du eine menschliche Tragödie in einen persönlichen Triumph?“

In seiner warmherzigen, weisen, liebevollen Art antwortete er mir: „Das Schwierigste überhaupt ist, die Tragödie zuzulassen, sie zu akzeptieren. Es ist etwas in deinem Leben, auf das du keinen Einfluss hattest. Und Gottes Plan für uns geht, wie wir alle wissen, weit über das hinaus, was wir uns vorstellen können. Er ist fester Bestandteil unseres Lebens – auch von Leben und Tod.

Wenn wir erst den tiefen, tiefen Schmerz zugelassen und akzeptiert haben, wird uns bewusst, dass wir über unsere Fähigkeit, zu lieben und uns um andere zu kümmern, hinausgewachsen sind. Erst wenn wir selbst verletzt wurden, können wir wirklich die Verletzungen anderer verstehen. Erst wenn wir versagt haben, können wir wirklich Erfolg erzielen. In meinem Fall motivierte mich der Schmerz in meinem eigenen Leben zu einem Feldzug gegen den Drogenmissbrauch – und ich versuchte, jungen Leuten und Familien zu helfen.

Nicht jeder mag vielleicht dazu berufen sein, einen Feldzug ins Leben zu rufen, wie das bei mir der Fall war. Aber jeder kann sehr wohl Liebe und Unterstützung an andere weitergeben. Das Leben eines jeden Menschen kann das Leben eines anderen berühren, der gerade heute Zuneigung und Liebe braucht."

Dem stimme ich zu. „Für den Dienst der Liebe kommen nur gebrochene Herzen in Frage."

Menschen, die Schweres erleiden, sehen das Leben plötzlich mit anderen Augen. Ihre ganze Perspektive ändert sich. Einige der Dinge, von denen sie glaubten, dass sie so überaus wichtig wären, bedeuten ihnen offensichtlich nicht mehr allzu viel. Einige der Schätze, die sie für so wertvoll hielten, haben ihren Glanz verloren. Ihr Wertesystem verändert sich. Und ob Sie mir glauben oder nicht: Wenn Ihr Wertesystem sich ändert, verändern sich auch Ihr Herz, Ihre Stimmung und Ihr Denken. Auch Ihr Leben und Ihre Beziehungen verändern sich.

Ich weiß noch, wie ich eine sehr reiche Frau zu Hause anrief, die einen großen Schicksalsschlag erlitten hatte. Diese Frau besaß nicht nur eine Sammlung chinesischer Vasen aus der Ming-Dynastie, sondern auch Juwelen und viele andere schöne und wertvolle Dinge.

Sie begrüßte mich mit den Worten: „Dr. Schuller, Sie haben einmal im Fernsehen gesagt: ‚Das Leid lässt dich nie dort, wo es dich gefunden hat.' Das stimmt."

Sie fuhr fort: „Die Dinge, die ich besitze, bedeuten mir heute nicht mehr so viel. Sicher, ich habe immer noch ein Faible dafür und werde sie nicht gleich wegwerfen. Aber wenn ein Feuer ausbrechen würde und ich nur eine einzige Sache aus dem Haus retten könnte, würde ich heute nicht mehr diese Ming-Vase mitnehmen, wie ich es vorher getan hätte. Wissen Sie, was ich mitnehmen würde? Ich würde die Familienbilder retten."

Wenn sich ein Unglück ereignet, ändern sich die Werte. Die Familie wird wichtiger: der Mann, die Frau, die Eltern, die Kinder. Beziehungen werden kostbarer. Und das Leben selbst wird wichtiger als irgendeine alltägliche Beschäftigung oder irgendein Besitz. Wenn sich Ihre Werte ändern, verändert sich auch Ihr Leben. Und das ist der Grund, warum diejenigen, die trauern, auch tatsächlich getröstet werden. Sie sind – so unglaublich das klingen mag – glückliche Menschen.

„Glücklich sind"-Aussage 3

„Ich werde cool, ruhig und gefasst bleiben"

„Glücklich sind die Friedfertigen,
denn sie werden die ganze Erde besitzen."

Hört sich das nicht lächerlich an? Ich lebe in einem Land, in dem Leistung groß geschrieben wird – den Vereinigten Staaten von Amerika. Wissen wir denn nicht alle, dass es nur der hoch motivierte, hoch dynamische und mächtige, gewitzte Geschäftemacher zu etwas bringt?

„Glücklich sind die Friedfertigen, denn sie werden die ganze Erde besitzen." Hätte Jesus gesagt: „Glücklich sind die Friedfertigen; denn sie werden das Himmelreich besitzen" – dann, ja, dann könnten wir das ja noch verstehen. Aber zu sagen, dass die Friedfertigen die Erde besitzen werden, klingt in unseren Ohren, die für die modernen Erfolgsrezepte mehr als offen sind, etwas absurd.

Was wollte Jesus mit dieser Seligpreisung sagen? Bedeutet dieser Vers, dass wir nie lautstark unsere Meinung vertreten und uns verteidigen sollen?

Es gibt überall Ungerechtigkeiten in unserer Gesellschaft. Wir leben in einer Welt voller Vorurteile. Wie gehen wir damit um? Bedeutet dieser Vers denn, dass wir uns als Fußabtreter benutzen lassen müssen, auf dem jeder herumtrampeln kann und darf?

Mir fällt hierzu eine Geschichte ein, die mein katholischer Freund, Pater Joseph Murphy, mir einmal über ein paar Nonnen erzählt hatte, die sich ein Baseballspiel ansehen wollten. Direkt hinter den Nonnen saßen einige Zuschauer, die dem katholischen Glauben feindselig gegenüber standen.

Einer dieser Katholiken-Gegner sagte sehr laut, sodass die Nonnen dies hören konnten: „Los, lasst uns nach Texas fahren. Dort soll es nicht so viele Katholiken geben."

Sein Sportsfreund bekräftigte dies: „Wie wär's mit Oklahoma? Dort soll es sogar noch weniger Katholiken geben."

Und der Erste hatte offensichtlich einen noch besseren Einfall: „Oder Alaska! Dort soll es so gut wie keine Katholiken geben."

An dieser Stelle drehte sich die Nonne um und meinte: „Warum fahren Sie nicht zur Hölle? Dort gibt es gar keine Katholiken."

„Glücklich sind die Friedfertigen." Heißt das, dass wir Beleidigungen und Ungerechtigkeiten im Stillen und mit grenzenloser Nachsicht hinnehmen müssen? Eine freie, moderne Übersetzung des Verses könnte meiner Ansicht nach zum Beispiel lauten: „Glücklich sind die Starken, die emotional Ausgeglichenen, die Erziehbaren, die Gutherzigen, denn sie werden die Erde besitzen." So ist der Mensch, der erfolgreich sein und „die Erde besitzen" wird.

„Friedfertig" – was heißt das? Vier Eigenschaften beschreiben eine solche Person: stark, emotional ausgeglichen, erziehbar, gutherzig.

Glücklich sind die Starken

Ich kann Ihren Protest schon hören: „Jetzt gehen Sie aber entschieden zu weit, Mr. Schuller! Haben Sic gerade wirklich gesagt: ‚Glücklich sind die Starken'? Wie können Sie um Himmels willen nur das Wort ‚friedfertig' durch ‚stark' ersetzen?"

Oh doch. „Glücklich sind die Starken." Denken Sie einmal darüber nach! Was ist wahre Stärke? Was ist wahre Macht? Wer ist der Stärkere: der junge Mann, der sich seinem Zorn hingibt und physisch und verbal ausfallend wird? Oder der junge Mann, der ruhig und gefasst bleibt und sich seiner inneren Stärke bewusst ist?

Wer sind dann also die Starken? Die Macht-Menschen sind wahrhaft stark, wenn sie gelernt haben, ihre Macht nicht zu missbrauchen. Sie wissen, dass die wahre Macht in der Disziplin und Kontrolle liegt, sonst würden sie zusammen mit dem Unkraut auch die jungen Pflänzchen ausrupfen und damit auch die zarten Sprossen menschlicher Güte und Freundlichkeit ausreißen. Es sind die, die freundlich bleiben und dabei Stärke aufbauen, die, die sich barmherzig zeigen und dabei mächtig sind. Glücklich sind sie, denn sie werden nicht nur einen Krieg gewinnen; sie werden die Herzen einer Nation gewinnen!

Die Schwachen sind auch mächtig, wenn sie ihre Probleme in Projekte umsetzen, ihre Drangsal in Dienstbereitschaft, ihre diffizilen Situationen in Dividenden, ihre Mängel in Möglichkeiten, ihre Tragödien in Triumphe, ihre Stolpersteine in Sprungbretter. Sie sehen in einer Unterbrechung ein interessantes Unterfangen. Sie ernten Früchte aus ihrer Frustration. Sie machen aus Feinden Freunde. Anfeindungen sind für sie Abenteuer.

Nie werde ich den New York City Marathon von 1982 vergessen. Nicht wegen des Gewinners, sondern wegen einer Frau, die zuletzt über die Ziellinie humpelte. Linda Down und ihre Zwillingsschwester wurden 28 Jahre zuvor mit einer zerebralen Lähmung geboren. Daraus resultierte eine mangelnde motorische Koordinationsfähigkeit, ein gestörter Gleichgewichtssinn sowie eine spastische Lähmung. Nur unter Zuhilfenahme besonderer Krücken können die beiden laufen. Und doch beflügelte Linda Down mich und auch viele Amerikaner, die den Lauf verfolgten, als sie den Marathonlauf nach 26,2 Meilen auf Krücken (!!!) hinter sich brachte!

Für einen behinderten Menschen mag der Traum, bei dem New Yorker Marathon mitzurennen, vielleicht kein besonders lohnenswertes und wohl überlegtes Ziel sein. Aber Linda Down ist kein dummes Huhn. Im Gegenteil: Sie hat einen Universitätsabschluss und ist diplomierte Sozialarbeiterin.

Deshalb fragte ich sie: „Was hat dich persönlich dazu bewogen, an einem Marathon teilzunehmen?"

Sie gab mir zur Antwort: „Nun, zum einen wollte ich mich selbst auf die Probe stellen und sehen, ob ich das wirklich schaffen konnte. Ich hatte immer gedacht, ich könnte das auf Grund meiner Behinderung nicht. Zum anderen war ich arbeitslos gewesen. Ich wollte es versuchen und ein positives Signal setzen, das Menschen helfen und sie ermutigen konnte. Ich dachte, wenn ich das schaffen könnte, würde es anderen auch helfen. Sie würden vielleicht ebenso anfangen, daran zu glauben, dass sie fähig sind, in ihrem Leben Dinge zu tun, vor denen sie Angst hatten, weil sie bislang dachten, dass sie unmöglich seien.

Ich brauchte ein ganzes Jahr, um mich auf den Marathon vorzubereiten. Und es gab Zeiten, in denen ich nicht im Entferntesten daran glaubte, dass ich es je schaffen würde. Meine längste Trainingseinheit auf der Straße betrug sieben Stunden. Das wird einem nach einer Weile ziemlich lang – einfach sieben Stunden lang zu laufen. Ich dachte immer bei mir: ‚Die Leute machen sich bestimmt über mich lustig.' Aber ich hielt bis zum Ende durch und ich schaffte es! Ich hab's gepackt! Ich lief die gesamte Strecke von 26,2 Meilen.

Ich glaube, ich wollte es einfach nur hinter mich bringen, egal, wie gut oder schlecht. Und ich dachte, dass sicherlich niemand von mir erwarten würde, dass ich auch nur ein paar Meter schaffen würde. Und so wäre es schon ein Erfolg für mich, wenn ich auch nur eine gewisse Strecke zurücklegen konnte. Am Anfang wusste ich nicht, ob ich den ganzen Weg bis ins Ziel schaffen würde. Aber ich sagte mir, dass Gott mich so weit bringen konnte, wie er es wollte. Ich wollte immer weiter gehen, bis ich einfach nicht mehr konnte. Und so schafften wir es!

Ich brauchte elf Stunden und 55 Sekunden, um den Marathon zu beenden. Das ist ein Rekord, den wahrscheinlich niemand so schnell brechen wird.

Eine Reihe von Leuten haben mich seit dem Marathon auf der Straße angesprochen und mir gratuliert. Vor allem eine Frau ist mir dabei in Erinnerung geblieben. Sie hat mir erzählt, dass sie unter schweren Depressionen gelitten hatte, bevor sie mich bei dem Lauf gesehen hätte. Aber sie meinte, dass ihr seither einfach mein Gesicht nicht mehr aus dem Sinn ginge. Und weil ich so etwas schaffen konnte, dachte sie, dass sie es vielleicht auch fertig brächte, aus ihrer Depression herauszukommen."

Linda Down, die unter zerebraler Kinderlähmung leidet, lief einen ganzen Marathon und zog damit Millionen in ihren Bann! Sie hat das Geheimnis des Glücks gefunden. Worin besteht es? In ihrer Einstellung – ihrer Haltung zum Glücklichsein: „Wenn ich in meiner Lage das Unmögliche erreiche, kann ich vielleicht auch andere dazu inspirieren, glücklich und erfolgreich zu sein."

Was ist eine „Glücklich sind"-Haltung? Zum einen besteht sie in der Fähigkeit, eine Behinderung dafür einzusetzen und zu nutzen, dass andere aus dem Sumpf der Depression gezogen werden. Sie äußert sich so: „Glücklich sind die Friedfertigen – glücklich sind die, die stark genug sind, ihre Tragödien in Triumphe, ihre Schicksalsschläge in Siege zu verwandeln!"

Glücklich sind die emotional Ausgeglichenen

Wer sind die emotional Stabilen? Es sind die, die durch Disziplin eine göttliche Einstellung entwickelt haben. Sie halten ihre negativen Impulse in Schach. Sie vermeiden und widerstehen Ablenkungen und Versuchungen, die zwar erregend und stimulierend wären, jedoch ihre finanziellen, moralischen und physischen Möglichkeiten erschöpfen würden.

Menschen, die ihre Gefühlswelt nicht beherrschen, lassen zu, dass sie in eine große Mutlosigkeit und Depression fallen. Sie ziehen einen Schlussstrich und lassen alles hinter sich. Später sagen sie sich dann: „Ich wünschte, ich könnte die Uhr noch einmal zurückdrehen. Aber ich kann nicht. Sie wollen mich nicht mehr zurückhaben, weil ich davongelaufen bin, als es brenzlig wurde. Sie wollen so jemanden wie mich nicht."

Glücklich sind die emotional Ausgeglichenen. Sie haben auch ihre Höhen und Tiefen, aber sie lassen es nicht zu, dass ihre Depri-Phasen sie von ihren Zielen abbringen. Sie kneifen nicht, wenn sie auf erste Probleme stoßen. Sie halten bis zum Ende durch und werfen nicht gleich beim ersten Tiefschlag das Handtuch.

Die Friedfertigen sind emotional stabil. Sie sind es, die die Stärke besitzen, der Versuchung zu widerstehen. Und nur die, die diese innere Stärke besitzen, werden letztlich Erfolg haben. Es gibt bedauerlicherweise viele, die sich zu schnell von einem aufstrebenden Star, lauter Musik und Ähnlichem beeindrucken lassen und ihr Vergnügen suchen. Viel zu oft fehlt es ihnen an Beherrschung und Disziplin und sie machen bei irgendwelchen Trends mit. Sie vergeuden ihre Zeit damit, Stars zu bewundern, die gerade „in" sind.

Glücklich sind die Ehrlichen, die hart Arbeitenden. Sie sind mehr an Inhalt und Qualität interessiert als am äußeren Schein. Ihnen geht es mehr um Charakterbildung als um Popularität. Sie widmen sich eher ernsthaften, fundierten Erfolgen, als einem schnellen und künstlichen Glück hinterherzulaufen.

Die emotional Stabilen halten an ihren Zielen fest. Sie richten ihr Augenmerk fest darauf. Und wenn sie auf Probleme stoßen, lösen sie diese mit Geduld und kämpfen sich durch ihre Schwierigkeiten hindurch. Mehr als nur einer ist bis zur Spitze gelangt, weil er geduldig die schwierigen Zeiten auf sich genommen hat. Er stand vielleicht auch vor der Versuchung, kehrtzumachen und davonzulaufen oder auf denjenigen, der ihn verletzt hat, einzuprügeln. Aber er hat darauf verzichtet. Mehr als einer ist durch eine stressige Zeit in der Firma, in der Ehe, mit den Kindern gegangen und die Geduld hat sich ausgezahlt.

Im Neuen Testament (Lukas 18,1–8) erzählt Jesus das Gleichnis vom Richter und der Witwe. Er wollte seinen Zuhörern damit die Bedeutung von Geduld nahe bringen und ihnen helfen, sich nicht entmutigen und abweisen zu lassen. In der Geschichte sucht eine Witwe Schutz vor ihren Feinden. Sie kommt immer wieder zu einem örtlichen Richter gelaufen und bittet ihn, ihr zu ihrem Recht zu verhelfen. Zunächst stößt ihre Bitte bei dem Richter, dem „Gott und die Menschen gleichgültig [sind]", auf taube Ohren. Sie trägt jedoch ihre Bitten immer wieder vor, bis er ihr schließlich den rechtlichen Schutz gewährt, den sie erbittet.

Die Sanftmütigen sind geduldig. Und die Geduldigen werden die Erde besitzen. Ein modernes Vorbild für Geduld und den Gewinn, den sie mit sich bringt, ist für mich eine junge Frau, die ich sehr schätzen gelernt habe. Ihr Name ist Lisa Welchel. In Amerika kennen sie viele als Blair Warner, das versnobte reiche Mädchen aus der NBC-Fernsehserie *The Facts of Life* (USA, 1979–1988).

Viele würden wohl von Lisa sagen, dass sie „die Erde in Besitz genommen hat". Sie ist erfolgreich, berühmt, wohlhabend, schön und talentiert. Aber vor allen Dingen ist sie auch geachtet und wird von ihresgleichen und ihren Kollegen bewundert und geschätzt.

Wenn Ihnen die Darstellerin der Blair Warner bekannt ist, denken Sie jetzt vielleicht: *Na ja, sie mag vielleicht die Erde besitzen, aber Blair ist alles andere als sanftmütig.* Stimmt! Blair ist nicht sanftmütig. Aber Lisa ist es. Sie verkörpert für mich die ursprüngliche Bedeutung dieser Seligpreisung. Denn Lisa ist insofern „friedfertig", als sie weiß, worauf ihre Stärke und ihr Erfolg zurückzuführen sind.

Lisa startete mit sieben Jahren durch. Sie erfuhr von den Vorsprechproben für den Disney-Club und bewarb sich dafür. Aber man teilte ihr mit, dass das Casting bereits stattgefunden hatte. Lisa gab jedoch nicht auf. Sie schrieb viele, viele Briefe. In ihrem letzten Brief schrieb sie: „Ich bin Christ, und ich glaube, dass Disney derzeit der einzige Ort ist, an dem ich arbeiten könnte, weil das Umfeld anderer Shows nicht so ist, dass ich es repräsentieren könnte. Ich würde mich riesig freuen, noch eine Chance für ein Vorsprechen zu bekommen. Ich wäre auch gerne bereit, die Flugkosten selbst zu tragen." Disney erklärte sich damit einverstanden, Lisa eine Chance zu geben. Sie gefiel ihnen und so bekam sie die Rolle. Danach übernahm sie die Rolle der Blair, die wirklich ganz anders ist als Lisa.

Leidenschaftliche Beharrlichkeit ohne Unverschämtheit ist Erfolg versprechend!

Lisa ist ein bezauberndes, liebenswertes Mädchen, das in Hollywood lebt und arbeitet. Viele sagen, dass es vielleicht ein schwieriger, wenn nicht sogar unmöglicher Ort für ein hübsches junges Mädchen ist, das sich seine altmodischen Werte und sein christliches Verhalten bewahren will. Ich sprach Lisa auf diesen Punkt an.

Und sie entgegnete das Folgende: „Nun, ich denke, dass alle Werte, die Gott uns gegeben hat, nur zu unserem Besten dienen. Und wenn wir meinen, dass wir etwas Gegenteiliges tun müssten, nun gut, aber dann werden wir uns nur selbst weh tun. Gott kennt die Zukunft. Und er weiß, warum er gewisse Regeln aufgestellt hat. Ich weiß, dass Gott gerecht ist. Er ist unser Vater und sorgt sich um uns. Solange ich mich daran erinnere, dass Gottes Maßstäbe nur zu meinem Besten und zu meinem eigenen Glück dienen und dass er es besser weiß als ich, fällt es mir nicht schwer, mich an sie zu halten."

Lisa kennt das Geheimnis wahren Glücks. Und wissen Sie was: Ein Mädchen, das sich im Privatleben ein reines Herz bewahrt, strahlt eine Wärme aus, die das genaue Gegenteil von dem kalten Blick ist, den einige Leute aufsetzen. Es ist so begeisterungsfähig, so überschwänglich.

Ich fragte sie: „Lisa, woher nimmst du deine Begeisterung, deine Liebe zum Leben?"

Ihre Antwort war psychologisch und theologisch zutreffend. Sie meinte: „Ich weiß eben, dass ich geliebt werde – egal, was passiert – und dass ich mich nicht so und so verhalten oder ein guter Mensch sein muss, um geliebt zu werden. Ich muss noch nicht einmal die Gesetze Gottes befolgen, um geliebt zu werden. Es ist einfach nur Gnade und es ist alles ein Geschenk. Ich darf wissen, dass ich geliebt werde, weil er mich erschaffen hat. Und wenn ich es mal vermassle, dann vermassle ich es eben. Aber Jesus steht immer noch mit weit offenen Armen vor mir. Und wenn ich Gutes tue, steht er da und feuert mich an. Wenn man weiß, dass man ganz und gar akzeptiert wird – so, wie man ist –, dann ist es wesentlich einfacher, bei anderen man selbst zu sein. Wenn sie mich akzeptieren, ist das großartig. Aber wenn sie das nicht tun, ist das auch in Ordnung. Denn dann gehe ich einfach nach Hause zu meinem Vater – gehe zu meinem himmlischen Vater."

„Glücklich sind die Friedfertigen." Glücklich sind die emotional Ausgeglichenen – die Geduldigen, die Hartnäckigen –, denn sie werden die ganze Erde besitzen. Sie werden es schaffen. Sie werden erleben, dass ihre Gott gegebenen Träume in Erfüllung gehen.

Es gibt ein Erfolgsprinzip, das ich das „mehrschichtige Prinzip" nenne. Dabei geht es um Folgendes: Man gibt ein Versprechen – und hält es. Man übernimmt eine Aufgabe – und erfüllt sie. Man versucht etwas „Unmögliches" – und zieht es durch. Schließlich hat man dann Jahr um Jahr, vielleicht sogar Jahrzehnt um Jahrzehnt ein Erfolgserlebnis auf das andere geschichtet – hat Versprechen gehalten und Verpflichtungen erfüllt. Und der eigene Ruf ist dann wie ein Stützbalken, der Standfestigkeit und Stärke besitzt. Die Menschen glauben einem, setzen Vertrauen in einen. Sie nehmen einen beim Wort. Sie gehen einen Vertrag mit einem ein, weil sie wissen, dass man ihn auch erfüllt. Und so besitzt man „die ganze Erde". Glücklich sind die geduldigen Menschen, freuen dürfen sich die Hartnäckigen. Sie werden am Ende die Gewinner sein.

Glücklich sind die Erziehbaren

Wenn wir einmal einen Blick auf die ursprüngliche griechische Bedeutung der Seligpreisungen werfen, dann sehen wir, dass Jesus unter anderem mit dieser gemeint haben muss: „Glücklich sind die Erziehbaren; denn sie werden die ganze Erde besitzen." Erziehbare Menschen – jene also, die belehrbar sind – leiden nicht unter einer „Ich weiß alles"-Haltung. Sie geben in ihrem Leben Raum für Wachstum. Sie hören zu. Sie gehen nicht in die Defensive. Sie sind nicht auf dem Egotrip, sondern vielmehr auf Erfolgskurs. Wenn ihr Weg nicht der Beste ist, ändern sie die Richtung. Glücklich sind die Erziehbaren, denn sie werden erfolgreich sein.

Freuen dürfen sich die, die wissen, was sie nicht wissen, und die sich deshalb darum bemühen, anderen zuzuhören, die älter, weiser und erfahrener sind. Glücklich sind in der Tat diejenigen, die sich in ihrer wahren Sanftmut daran erinnern, dass Halbwissen gefährlich ist. Selig sind diejenigen, die nie vergessen, dass sie nie zu alt zum Lernen sind. Sie werden viel Weisheit ernten und damit auch Erfolg.

Die Erziehbaren sind demütig und auch belehrbar. Demut bedeutet aber nicht, dass man sich sozusagen erniedrigt nach dem Motto: „Ich bin niemand. Und ich kann nichts.“ Das ist keine Demut. Das ist eher ein erworbenes Verhalten, eine angelernte Reaktion, die von einer bestimmten Gesellschaft oder einem Glauben aufgezwungen wurden. Sie ist vielleicht die Projektion eines Minderwertigkeitskomplexes. Aber wahre Demut hat nichts mit Selbsterniedrigung zu tun. Wahre Demut hat mit dem Bewusstsein zu tun, dass da noch andere sind, die einem helfen können. Wahre Demut besitzt auch die Größe zu sagen: „Ich war im Unrecht. Du hattest Recht.“

Wahre Demut hat mit der Fähigkeit zu tun, dass man sagen kann: „Ich möchte nicht auf meiner Meinung, meinem Weg beharren, wenn ich Unrecht habe. Ich möchte nicht meinen eigenen Weg gehen, wenn er sich als Fehler herausstellt.“

Wie sieht das Gegenteil davon aus? Wie weit kommt eigentlich ein anmaßender, großspuriger Alleswisser? Nicht allzu weit. Und wenn es ihm gelingt, seine Ziele durch Erschleichen von Vorteilen oder Manipulation zu erreichen, werden seine unrechtmäßig erworbenen Reichtümer seine destruktive Haltung nur noch mehr bestärken. Und damit wird seiner Unzufriedenheit nur noch mehr Vorschub geleistet. Das machte Jesus deutlich, als er sagte: „Denn was gewinnt ein Mensch, wenn ihm die ganze Welt zufällt, er selbst aber dabei Schaden nimmt?“ (Markus 8,36).

Wer sind die Friedfertigen? Es sind die Menschen, die in ihrer wahren Demut sagen: „Gott hat etwas für mich bereit. Was ist es?“ Demut hält weniger von sich selbst und mehr von Gott und seinem Traum für einen Menschen. Sanftmütig zu sein, heißt Gottes Werk auf seine Art und Weise zu tun, wo immer man sich gerade befindet.

Ich hatte vor kurzem die Gelegenheit, in der Dunbar Highschool in

Washington D. C. einen Vortrag zu halten. Diese Schule liegt in der Innenstadt von Washington und wird von ungefähr 400 bis 500 Schülern besucht. Es war für mich eine Ehre, gerade dort sein zu können, denn diese Highschool wurde nach einem meiner Lieblingsdichter, nach Paul Lawrence Dunbar, benannt. Und so fragte ich die wissbegierigen Schüler: „Kennt ihr denn die Zeilen, die von dem großen farbigen Poeten Paul Lawrence Dunbar geschrieben wurden?"

„Der Herr hatte einen Auftrag für mich.
Aber ich hatte so viel zu tun.
Ich sagte: ‚Beauftrag einen anderen.
Oder warte, bis ich fertig bin.'
Ich weiß nicht, was dabei herauskam.
Aber der Herr schien damit zurechtzukommen.
Doch ich fühlte mich etwas unwohl.
Wusste ich doch, dass ich Gott Unrecht getan hatte.

Eines Tages brauchte ich den Herrn.
Brauchte ihn auf der Stelle.
Aber er antwortete mir nie.
Ich konnte ihn sagen hören,
Tief in meinem anklagenden Herzen:
‚Bruder, ich hab schon so viel zu tun.
Beauftrag einen anderen.
Oder warte, bis ich fertig bin.'

Nun, wenn der Herr einmal einen Auftrag für mich hat,
Versuche ich, mich niemals mehr zu drücken.
Ich lasse alles stehn und liegen.
Und tue das gute Werk des Herrn.
Und meine Sachen können weiterlaufen.
Oder warten, bis ich fertig bin.
Niemand anders kann die Arbeit tun,
Die Gott mir aufgetragen hat."

Seien Sie offen. Seien Sie demütig. Belehrbar. Erziehbar. Dann werden Sie Gottes Stimme hören, Gottes Plan für Ihr Leben erkennen. Machen Sie ihn sich zu Eigen! Legen Sie alles hinein, was Sie haben, und Sie werden die ganze Erde besitzen!

Glücklich sind die Gutherzigen

Dies ist der letzte Aspekt, wenn es darum geht, zu verstehen, was Jesus mit „Glücklich sind die Friedfertigen" meinte. Ohne Freundlichkeit und Güte sind die Starken rücksichtslos. Ohne Freundlichkeit sind die emotional Ausgeglichenen emotional kalt und hartherzig. Ohne Freundlichkeit werden die Erziehbaren arrogant.

Der wahrhaft sanftmütige Mensch ist stark, emotional stabil, erziehbar – und gutherzig. Ohne Freundlichkeit geht es nur um MICH. Denn ohne ein gutes Herz sind wir ichbezogen und mit Sicherheit zum Versagen und zum Unglücklichsein verdammt. Die „Ich zuerst"-Haltung ist eine „Unglücklich sind"-Haltung. Die sanftmütige Haltung ist eine „Glücklich sind"-Haltung.

Wer sind die gutherzigen, freundlichen Menschen? Es sind die sensiblen Zeitgenossen. Freuen darf sich laut Jesus jemand, dessen Herz für die Unsicherheit des anderen offen ist. Liebevoll ist derjenige, der angesichts von Feindseligkeit Zuversicht ausstrahlt, angesichts der Einsamkeit Zuneigung schenkt, angesichts der Verletzlichkeit eines anderen seine Freundschaft anbietet und der sich um Vergebung bemüht. Glücklich sind solch sensible Seelen, denn sie werden die Achtung und Wertschätzung der guten Menschen auf dieser Erde gewinnen. Ich lernte einige dieser sensiblen Zeitgenossen – ungefähr 185 von ihnen – in einer Schule in Long Beach im US-Bundesstaat Kalifornien kennen. Genauer gesagt in der *Florence Nightingale School* für geistig Behinderte. Der Kontakt kam über Clyde Thompson, den damaligen Rektor der Schule, und Larry Bruns, einen Mitarbeiter – die beide unserer Gemeinde angehörten – zustande. Sie hatten uns eingeladen, der Schule einen Besuch abzustatten. Es war ein unvergessliches Erlebnis.

> *Ich würde lieber*
> *meine Entscheidung revidieren*
> *und erfolgreich sein,*
> *als meinem eigenen Weg*
> *zu folgen und zu versagen.*

Im Bereich der geistigen Behinderungen gibt es drei unterschiedliche Schweregrade. In die unterste Stufe fallen die Behinderten, die lernfähig sind. Sie sind nur leicht zurückgeblieben und besitzen die geistige Fähigkeit, auch einen Highschool-Abschluss zu absolvieren. Sie können sich frei in der Gesellschaft bewegen und meist fällt es niemandem auf, dass sie geistig leicht zurückgeblieben sind.

Im Gegensatz dazu sind zu der höchsten Stufe die Behinderten zu rechnen, die offensichtlich zu keiner Schulbildung fähig sind, wie die hydrozephalen Kinder – die Kinder mit einem Wasserkopf – und diejenigen mit Mikrozephalie, also die kleinköpfigen Kinder.

Zu der mittleren Stufe zählen diejenigen Kinder mit Down-Syndrom und vielen anderen Krankheitsbildern. Viele von ihnen können lesen und rechnen lernen und fast alle verstehen die Bildersprache.

Für mich war der Rundgang durch diese Schule eine unglaubliche Erfahrung. Etwa 20 Kinder hielten Mr. Thompson an, als meine Frau und ich mit ihm unterwegs waren. Sie rannten auf ihn zu und riefen: „Mr. Thompson, schauen Sie nur. Das habe ich ganz alleine gemacht." Immer wieder hörten wir diesen einen Satz: „Schauen Sie nur. Das habe ich ganz alleine gemacht."

Der Rektor wie auch die Mitarbeiter sind sensible Persönlichkeiten. Sie setzen auf die Stärken dieser Kinder und helfen ihnen, Stolz, Selbstachtung und Leistungsdenken zu entwickeln. Und die Schüler selbst sind auch empfindsame Seelen. In der *Florence Nightingale*-Schule gibt es keine Probleme mit Gewalt, keine Straßenkämpfe, Messerstechereien und keine Schlägereien. Auch sieht man kein Geschmiere an den Wänden.

Wenn jemand einen Stift oder eine Münze auf dem Schulhof verliert, läuft das erste Kind, das den verlorenen Gegenstand findet, zum Büro des Rektors und sagt: „Hier, das habe ich im Gras gefunden." So etwas wie Stehlen gibt es an dieser Schule nicht.

Jeder in der Schule – ist er nun sechs oder 21 Jahre alt – lernt, eine Sache zu tun. Niemand ist ein Versager. Die Kinder werden zur Kreativität angespornt: Sie lernen zu weben, zu nähen, zu drucken oder zu zeichnen. Wenn sie von der Schule abgehen, gibt es am anderen Ende der Straße eine Fabrik, in der sie alle eine Anstellung finden und arbeiten können. Ich habe beobachtet, wie einige Schulabgänger einen Auftrag für einen gewerblichen Betrieb erledigten, der Gartenschläuche herstellte. Sie mussten dafür sechs Dichtungen in einen kleinen Plastikbeutel stecken. Das Ganze war wie am Fließband angeordnet.

Wie stellen aber die Verantwortlichen sicher, dass die Behinderten, die nicht zählen können, genau sechs Dichtungen in jeden Plastikbeutel füllen? Ganz einfach! Die Ausbilder haben dafür ein kleines Stück Holz gebaut, das ungefähr 2,5 cm hoch ist. Die Kinder sollen dann so viele Dichtungen auf das Holzstück stecken, bis das obere Ende erreicht ist. Danach werden sie in einen Plastikbeutel geleert. Der Stift auf der Holzmesslatte ist genauso lang wie sechs Dichtungen, wenn man sie aufeinander legt. Auf diese Weise können die Behinderten sich nie verzählen. Sie arbeiten den ganzen Tag. Und beschweren sich nicht. Sie haben die „Glücklich sind“-Haltung eingenommen. Und sie sind ausgesprochen liebenswerte Persönlichkeiten.

Als ich meinen Schulrundgang beendet hatte, war ich von einer Atmosphäre der Liebe, des Wohlwollens, der Kreativität und der Selbstachtung umgeben: „Das habe ich ganz alleine gemacht.“

„Glücklich sind die Friedfertigen.“ Und die Sanftmütigen sind die gutherzigen Menschen, die feinfühligen Seelchen. Sie bauen die Menschen in ihrer Umgebung auf. Es sind auch die stillen Menschen. Sie tun so viel für andere ohne großes Tamtam, ohne auf ihre eigene Ehre bedacht zu sein oder gleich auf der Titelseite erscheinen zu müssen. Und sie gewinnen auch das Vertrauen, den Respekt und die Liebe der wahrhaft schönen Menschen auf Erden!

Es ist nun schon fast 25 Jahre her, seit ich Rosie Gray in einer schlichten Trauerfeier auf einem kleinen Friedhof in El Toro/Kalifornien auf ihrem letzten Weg zur Ruhe geleitet habe.

Ich hatte meine Gemeinde in dieser Stadt in einem Freilichtkino gegründet – mangels einer besseren Örtlichkeit. Und gleich am ersten Sonntag hievte ein kalifornischer Rancher seine gelähmte Frau in sein Auto, um sie zu dieser neuen Freilicht-Kirche zu bringen. Dann rief er mich eines Tages an und bat mich, seine Frau zu Hause zu besuchen.

Ich werde nie vergessen, wie Warren Gray, ihr Mann, mich draußen vor seinem kleinen Haus auf der Ranch mit den Worten willkommen hieß: „Pastor Schuller, bevor Sie meine Frau treffen, möchte ich Ihnen etwas über sie sagen. Vielleicht denken Sie, dass sie nicht alle Tassen im Schrank hat, aber im Kopf ist sie noch ganz klar. Sie hatte einen Schlaganfall. Sie kann ihren Kopf nicht mehr heben. Sie kann ihre

Augen nicht schließen und sie kann sie nicht bewegen. Sie starren einfach vor sich hin. Ihr Kopf sitzt einfach so auf dem Brustkorb. Sie kann nicht laufen. Sie kann nicht sprechen. Sie kann etwas schreien und etwas brummeln. Aber das ist auch alles."

Ich ging in das Haus. Rosie Gray saß in einen alten, zu hart gepolsterten Sessel gelehnt da. Ihr Kopf ruhte mit dem Kinn auf ihrer Brust. Ihre Augen waren weit geöffnet. Sie blinzelten nicht! Ich kniete mich vor sie, damit ich einen Augenkontakt zu ihr herstellen konnte, und fragte sie: „Rosie, liebst du Jesus?"

Eine Träne kullerte langsam ihre Wangen herab.

„Rosie, möchtest du getauft werden?"

Ein paar weitere Tränen kullerten hinab und sie brummelte: „Uh, uh, uh."

Am darauf folgenden Sonntag stellte Warren den Wagen in der vordersten Reihe des Freilichtkinos ab. Ich befestigte ein langes Kabel an meinem Mikrofon, ging zu ihrem Wagen hinüber und taufte sie durch das offene Fenster.

Zu dieser Zeit stand unserer Gemeinde gerade ein Umzug in ein schönes Kirchengebäude bevor, das wir auf zwei Morgen Land gebaut hatten. Was aber sollten wir mit Rosie Gray machen? Das Freilichtkino war für ihre Bedürfnisse ideal gewesen.

Also beschlossen wir, um 9:30 Uhr im neuen Gemeindezentrum einen Gottesdienst zu feiern. Danach sollte ich zum Freilichtkino gehen und zu Rosie predigen. Das wollte ich solange tun, bis sie starb.

Das wird wohl nicht so lange dauern, dachten wir alle. Aber sie lebte ein Jahr, zwei Jahre, drei Jahre, vier Jahre, fünf Jahre – sie wollte einfach nicht sterben. Erstaunlich!

Schließlich legte Gott uns seinen Traum von einer ganz und gar ungewöhnlichen Kirche aufs Herz. Warum nicht ein Gebäude entwerfen, bei dem sich die Wände öffnen und die Menschen in ihren Autos dem Gottesdienst in der Kirche folgen konnten?

Und so kauften wir ein größeres Anwesen und entwarfen eine solche Kirche. Die Grundsteinlegung fand an einem Sonntag statt. Die Lokalpresse berichtete gleich Montags von diesem Ereignis. Der erste Spatenstich sei für die erste *Walk in-* und *Drive in-*Kirche der Welt erfolgt, wie sie es nannten. An jenem Nachmittag hatte ich auch eine Beerdigung zu halten … für Rosie Gray.

Heute hat die *Crystal Cathedral,* in der sich unsere Gemeinde trifft, Wände, die sich für *Drive in*-Gottesdienstbesucher öffnen lassen. Ich werde mich immer daran erinnern, dass unsere einzigartige Kirche nicht das wäre, was sie heute ist, wäre da nicht Rosie Gray gewesen! Sie war eine ruhige, sanftmütige Seele, aber sie hatte einen großen Einfluss auf den Verlauf, den mein Dienst genommen hat.

Glücklich sind die,
deren Träume von ihren
Hoffnungen genährt werden,
nicht von ihren Verletzungen!

Die gutherzigen Menschen sind die empfindsamen Seelen. Sie sind die ruhigen Menschen, durch die Gott so viel tun kann. Sie sind auch diejenigen, die gewillt sind, an dritter Stelle zu stehen. Freuen dürfen sich also die Menschen, die bereit sind, Jesus an die erste, andere an die zweite und sich selbst an die dritte Stelle zu platzieren. Reich beschenkt werden in diesem Leben diejenigen, die die Lektion unseres Herrn lernen: Wenn jemand ein Meister sein will, sollte er lernen, ein Diener zu sein.

- „Wer groß sein will, der soll den anderen dienen, und wer der Erste sein will, der soll sich allen unterordnen" (Matthäus 20,26–27).
- „Wer sich an sein Leben klammert, der wird es verlieren. Wer es aber für mich einsetzt, der wird es für immer gewinnen" (Matthäus 10,39).

Die gutherzigen Menschen sind die empfindsamen Seelen. Sie sind die ruhigen Menschen, und sie sind bereit, an dritter Stelle zu stehen. Aber am wichtigsten von allem ist, dass sie von Gott geformte, Christus ähnliche Menschen sind.

Ich werde immer ein einzigartiges Bild in Ehren halten, das ich von dem inzwischen verstorbenen Bischof Fulton Sheen erhalten habe. Eine Inschrift auf diesem Bild besagt: „Meinem lieben Freund, Dr. Robert Schuller", gefolgt von dem Text:

„Einige kommen in Wagen,
einige auf Rossen,
aber wir alle kommen im Namen des Herrn."

Ja, glücklich sind die Menschen, die nicht mit großem Trara und einer tollen Showeinlage auftreten, sondern die demütigen, aufrichtigen, die das Wort Gottes in ihrem Herzen tragen.

Erkennen Sie so langsam, worauf ich hinaus will?

„Glücklich sind die Friedfertigen, denn sie werden die ganze Erde besitzen."

Auf jeden Fall! Schauen wir uns mal das genaue Gegenteil davon an. Ein im Grunde unglückliches Leben führen die Hochnäsigen, Arroganten, Aufgeblasenen und Selbstgefälligen, denn sie haben wenige Freunde! Unglücklich sind die, die ihre Ellbogen einsetzen, die Rücksichtslosen, die Drängler, die, die andere wegschubsen, die „Platz da, hier komme ich"-Menschen, die „Ich komme zuerst"-Halbstarken; denn sie werden sich viele Feinde schaffen! In ihr Unglück rennen werden die „Ich weiß alles besser"-Schlaumeier. Taub für konstruktive Kritik und kluge Ratschläge und gleichgültig gegenüber warnenden Stimmen, steuern sie ihrem Untergang entgegen!

Verloren haben auch die Hitzköpfe! Unglücklich sind die, die ihr Temperament nicht zügeln können und zu stolz sind, um zu sagen: „Es tut mir Leid." Sie werden niemals die Erde besitzen.

Sie werden noch nicht einmal ihren Job behalten oder ihren Mann oder ihre Frau. Auf dem falschen Dampfer sind auch die Ungeduldigen, Rastlosen, Wurzellosen, skrupellosen Verkaufsstrategen. Sie verdienen sich vielleicht eine goldene Nase, aber sie verlieren das Königreich Gottes!

„Denn was gewinnt ein Mensch, wenn ihm die ganze Welt zufällt, er selbst aber dabei Schaden nimmt?" (Markus 8,36).

„Glücklich sind die Friedfertigen, denn sie werden die ganze Erde besitzen." Diese „Glücklich sind"-Aussage klingt schon fast wie der beste Rat, der je erteilt wurde.

Ja, das stimmt auch. Auf lange Sicht gesehen nehmen diejenigen die Welt um sich herum ein, die Jesus die „Sanftmütigen" nennt – diejenigen, die sich unter Kontrolle haben, die Geduldigen, die Aufrichtigen, die Stillen im Lande, die Energischen, die Starken und doch Zurückhaltenden, die Disziplinierten, die gelassenen Menschen. Die Menschen, die ihr Leben mit Gott leben, Jesus ähnlicher werden und vom Heiligen Geist erfüllt sind, sind wie ein Reisezug, der vielen einen „Glücks-Stop" beschert.

Sehen Sie auf das beste Beispiel für einen wirklich Friedfertigen – sehen Sie auf Jesus Christus selbst:

Er hatte sich emotional gesehen im Griff:

Er wurde angespuckt,
beleidigt,
entblößt,
verlacht,
verachtet.

Er wurde als Lamm zur Schlachtbank geführt. Und doch schlug er nie zurück!

DUMM?

Er besaß die ganze Erde, oder nicht? Es gibt kein Land, in dem man ihn nicht liebt!

Er demonstrierte eine ruhige Entschlossenheit: Fest und unerschütterlich richtete er seinen Blick nach Jerusalem. Er wusste, was er zu tun hatte. Und er tat es auch!

LÄCHERLICH? VERRÜCKT?

Er besaß die ganze Erde, oder nicht? Menschen aller Couleur und aus jeder Nation knien vor ihm nieder!

Er war sanft, freundlich, vergebungsbereit, liebevoll – selbst denen gegenüber, die ihn töteten.

Wie dumm!, sagen Sie vielleicht.

War er das wirklich?

Er konnte Gott reinen Gewissens entgegentreten, als er starb! „Es ist vollbracht", proklamierte er. Und heute liebt ihn die Welt!

Und seine Feinde? Sie sind die wahrhaft Toten. Aber Christus lebt weiter!

Der amerikanische Poet Harry Kemp schrieb das folgende Gedicht:

„Ich sah die Eroberer vorbeireiten
Mit grausamen Lippen und bleichen Gesichtern,
Über Königreiche in Sack und Asche erhaben.
Da ritt herzu der Mongolenfürst Dschingis-Khan.

Und Alexander – wie ein Gott,
Der versuchte, die Welt zusammenzuschmieden.
Und Cäsar mit seinem Lorbeerkranz,
Und wie aus der Hölle – der Hunne.

Und wie ein Stern, der den Tross anführt,
Ungeachtet der ausgestreckten Arme und des Stöhnens
Ging der undurchdringliche Napoleon
In seinen Träumen vom Kaiserreich und allein …

Dann verschwand alles von der Erde –
Wie fliehende Schatten von dem Licht.
Und die Jahrhunderte hindurch auf Eroberungszug
Kam Christus, der Schwertlose, auf einem Esel!"

„Glücklich sind die Friedfertigen, denn sie werden die ganze Erde besitzen." Erst wenn wir diese Seligpreisung verstehen, bei der es darum geht, Jesus als Herrn und Retter unser Leben anzuvertrauen und ihm im Wesen ähnlicher zu werden, werden wir das wahre Geheimnis des Glücklichseins entdecken. Wenn Sie dies nicht tun, können Sie das ganze Buch durchlesen und werden sich doch fragen, warum Sie immer noch unglücklich und deprimiert sind und immer noch nach mehr suchen.

Sind Sie friedfertig?

- Sind Sie stark genug, um diszipliniert und beherrscht zu sein?
- Sind Sie emotional ausgeglichen genug, um der Versuchung zu widerstehen?
- Sind Sie belehrbar genug, um zu erkennen, dass Sie nicht alles alleine schaffen?
- Sind Sie gutherzig genug, um sensibel, ruhig, selbstlos – Christus ähnlich – zu sein?

Sind Sie all das? Dann haben Sie die dritte der „Glücklich sind"-Aussagen in Ihr Leben aufgenommen. Und so erreichen Sie Ihr Lebensziel: Der Stolz liegt hinter Ihnen, die Liebe umgibt Sie und die Hoffnung liegt vor Ihnen. Wer könnte noch mehr wollen?

„Glücklich sind"-Aussage 4

„Ich möchte wirklich das Richtige tun"

„Glücklich sind, die nach Gerechtigkeit hungern und dürsten, denn sie sollen satt werden."

Die meisten von uns in der westlichen Welt wissen nicht, was es heißt, hungrig oder durstig zu sein. Oder?

Meine Tochter Sheila musste sich vor kurzem einer Röntgenuntersuchung unterziehen. Am Abend vorher durfte sie nur noch Wackelpudding, eine klare Fleischbrühe und ein paar Glas Wasser zu sich nehmen – und nach Mitternacht überhaupt nichts mehr.

Zunächst glaubte Sheila nicht, dass das so schwer sein würde. Als sie mit ihrem Mann an dem Abend, bevor die Röntgenaufnahmen gemacht werden sollten, essen ging, spürte sie doch einen leichten Anflug von Enttäuschung, als sie zuerst auf ihre Tasse Fleischbrühe und dann auf den Teller ihres Mannes sah – auf dem lauter leckere Sachen lagen. Ein paar Mal ertappte sie sich dabei, dass sie unbewusst nach den Chips in dem Körbchen in der Mitte des Tisches griff, die sie doch nicht essen durfte.

„Zu diesem Zeitpunkt", so erzählte sie später, „fühlte ich mich lediglich etwas enttäuscht, aber nicht hungrig – noch nicht."

Am nächsten Morgen ging Sheila ins Büro. Nun fing ihr Magen an zu knurren. Wie gerne hätte sie ein Stück Kuchen und eine heiße Tasse dampfenden Kaffee zu sich genommen. Schon ganz ungeduldig wartete sie auf die Untersuchung, damit sie endlich wieder etwas essen und trinken konnte.

Sie versuchte zu arbeiten. Aber sie war nicht bei der Sache. Und sie fühlte sich geschwächt. So tröstete sie sich selbst: „Nur noch eine Stunde. Dann ist die Untersuchung vorbei und ich kann wieder etwas essen."

Dann fuhr sie zum Krankenhaus, um sich röntgen zu lassen. Zu dieser Zeit war sie schon durch ihre leichten Kopfschmerzen etwas benommen. Die Untersuchung zog sich elend lange hin. Und noch bevor sie fertig war, hatte sich ihr Kopfweh in eine handfeste Migräne ausgewachsen. Dann kam endlich die erlösende Nachricht, dass die Untersuchung vorbei sei und sie nach Hause gehen könne. Sie war ganz schwach auf den Beinen. Es fiel ihr schwer, die Augen offen zu halten. Sie konnte Entfernungen nicht mehr richtig einschätzen.

Deshalb rief sie ihren Mann an: „Jim, bitte hol mich schnell hier ab und lass uns zu Mittag essen gehen."

Es war erstaunlich, was eine gute Mahlzeit ausmachte!

„Meine Lebensgeister kehrten zurück", gestand sie mir später. „Meine Kopfschmerzen verschwanden. Ich konnte wieder deutlich sehen." Dann meinte sie noch: „Dad, ich habe heute zum ersten Mal richtigen Hunger und Durst verspürt. Nun weiß ich auch, wie das ist, wenn wir unserem Körper nicht die Nahrung zuführen, die er braucht."

Die meisten von uns wissen also nicht, was es heißt, hungrig oder durstig zu sein. Oder? Falsch gedacht! Fast alle von uns leiden an einer Art emotionalem und geistlichem Hunger.

Mutter Teresa (1910–1997) bemerkte einmal während eines ihrer frühen Besuche in Amerika: „In Indien sterben die Menschen einen körperlichen Hungertod. In Amerika sterben die Menschen ständig einen emotionalen Hungertod."

Warum sind so viele von uns rast- und ruhelos und auf der Suche nach „mehr"? Wir haben das Gefühl, dass etwas fehlt, selbst wenn alles bei uns gut läuft!

Wie können wir die emotionale Rastlosigkeit verstehen, analysieren, interpretieren oder erklären, die uns unerbittlich anpeitscht, nach den Sternen zu greifen, höher hinaus zu wollen oder noch mehr zusammenzuraffen? Wo führt das hin? Die Uhr steht niemals still. Wir können den Augenblick nicht voll und ganz genießen. Unsere Gefühle sind auf die Aktivitäten und Ereignisse des nächsten Tages gerichtet. Wir sind so damit beschäftigt, unsere Zukunft zu planen, dass wir die schönen Momente der Gegenwart verpassen.

„Früher habe ich mir gewünscht, einmal so wohlhabend zu sein, dass ich mir ein eigenes Häuschen leisten könnte", vertraute mir einmal jemand an. „Als ich das erreicht hatte, wollte ich sofort noch mehr haben – ein Feriendomizil. Als ich dann diesen zweiten Ort zum Wohnen mein Eigen nennen konnte, reiste ich so viel hin und her, dass ich nur noch selten zu Hause war, um mein eigentliches Zuhause genießen zu können. Je mehr ich besaß, desto weniger wusste ich all das zu schätzen, was ich hatte."

Nichts führt zu mehr Verzweiflung und Frustration als das nagende Gefühl, dass etwas im Leben fehlt. Es ist, als würde man mitten in der Nacht aufstehen und zum Kühlschrank gehen, ihn öffnen und doch nicht so recht wissen, was man eigentlich will. Und dann nippt man an dem und an jenem, probiert dies und das, aber nichts schmeckt so richtig. Schließlich macht man die Kühlschranktür wieder zu und geht hungrig – und unzufrieden – wieder ins Bett. Wie viele von uns sind doch emotional unerfüllt und unzufrieden!

Das Problem dabei ist, dass zu viele ihr Leben so verbringen, wie ich immer meine freien Tage verbrachte. Für mich als Pastor war der Montag immer der Ruhetag in der Woche. Als meine Kirche noch kleiner und mein Terminplan noch weniger hektisch war, verbrachten meine Frau und ich den freien Montag als Tag ohne die üblichen häuslichen oder geschäftlichen Angelegenheiten. An diesem absolut freien Tag fragten wir uns immer: „Was wollen wir heute denn machen?"

Wir liebäugelten dann immer mit verschiedenen Gedanken und Plänen, aber entweder hatten wir keine Lust dazu oder sie waren zu kostspielig oder zu unpraktisch. Schließlich waren wir dann so frustriert über unsere Unentschlossenheit, dass wir uns oft ins Auto setzten und einfach nur in der Gegend herumfuhren. Wir hatten kein bestimmtes Ziel vor Augen. Wir machten uns einfach auf den Weg und hofften, dass wir auf etwas Interessantes stoßen würden, das uns Spaß machen könnte. Häufig genug kam es allerdings vor, dass der halbe Tag schon vorüber war, bis wir endlich wussten, was wir tun wollten. Und schließlich hatten wir schon den ganzen Tag vergammelt.

Wie wollen Sie sicher gehen, dass Sie nicht das eine Leben, das Sie haben, in den Wind schießen? Wie können Sie den Hunger tief in Ihrem Herzen befriedigen? Woher kommt echte Zufriedenheit?

- Liegt die Antwort in Ruhm?
- Ist Erfolg die Antwort?

- Kommt die Zufriedenheit mit der Macht?
- Führt sexuelle Befriedigung zu wahrer Zufriedenheit?

Wir wollen jede dieser Möglichkeiten unter die Lupe nehmen. Vielleicht entdecken wir dabei, was uns genau fehlt.

Schenkt uns Ruhm Befriedigung?

Jesus sagt nicht: „Glücklich sind die, die nach Ruhm streben; denn sie sollen zufrieden sein."

Ich habe einen Freund, der in der Unterhaltungsbranche so bekannt ist wie ein bunter Hund. Er ist noch recht jung und war früher für eine Fernsehshow sehr bekannt, die hohe Einschaltquoten hatte. Er verdiente damit eine Menge Kohle! Er war ein gefragter Mann. Dann gingen die Einschaltquoten in den Keller und damit setzte der Sender auch seine Show ab. Eine andere berufliche Laufbahn steht ihm nicht offen. Er hat nichts, worauf er sich stützen oder was ihn abfangen könnte.

Dieser junge Mann hat versucht, eine Beschäftigung zu finden, aber leider hat sich für ihn keine Tür geöffnet. Er macht wirklich schlimme Zeiten durch. Doch mein Freund ist nicht der Einzige, der solche Erfahrungen macht. Er ist nur einer von vielen Unterhaltungskünstlern, die den Ruhm geschmeckt haben, bevor ihnen das Publikum den Rücken zugekehrt hat. Ruhm ist flüchtig. Er befriedigt letztlich nicht!

Dann habe ich da noch einen anderen Freund im Unterhaltungssektor. Hugh O'Brian, der bekannte Schauspieler, der den legendären Gesetzeshüter Wyatt Earp im Fernsehen spielte. Hugh hatte viel mehr Glück als mein anderer Freund. Er hat eine nette Art zu sagen, wie es in dieser Berufssparte zugeht. So meinte er einmal: „Schon sehr früh stellte ich in meinem Beruf fest, dass es – egal, wer man ist oder in welchem Bereich man tätig ist – im Leben eines Künstlers fünf Stadien gibt. Ich will es mal folgendermaßen ausdrücken. In der ersten Stufe heißt es: ‚Wer ist Hugh O'Brian?' Hier beginnt die Reise. In diesem Stadium legt man den Grundstein für den späteren Erfolg.

Das zweite Stadium ist: ‚Schafft mir Hugh O'Brian herbei!' Das ist dann, wenn man zum ersten Mal den Erfolg geschmeckt hat.

Bei der dritten Stufe heißt es dann: ‚Schafft mir einen Hugh

O'Brian-Typ herbei!' Dann hat man wirklich Erfolg. Dann ist man wirklich die Treppe hinaufgefallen, wenn man sich dich nicht leisten kann, aber jemanden wie dich haben will.

Das vierte Stadium lautet dann: ‚Schafft mir einen jungen Hugh O'Brian bei!' Wir werden alle alt. Wir werden alle das vierte Stadium durchlaufen. Es kommt jedoch ganz darauf an, wie du damit umgehst. Bleib in dieser Phase aktiv und produktiv! Bleibe zielorientiert!

Im fünften Stadium heißt es: ‚Wer ist Hugh O'Brian?'

Nun, egal, wer wir auch sind, wir fingen alle einmal bei Stufe eins an, und wir werden schließlich alle bei Stufe fünf landen – dort, wo wir einmal angefangen haben. All der Erfolg und alles Geld dieser Welt können dir kein weiteres Morgen kaufen, wenn deine Zeit gekommen ist.

Demzufolge kommt es darauf an, was du zwischen Stufe eins und Stufe fünf machst. Das macht den Unterschied in deinem Leben aus. Es ist von Anfang an äußerst wichtig, dass du Projekte entwickelst, Hobbys pflegst und eine Berufung hast, die dich aktiv hält. So kannst du einen Sinn im Leben haben – egal, in welchem Stadium du dich befindest."

Hugh O'Brians Ziel – seine große Leidenschaft – ist ein Projekt, das er begründet hat und das sich die „Hugh O'Brian Stiftung" nennt. Ihr Zweck besteht schlicht und ergreifend darin, unter Oberstufen-Schülern nach Nachwuchs- und zukünftigen Führungskräften Ausschau zu halten, sie zu entdecken und durch jährliche landesweite und internationale Führungsseminare zu fördern. Die Idee zu diesem Projekt entstand 1958, als Hugh neun Tage bei dem Urwaldarzt Albert Schweitzer in Lambarene/Afrika verbrachte. Dieses einschneidende Erlebnis beeindruckte Hugh tief.

Eine Aussage von Albert Schweitzer sprach ihn ganz besonders an: „Das Wichtigste bei einer Ausbildung ist, dass die jungen Leute lernen, eigenständig zu lernen." Und dann fügte er hinzu: „Jeder besitzt die Fähigkeit, sein eigenes Lambarene zu schaffen. Jeder hat die Möglichkeit, ein Lehrer für das Morgen zu sein – junge Menschen über das Potenzial, das in ihnen steckt, aufzuklären und ihnen aufzuzeigen, wie sie es nutzen können."

Als Folge dieser Gespräche mit Albert Schweitzer entwickelte Hugh O'Brian sein Projekt, das darauf abzielen sollte, Oberstufen-schülern eine Perspektive für die Zukunft zu geben. Sinn und Zweck des Programms ist es, dieser Altersgruppe nicht nur zu zeigen, wie sie ihren Traum träumen, sondern ihn auch Wirklichkeit werden lassen kann. Hugh formuliert dieses Ziel mit seinen eigenen Worten: „Die meisten beschäftigen sich damit, jugendliche Kriminelle in ein Erziehungslager zu schicken. Die große Mehrheit der Jugendlichen verhält sich aber ‚normal'. Wir hören jedoch nur von der negativen Minderheit etwas. Ich dachte mir, dass es an der Zeit sei, den guten Jungs und Mädchen einmal auf die Schulter zu klopfen und ihnen zu zeigen, dass es auch eine Belohnung für verantwortliches Handeln innerhalb der Gemeinschaft gibt.

Aufrichtiger, selbstloser, aufopfernder Dienst an suchenden und leidenden Seelen befriedigt meine Selbstachtung mehr als die Förderung eines Berühmtheitsstatus.

Ich glaube, dass unsere jungen Leute die größte natürliche Ressource sind, die dieses Land zu bieten hat. Wir haben in den Vereinigten Staaten ein immenses ungenutztes Potenzial an zukünftigen Leitern unter den Highschool-Schülern. Bei diesem Projekt versuchen wir lediglich, diesen jungen Menschen eine Chance zu geben, ihnen Fragen zu stellen und herauszufinden, wie die Lebens- und Arbeitswirklichkeit aussieht. Wir wollen sie weitergehend fördern und ihnen nicht nur Grundkenntnisse beibringen. Wir wollen ihnen dabei helfen, ihre Träume zu verfolgen.

Ich bin mit Leib und Seele bei dem, was ich tue. Ich habe ziemlich realistische Vorstellungen und meine ganz eigene Philosophie. Diese möchte ich gerne mit ihnen teilen, so wie ich sie schon mit Tausenden von jungen Leuten geteilt habe, die an unseren Seminaren teilgenommen haben. Ich nenne diese Philosophie ‚die Freiheit der Entscheidung'.

Ich glaube nicht, dass wir alle gleich erschaffen wurden. Körperliche und emotionale Unterschiede, elterliche Wegweisung, verschiedene Lebensbezüge, zur richtigen Zeit am richtigen Ort zu sein – all das spielt eine Rolle dabei, ob unsere Entwicklung gefördert oder gebremst wird. Ich glaube jedoch, dass jeder Mann und jede Frau –

wenn er oder sie die Möglichkeit und Unterstützung hat, ungeachtet des persönlichen Hintergrunds sein oder ihr Potenzial zu entdecken – die Freiheit hat, in unserer Welt eine Entscheidung zu treffen. Wird der Betreffende ein Gebender oder Nehmender sein? Wird er sich damit zufrieden geben, bloß zu existieren, oder wird er nach Bedeutung und Sinn streben?

Ich bin davon überzeugt, dass jeder Einzelne als Verwalter seines oder ihres eigenen Schicksals erschaffen wurde und die große Kraft zu einem ganz bestimmten Lebenszweck besitzt, den er mit anderen teilen kann – und das durch Dienst und Achtung vor dem Leben – in einem Geist der Liebe."

Durch dieses Projekt haben Hugh O'Brian und seine ehrenamtlichen Mitarbeiter ihre Arme um mehr als eine Million junger Menschen gelegt. Und er findet darin eine gewisse Befriedigung. (Oder auch nicht? Vielleicht greift er ja immer noch nach den Sternen!?) Aber seine Zufriedenheit verschaffte er sich nicht nur durch seinen Ruhm. Er erlangte sie durch die Verfolgung eines Lebenszwecks. Sie kam daher, dass er dem Land, das er liebt, etwas zurückgab, indem er etwas Wertvolles tat und niemals die Kosten scheute. Hugh wird nämlich für seine Arbeit nicht bezahlt. Er ist bei dieser ganzen Sache der Ober-Ehrenamtliche.

Schenkt der Erfolg Befriedigung?

Ruhm befriedigt nicht. Und auch der Erfolg nicht. Tom Landry, der sehr erfolgreiche Trainer der *Dallas Cowboys*, war erfolgreich. Aber das ist noch nicht alles. Er war auch zufrieden. Es erstaunte mich zu sehen, dass seine Zufriedenheit nicht nur davon herrührte, dass er Footballspiele gewann – obwohl er natürlich auch wusste, wie wichtig es ist, aus seinen Spielern alles herauszuholen.

Wie dem auch sei, Tom hatte einen Slogan, der im Umkleideraum der *Cowboys* hängt: „Die Qualität eines menschlichen Lebens steht in unmittelbarer Beziehung zu seiner Verpflichtung, herausragende Leistungen zu erbringen." Tom führte dies noch weiter aus: „Ich glaube ganz fest daran. Ich glaube, dass Gott uns allen Talente und Gaben schenkte, damit wir das tun können, was wir tun wollen. Und er erwartet von uns, das wir das Beste geben, was wir geben können. Wenn man versucht, aus sich das Beste herauszuholen, werden der Erfolg und die Siege sich verselbständigen.

Zuversicht ist das Ergebnis von Wissen. Wenn du deine Aufgabe genau kennst, wirst du auch die Zuversicht haben, sie gut zu erledigen, wenn du raus aufs Spielfeld gehst. Du musst dein Augenmerk immer auf die positiven Dinge richten, denn wenn du erst einmal anfängst, über all die negativen Eventualitäten nachzudenken – dass du vielleicht den ‚Super Bowl' verpasst oder verlierst oder nächste Woche gefeuert wirst –, vermindert so ein negatives Denken drastisch deine Chance, das Beste zu erreichen. Und deshalb versuchen wir, positiv zu denken."

Tom Landry hatte Erfolg. Er vertrat die Überzeugung, dass jeder ein Gewinner sein kann, wenn er es sich nur sehnlichst genug wünscht, sich redlich genug darum bemüht und es aktiv versucht; indem er alles lernt, was er kann, und mit seiner ganzen Kraft darauf hinarbeitet. Sicherlich sind eine positive Erwartungshaltung und das Vertrauen auf eine gute, klare, positive Haltung unerlässlich.

Wenn wir nach positiven Einstellungen, harter Arbeit, Wissen und herausragenden Leistungen hungern und dürsten, steigen die Chancen, dass wir auch tatsächlich gewinnen, in astronomische Höhe.

Aber das ist nicht das, was diese Seligpreisung aussagen will. Ja, mit Sicherheit nicht. „Glücklich sind, die nach Gerechtigkeit hungern und dürsten, denn sie sollen die Gewinner sein"?

Nein, die Seligpreisung schlägt einen anderen Tenor an: „Glücklich sind, die nach Gerechtigkeit hungern und dürsten, denn sie sollen satt werden."

Meine Unterredung mit Tom Landry endete nicht beim Thema „Gewinnen". Er erklärte mir, wie er zu einer wahren Zufriedenheit gelangt war.

„Ich wollte ein guter Football-Trainer sein. Darauf richtete ich mein ganzes Leben aus. Als ich die Erfolgsleiter ganz nach oben kletterte, ein Profi-Footballspieler wurde und mit den ‚New York Giants' Weltmeisterschaften gewann (dort war ich, bevor ich zu den ‚Cowboys' ging), musste ich feststellen, dass sich bei mir nach der Begeisterung über ein gewonnenes Spiel oder einen errungenen Erfolg immer eine gewisse Leere und Rastlosigkeit einstellten.

Das konnte ich gar nicht verstehen. Ich dachte, dass man auf seinem Weg einen Sieg erringen müsste, der einen für den Rest des Lebens durchtragen würde. Aber ich fand nirgends diese Art von Befriedigung, bis ein Freund mich eines Tages einlud, zu einer Bibelgruppe mitzukommen, die sich mittwochmorgens in einem Hotel in Dallas traf. Ich dachte, er sei übergeschnappt, denn ich kannte ja die Weihnachts- und Ostergeschichte, und ich war jeden Sonntag in der Kirche gewesen. Aber er war ein guter Freund von mir und so tat ich ihm den Gefallen. Ich kann mich noch haargenau daran erinnern. Wir lasen die Bergpredigt im Matthäus-Evangelium durch, wo Jesus sagt: ‚Macht euch keine Sorgen um euren Lebensunterhalt, um Essen, Trinken und Kleidung. Leben bedeutet mehr als Essen und Trinken und der Mensch ist wichtiger als seine Kleidung. [...] Sorgt euch vor allem um Gottes neue Welt, und lebt nach Gottes Willen! Dann wird er euch mit allem anderen versorgen‘ (Matthäus 6,25.33).

Das war wohl meine erste richtige Begegnung mit der Bibel! Das erste Mal, dass ich sie richtig studiert habe. Allmählich lernte ich, worum es bei der Guten Nachricht von Jesus Christus wirklich geht. Und daraufhin nahm ich Jesus Christus in mein Leben auf – ein Jahr, bevor ich die ‚Dallas Cowboys‘ übernahm. Ich verstand, was Augustinus meinte, als er sagte: ‚Unser Herz ist ruhelos, bis es Ruhe findet, Herr, in dir.‘

Die Leere und die Ruhelosigkeit verschwanden. Zwei Dinge wurden mir bewusst: Ich erkannte, dass man sein ganzes Leben lang zur Kirche gehen und kein Christ sein kann. Das war mir vorher überhaupt nicht klar. Darüber hinaus erkannte ich aber auch, dass man im Leben Prioritäten setzen muss. Bis zu diesem Zeitpunkt war der Football die Top-Priorität in meinem Leben. Meine Familie und Gott saßen auf der Ersatzbank. Aber als ich Jesus mein Leben anvertraute, wurde mir klar, dass Gott in meinem Leben an erster Stelle kam. Das war der ganze Unterschied. Und so ist es bis heute geblieben.“

Schenkt die Macht Befriedigung?

Jesus sagte also nicht: „Glücklich sind, die nach Ruhm und Ehre trachten oder nach Erfolg und auch nicht die, die nach Macht streben.“

Chuck Colson, einst einer der mächtigsten Männer in Amerika, wurde später in Folge des Watergate-Skandals inhaftiert. Er ist ein lebendiges Beispiel dafür, dass man durch Macht kein wahres, dauerhaftes Glück findet.

Chuck Colson war nicht glücklich, als er viel Macht und großen Einfluss besaß. Im Gegenteil, seine Macht stürzte ihn in den Ruin und brachte ihn ins Gefängnis. Aber dann fand er zum Glauben an Jesus und änderte sein Leben. Heute hat er einen Dienst in über 365 Gefängnissen in den Vereinigten Staaten sowie in mehr als 20 Ländern der Welt. 30 000 Ehrenamtliche sind in den USA tätig und ungefähr 58 000 Gefängnisinsassen haben erfolgreich an seinen Jüngerschaftskursen und evangelistischen Schulungsprogrammen teilgenommen.

Vor diesem Hintergrund sagt er: „Für mich ist es die größte Herausforderung der Welt, Teil einer Bewegung von Gottes Kindern zu sein, die ins Leben gerufen wurde, um die Gute Nachricht von Jesus Christus zu verbreiten, dass er auch hier in diesen dunklen Verliesen, die wir hier in Amerika Gefängnisse nennen, Leben verändern kann.

Ich hatte enge Beziehungen zu Menschen in höchsten Ämtern und Würden", fährt er fort. „Ich war in Palästen. Ich habe überall auf dem ganzen Globus in großen Gemeindezentren gepredigt. Aber die größte Freude und Erfüllung war für mich, im Gefängnis zu sein und mit einem kraftstrotzenden Verurteilten auf einem schmierigen Betonfußboden zu sitzen, der tränenüberströmt sein Leben Jesus anvertraut."

Schenkt sexuelle Befriedigung Erfüllung?

Wie kann man unseren emotionalen Hunger wirklich zufrieden stellen? Jesus sagte nicht: „Glücklich sind, die nach Ruhm, Erfolg oder Macht hungern und dürsten." Auch sagte er nicht: „Glücklich sind, die nach sexueller Befriedigung hungern und dürsten."

An dieser Stelle muss ich Siegmund Freud widersprechen, der behauptete, dass die größte Leidenschaft des Herzens oder das größte Bedürfnis das (körperliche) Vergnügen sei. Nach meiner Ansicht ist das tiefste Bedürfnis des Menschen eine gesunde Selbstachtung, ein gesundes Selbstwertgefühl, eine geheiligter, vom Heiligen Geist geschenkter Stolz. Eben das herrliche Gefühl, das Adam und Eva vor ihrem Sündenfall hatten.

Ich erkundigte mich bei der bekannten Psychologin Dr. Joyce Brothers: „Welches sind die elementarsten, tiefsten psychologischen Bedürfnisse, die Sie in der heutigen Zeit bei den Menschen feststellen?“

Sie gab mir zur Antwort: „Ich denke, dass die Menschen Liebe brauchen. Es muss nicht die Liebe zwischen Mann und Frau sein. Es kann die zwischenmenschliche Liebe sein. Es kann die Liebe Gottes sein. William James sagte es vor langer Zeit sehr treffend: ‚Das Wichtigste im Leben ist, dass du dein Leben für etwas Wichtigeres lebst als dein Leben.‘ Und genau das macht glückliche Menschen aus.

Wie Sie wissen, leben wir in einem Zeitalter der Wunderdrogen“, fuhr Dr. Brothers fort. „Aber das Wunder, das immer noch am meisten bewirkt, das das Leben verlängert, das es wahrhaft glücklich macht, ist das älteste Wunder, das wir kennen. Es ist das Wunder der Liebe. Und vom psychologischen Standpunkt aus gesehen weiß ich, dass Menschen, die gut sind, auch glücklich sind. Menschen, die glücklich sind, sind Menschen, die gut sind.

Die Menschen sind zu so vielem imstande. Und doch haben die Psychologen festgestellt, dass die Menschen nur zehn Prozent ihres Potenzials nutzen. Aber es gibt auch Menschen, die sich nicht mit den zehn Prozent zufrieden geben, die darüber hinaus wollen. Sie gehen bis an ihre Grenzen, um herauszufinden, zu was sie in der Lage sind. Das sind die glücklichen Menschen.“

Meiner Meinung nach hat Dr. Joyce Brothers einen viel besseren Zugang zu den menschlichen Nöten, als Freud dies hatte. Was Dr. Brothers da sagte, spiegelt das wider, was ich eigentlich immer schon als die tiefste menschliche Not empfunden habe: Liebe und Selbstwertgefühl – nicht Leidenschaft, nicht sexuelle Befriedigung, nicht Ruhm und nicht Macht.

Das Geheimnis wahrer Zufriedenheit

Zufriedenheit, Glück, Erfüllung – wenn wir versuchen, dies über Ruhm, Erfolg, Macht und sexuelle Befriedigung zu erreichen, dann werden wir feststellen, dass sie so flüchtig wie Schatten sind.

Wie aber sonst finden wir wahre Zufriedenheit? Jesus hatte die Antwort darauf: „Glücklich sind, die nach Gerechtigkeit hungern und dürsten, denn sie sollen satt werden." In diesem gewaltigen Satz zeigt uns Jesus, wie wir den größten Hunger des Herzens, unsere tiefste Sehnsucht stillen können.

Jesus weist uns den Weg zur Zufriedenheit und zum Glücklichsein. Wir finden ihn, wenn wir nach Gerechtigkeit suchen.

Aber was ist Gerechtigkeit?

Bei Gerechtigkeit geht es nicht nur darum, der Versuchung erfolgreich aus dem Weg zu gehen. Sie beinhaltet weit mehr. An dieser Stelle möchte ich mir die Freiheit nehmen, aus meinem Buch *Self-Esteem: The New Reformation* zu zitieren.

„Wir kennen alle Menschen, die nicht lügen, stehlen und keinen Ehebruch begehen. Und doch leben sie ein Leben voller Leichtigkeit, Bequemlichkeit und Passivität. Sie erscheinen freundlich und entgegenkommend, und wir sind versucht, sie für ‚liebenswerte Menschen' zu halten. Aber wahre Liebe zeigt sich im aufopferungsvollen Einsatz für den anderen. Solange diese ‚guten Menschen' sich keine Ziele setzen, die Gott verherrlichen, leisten sie keinen kreativen und konstruktiven Beitrag. Wenn sie bei ihren Aufgaben kein Wagnis und kein Risiko auf sich nehmen, sind sie zwar gut – aber gut für was?"[4]

Gerechtigkeit hat weder etwas mit absoluter Heiligkeit noch mit Perfektion zu tun. Ich glaube nicht, dass Jesus damit sagen will, dass jemand, der einen unbeirrbaren Drang zu einem heiligen Leben hat, wirklich zufrieden sein wird. Wenn wir ein perfektes, heiliges Leben führen müssten, um zufrieden zu sein, wären wir die elendsten Kreaturen auf der Welt, denn wir alle machen nur allzu viele Fehler. Wir alle begehen Sünde.

Niemand von uns ist perfekt.

Sicherlich können wir, wenn wir einen Fehler begehen, wenn wir sündigen, Gott um Vergebung bitten. Ist das der Weg der Gerechtigkeit? Ja, wenn wir die wahre Bedeutung von echter Umkehr kennen. Noch einmal möchte ich einen Abschnitt aus meinem Buch *Self-Esteem: The New Reformation* zitieren:

„Wahre Buße ist eine positive, dynamische und hoch motivierte Kurskorrektur des Lebens […] *hin zu einem mitmenschlichen, riskanten Vertrauen, das die Hoffnung der Herrlichkeit verspricht,* […] *durch ein weitherziges, die menschlichen Nöte erfüllendes Handeln* […]. *Wenn nur der Schwamm über die Tafel meiner Schuld gewischt wurde, ist mir nur halbherzig vergeben. Mir ist erst dann völlig vergeben, wenn ich Gott erlaube, seinen neuen Traum für mein Leben auf die Tafel meines Geistes zu schreiben."*[5]

Negative Umkehr ist eine „Unglücklich sind"-Haltung. Sie beraubt uns unserer Begeisterungsfähigkeit. Sie bringt zum Ausdruck: „Ich bin ein Nichts. Ich bin wertlos. Ich bin schlecht." Gerechtigkeit entwickelt sich nicht aus einer solchen Negativität.

Andererseits bringt eine positive Kehrtwende die folgenden Dinge zum Ausdruck:

- „Es tut mir Leid. Ich habe nicht an Gottes Träume geglaubt. Von nun an will ich das aber tun."
- „Es tut mir Leid, dass ich mich selbst nicht so geliebt habe, wie Gott es tat, als er am Kreuz für mich starb. Von nun an will ich daran denken, dass Gott mich liebt – und ich werde versuchen, mich auch zu lieben."
- „Es tut mir Leid. Ich war so selbstbezogen, dass ich mich von der Angst vor dem Versagen leiten ließ. Ich wollte nicht, dass man über mich lacht. Von nun an will ich versuchen, für meine Überzeugungen einzustehen und meinen Blick auf Gott richten."
- „Ich verpflichte mich nunmehr zur Gerechtigkeit! Ich möchte das Richtige tun. Ich werde die Träume, die Gott mir schenkt, verfolgen – auch wenn mir das unmöglich erscheint."

Gerechtigkeit folgt aus einer echten Entscheidung zur Lebensänderung. Und eine solche Umkehr ist ein Prozess, der aus zwei Schritten besteht. 1. Sie sagt Nein zu den negativen Dingen, den Versuchungen, weniger zu sein und zu geben als unser Bestes. 2. Sie sagt Ja zu den positiven Dingen – dem Guten, Heil Bringenden. Sie sagt Ja zu Gottes Traum für dich und mich.

Sagen Sie Nein, indem Sie Ja sagen!

Um wirklich zufrieden zu sein, brauchen wir gesunde Nahrung für unseren Geist. Wir müssen in Bezug auf das, womit wir unseren Geist und unsere Seele füttern, wählerisch sein. In unserer heutigen Welt ist das nicht einfach, weil wir oftmals nur von leerem Gedankengut („Junkfood"-Gedanken) umgeben sind. Damit meine ich die negativen Einstellungen, Reaktionen und Antworten, mit denen wir jeden Tag bombardiert werden. Wir müssen uns gegen diese negativen Mechanismen verwahren und schützen und sorgsam nach dem Positiven, dem Guten suchen – nach Gedanken, Träumen und Taten, die Gott gefallen.

In unserer negativ programmierten und denkenden Welt sind wir ständig von negativen Haltungen umgeben. Selbst der positivste Mensch hat noch seine negativen Einstellungen – niemand kann sich dem entziehen. Wir sind durch die Welt, in der wir leben, emotional auf das Negative konditioniert. Wie können wir diese hypnotisierende, negative Kettenreaktion unterbrechen? Wie können wir uns aus der Gefangenschaft des negativen Denkens befreien? Wie können wir Nein zu den negativen Dingen, zu den Versuchungen sagen, die uns das wahre Glück rauben wollen?

Sagen Sie Nein, indem Sie Ja sagen! Verwerfen Sie das Negative, indem Sie Gutes säen:

- Ein perfekter Bauernhof, ein gewinnbringender Bauernhof, ein gerechter Bauernhof ist kein Bauernhof, auf dem kein Unkraut wächst. Vielmehr ist es ein Bauernhof, auf dem Frucht angebaut wird wie Mais oder Weizen und der Frucht trägt.
- Ein perfektes Blatt Papier ist ein Blatt Papier, das keine Kleckse, Kratzer oder Kanten aufweist. Ein perfektes Blatt Papier ist eines, das gespickt ist mit Aufzeichnungen, Gedanken, Entwürfen und Ideen, einem Gedicht, einer Übersicht oder Zahlen, die eine kreative Möglichkeit zusammenfassen.
- Eine perfekte Kommunikation zwischen zwei Menschen ist nicht Kennzeichen von Beziehungen, in denen es keine Kämpfe, Streitigkeiten oder konträre Meinungen gibt. Eine perfekte Kommunikation ist dann gegeben, wenn beide Gesprächspartner fähig sind,

sich zu öffnen und sich auch in gegenseitigem Respekt und mit Achtung mitzuteilen, was sie denken. Nicht Stille, sondern kreative, konstruktive, respektvolle Unterhaltung ist in der Kommunikation Ausdruck von Gerechtigkeit.

So können wir also nicht von uns behaupten, dass wir nach Gerechtigkeit streben, wenn wir eine Liste mit Verboten anlegen und versuchen, uns daran zu halten. Nach Gerechtigkeit zu hungern und zu dürsten, muss doch entschieden mehr umfassen! Es muss bedeuten, dass wir uns wünschen, die positive Art von Leben zu führen, die Frucht trägt und etwas Schönes für Gott bewirkt. Der Psalmist spricht davon, dass der Gerechte „wie ein Baum [ist], der nah am Wasser steht, der Frucht trägt jedes Jahr und dessen Blätter nie verwelken. Was er sich vornimmt, das gelingt“ (Psalm 1,3).

Vielleicht erinnern Sie sich noch an die Actionkomödie „Karate Kid“ (USA, 1983), vor allem aber daran, wie auf dem Höhepunkt des Filmes der toughe blonde Junge gegen den Helden kämpfte.

Können Sie sich meine Verwunderung vorstellen, als ich hörte, dass William Zabka, der junge Schauspieler, der diesen schrecklich gemeinen Typen spielte, Christ und ein sehr netter junger Mann war?!

Ich lernte ihn kennen und stellte ihm dann die Frage: „Billy, wie kannst du in ‚Karate Kid‘ nur so gemein sein?“

„Das war doch nur im Film so“, erklärte er mir. „Ich bin in aller erster Linie Christ und erst an zweiter Stelle Schauspieler. Eigentlich war es so, dass meine Schauspielerkarriere in einer Sackgasse steckte. Ich fing an, darüber nachzudenken, ob Gott vielleicht nicht wollte, dass ich diesen Job ausübte. Ich fragte mich, ob er mich nicht vielleicht in der Jugendarbeit einsetzen wollte. Ich liebe Kinder und ich liebe es zu campen. Lieber bin ich in den Bergen als in einer Limousine!

Aber auf einem Sommer-Camp mit einer Gruppe aus meiner Gemeinde erzählte ich meinen Freunden, dass ich gerne in einem Film mitspielen wollte. Ich sagte, dass ich das ja nicht für mich tun wollte, sondern für Gott. Aber dass ich mir auch nicht sicher sei, ob es wirklich das war, was Gott von mir wollte.

Dann kam ich nach Hause zurück und hörte, dass man mir eine Rolle in ‚Karate Kid‘ anbot. Ich fuhr bei den ‚Columbia Studios‘ vor. Normalerweise bete ich vor solchen Gesprächen immer: ‚Gott, ich möchte die Rolle nicht annehmen, wenn ich dabei eine Sünde begehen muss. Ich möchte sie nicht annehmen, wenn es am Set unschön zugeht.‘

Aber dieses Mal betete ich: ‚Herr, ich möchte die Menschen mit deinem Wort erreichen und ihnen sagen, dass du sie liebst.‘

Es war super, dass er mir die Gelegenheit gerade dann schenkte, als ich meine Träume aufgab und sagte: ‚Meine Träume sind mir nicht so wichtig. Wichtig sind mir nur deine Träume.‘ Der Film war dann auch sehr erfolgreich. Ich möchte an dieser Stelle keine Werbung für mich machen. Ich will vielmehr zeigen, dass Gott uns liebt und uns ein glückliches Leben schenken will. Ich will die Leute nicht anpredigen, will ihnen nicht damit drohen, dass sie in die Hölle fahren. Ich will nur durch mein Christsein Gottes Liebe weitergeben.“

> *Gerechte Menschen? Das sind positive, Glauben vermittelnde Menschen, die aktiv einen Gott gegebenen Traum verfolgen!*

Ja, Billy ist ein „gerechter“ Mann. Ich meine damit, dass er in diesem Sinne des Wortes Nein zu den Versuchungen gesagt hat, die ihn hinunterziehen würden, und dass er auch Nein zu der Versuchung sagte, sich von denen abzuschotten, deren Lebensstil dem seinen widersprach. Als Billy Ja zu einem Leben für Jesus sagte, Ja dazu sagte, im Filmgeschäft ein Zeugnis für andere zu sein, war er fähig, Frucht zu bringen. Er nutzte die Gelegenheit, um ein Licht für Millionen zu sein, die ihn auf Grund des Films kennen.

Gerechtigkeit erlangen wir durch positive Bekräftigungen:

- „Ich bin ein Kind Gottes!“
- „Ich bin ein Gedanke Gottes. Gott hat nur gute Pläne für mich!“
- „Ich will es tun! Ich kann es tun! Ich werde es tun!“
- „Ich werde die Gelegenheiten nutzen!“

Wenn Sie Ja sagen, werden Sie nach Gottes Verheißungen leben und auf sie bauen. Wenn Sie das Unmögliche versuchen, werden Sie entdecken, dass Sie ganz voller Erwartung sein werden. Ja, Erwartung, Enthusiasmus, Energie! Glück!

Gerechtigkeit versucht, gute Chancen zu realisieren. Gewinnen oder verlieren – der Versuch wird Ihnen Selbstachtung schenken. Brillieren oder versagen – Sie können vor sich bestehen und müssen sich nicht schämen, das heißt, Sie können stolz darauf sein, dass Sie es versucht haben.

Das ist die wahre Freude! Das ist die tiefe Zufriedenheit! Das ist der große Lohn.

Ein guter Freund von mir, Bill Dearden, Vorstandsvorsitzender der *Hershey Goods Corporation*, wuchs in den 1930er Jahren als Waise auf. Er hatte Glück und konnte die vom Firmengründer Milton Hershey gegründete Waisenschule besuchen.

Hershey hatte keine eigenen Kinder und selbst auch eine schwere Kindheit gehabt. Er besaß nur einen Hauptschulabschluss. Obwohl seine Geschäftsvorhaben dreimal scheiterten, besaß er doch den Mut, es weiter zu versuchen. Sein vierter Versuch, ein Geschäft zu eröffnen – eine Karamelfabrik –, verlief dann sehr erfolgreich.

Später verkaufte er dieses Karamelgeschäft für eine Million Dollar und machte eine Schokoladenfabrik auf. Da seine Frau keine Kinder bekommen konnte, eröffnete er eine Waisenschule.

In dieser Schule erhielt Bill Dearden den größten Teil seiner Ausbildung. Er arbeitete danach in der Fabrik weiter und wurde schließlich Vorstandsvorsitzender. Er erzählte mir, dass Hershey die Firma rechtlich so organisiert hatte, dass 51 Prozent der Anteile im Besitz der Schule waren. So floss dann viel Geld aus den Gewinnen der Firma zurück in die Schule.

Ich erkundigte mich bei Bill: „Wie hast du es geschafft, deinen Weg vom kleinen Waisenjungen auf den Straßen Philadelphias hin zum Topmanager und Vorstandsvorsitzenden einer der respektabelsten Firmen Amerikas zu machen?“

Er entgegnete darauf: „Gott hat schon immer eine zentrale Rolle in meinem Leben gespielt. Ich glaube, dass durch seine Liebe und Wegweisung alle Dinge möglich sind. Ich denke, er hat mir auf meinem Weg geholfen – hat mich geführt und geleitet –, und das wird er auch für jeden tun, der bereit ist, sich ihm anzuvertrauen.“

Hershey verfolgte ein großes Ziel in seinem Leben: Er wollte etwas Gutes bewirken. Und Bill Dearden tat dasselbe. Auf diese Weise geht die positive Kette wahrer Gerechtigkeit weiter.

Diejenigen, die im US-Bundesstaat Minnesota leben, wissen vermutlich, wer Joe Sensor ist. Joe spielte (von 1979–1984) als *Tight End* (ein Pass-Fänger) im Football-Team der *Minnesota Vikings.* Und auch er besuchte die Hershey-Schule. Wir lernten uns über den Football kennen und freundeten uns an. Ich konnte ihn in unserer Gemeinde, der *Crystal Cathedral,* taufen. Er ist einfach ein liebenswerter Mensch.

Joe, dessen Vater starb, als er noch ganz jung war, bekam die Chance, die *Hershey School* zu besuchen. Er nahm das Angebot an und fand dort sehr viel Unterstützung und Liebe. Später wurde er von den *Vikings* angeworben und hatte riesigen Erfolg im Football.

Aus dieser erfolgreichen Sportlerlaufbahn ergaben sich für ihn innerhalb von sechs Jahren über 1 500 Vortragsgelegenheiten.

Joe hatte den Entschluss gefasst, so vielen Kindern und jungen Menschen zu helfen, wie er konnte. Dazu äußerte er sich einmal wie folgt: „Profisportler haben die besten Chancen, etwas zu bewirken, denn die Kinder schauen zu ihnen auf. Ihre Mütter und Väter können ihnen vielleicht sagen, dass sie keine Drogen nehmen sollen, aber das hat meist wenig Erfolg. Wenn jedoch ein Profisportler ihnen dasselbe sagt, sind sie für diesen Rat offen und befolgen ihn. Ich diene anderen Menschen. Ich glaube, dass das das Wichtigste ist, was ich mit meinem Leben anfangen kann."

Bill Dearden und Joe Sensor. Wer weiß, wie viele andere junge Leute in den letzten beiden Generationen eine Lebensveränderung erfahren haben, weil es Milton Hershey danach hungerte und dürstete, mit seinem Leben etwas Gutes zu bewirken?

Das ist Gerechtigkeit! Und so findet man wahres Glück und echte Zufriedenheit! Aber wenn die Gerechtigkeit so etwas Großartiges ist, warum sucht nicht jeder danach? Was hält die Menschen zurück? Warum sagen die Leute Nein zu den guten Dingen? Warum sagen sie Nein zu Gott? Dafür gibt es nach meiner Ansicht drei mögliche Gründe:

1. Die Menschen sagen Nein zu Gott, weil sie es nicht besser wissen. Es gibt immer noch genügend Personen, die der irrigen Meinung aufgesessen sind, dass sie, wenn sie tief religiös und Christ werden, vielleicht überschnappen und etwas spinnert und seltsam sind. Andere wurden möglicherweise durch Bekannte abgeschreckt, die sich als

Heuchler oder Fanatiker oder – schlimmer noch – als freudlose, pessimistische Christen entpuppt haben. So verabschieden sich diese Menschen also vom Thema „Glauben“ und entdecken gar nicht, was für ein glückliches Leben sie haben könnten, wenn sie ihr Leben Jesus anvertrauen.

Dwight Moody hatte zu diesem Thema immer folgenden Ausspruch parat: „Die Menschen haben immer genauso viel Religion in ihrem Leben, wie sie benötigen, um sich schlecht zu fühlen: Sie können sich nicht auf einer wilden Party amüsieren, fühlen sich aber auch bei einer Gebetsversammlung unwohl.“

Und da ist etwas dran! Viele Menschen sind so religiös, dass sie sich bei gewissen Dingen schlecht fühlen, aber sie sind nicht gläubig genug, um sich an der ganzen Sache zu erfreuen. Und oft liegt das daran, dass sie keine echte Vorstellung davon haben, worum es beim Christsein eigentlich geht. Offen gestanden kann ich diese Menschen noch nicht einmal für ihre falsche Sichtweise von Gott verurteilen, denn sie kennen vielleicht nur das negative Zeugnis, das einige Christen abgeben. Kein Wunder, dass sie sich da von ihm abwenden! Sie wissen es einfach nicht besser.

2. Es gibt noch einen zweiten Grund, warum einige Menschen Nein zu Gott sagen. Sie glauben nicht, dass sie Ja zu ihm sagen können. Mangelndes Selbstwertgefühl hält sie davon ab. Sie denken: *Gott ist vollkommen. Und ich weiß, dass ich das mit Sicherheit nicht bin. Warum sollte er sich also mit jemandem wie mir abgeben?* Was diese Menschen jedoch nicht verstehen, ist, dass Gott ja gar nicht von uns verlangt, perfekt zu sein. Er möchte nur, dass wir es wollen. Er erwartet von uns nicht, fehlerlos zu sein, aber er erwartet, dass wir uns auf ihn einlassen und uns vornehmen: „Herr, ich will es versuchen.“ Es ist weitaus besser, etwas Konstruktives unvollkommen zu tun, als perfekt nichts zu tun!

3. Der dritte Grund, warum einige Menschen Nein zu Gott sagen, liegt darin, dass sie meinen, dafür noch nicht ganz bereit zu sein. Sie haben noch Pläne, die sie verwirklichen wollen, Projekte, die noch nicht beendet sind, Telefonate zu führen, unerledigte Post zu beantworten … wie auch immer: Wenn der Schreibtisch dann schließlich aufgeräumt und Zeit zum Nachdenken ist, werden sie sich vielleicht mit Gott befassen. Aber im Moment sind sie einfach viel zu beschäftigt.

Das Problem dabei ist nur, dass es vielleicht kein „Später" geben wird. Tun Sie es jetzt! Lassen Sie Gott nicht warten! Wenn Ihnen heute ein positiver, ermutigender Gedanke durch den Kopf schießt, gibt es nur eine angemessene Antwort: „Ja, Herr."

Sagen Sie es jetzt! Es tut nicht weh! Jetzt gleich. Legen Sie das Buch zur Seite und sprechen Sie die Worte: „Ja, Herr." Sagen Sie sie sich noch einmal laut vor! Dann klingen sie ganz natürlich: „Ja, Herr! Ja, Herr! Ja, Herr!"

Haben Sie keine Angst, zu emotional zu sein. Lassen Sie sich von keiner negativen Gefühlsregung oder auch nicht von Angst abhalten! Sagen Sie es aus dem Brustton der Überzeugung heraus, sagen Sie es positiv: „Ja, Herr!" Sie werden sehen, dass sich Ihr Denken verändern wird. Gott wird Ihnen positive Gedanken schenken. Sagen Sie dazu nicht Nein, sondern: „Ja, Herr."

Vielleicht wird Ihnen bewusst, dass Sie Ihr Leben Jesus Christus anvertrauen sollten. Wenn Sie noch keine Entscheidung für Jesus gefällt haben, ihn noch nicht als Ihren Herrn und Erlöser angenommen haben, als Ihren persönlichen, lebendigen Freund, dann lade ich Sie jetzt dazu ein! Haben Sie schon eine Kurskorrektur in Ihrem Leben vollzogen – hin zu Jesus? Wenn nicht, unternehmen Sie heute diesen Schritt! Sie werden eine Veränderung in Ihrem Leben hin zum Positiven erfahren: Sie werden ein besserer, kein schlechterer Mensch werden.

„Glücklich sind, die nach Gerechtigkeit hungern und dürsten, denn sie sollen satt werden."

Sind Sie satt? Sind Sie glücklich und zufrieden? Ist das Leben so, wie Sie es sich immer schon gewünscht haben? Es kann so sein – es wird so sein –, wenn Sie Ja sagen zu dem Traum, den Gott Ihnen geschenkt hat.

- Packen Sie es an! Sie können es schaffen!
- Packen Sie es an! Er könnte Realität werden!
- Packen Sie es an! Jemandem könnte dadurch geholfen werden!
- Packen Sie es an! Sie könnten aus der Armut zum Reichtum kommen!
- Packen Sie es an! Wenn es Ihnen finanziell gut geht, könnten Sie auch die Menschen unterstützen, die in diesem Bereich Probleme haben!

- Packen Sie es an! Eines Tages wird jemand auf Sie zukommen und Danke sagen!

Das ist echte Zufriedenheit! Sie stellt sich dann ein, wenn Ihnen bewusst wird, dass Sie ein wertvoller Mensch sind, dass Sie sich eingebracht haben, dass Sie etwas bewirkt haben!

Hunger und Durst zeigen Ihnen die Richtung, in die die Reise geht: „Packen Sie es an!“

„… denn sie sollen satt werden“ bedeutet, dass Sie die Gewissheit haben können, dass Sie mit Ihrem Leben etwas bewirken können, dass Ihr Leben Bedeutung hatte – GROSSE Bedeutung sogar! Und dass Sie wahre Zufriedenheit und dauerhaftes Glück erleben werden!

„Glücklich sind"-Aussage 5

„Ich will andere so behandeln, wie ich gerne behandelt werden möchte"

„Glücklich sind die Barmherzigen, denn sie werden Barmherzigkeit erfahren."

In dieser „Glücklich sind"-Aussage steckt ein zuverlässiges Rezept fürs Glücklichsein.

Lernen Sie, sich an dieser motivierenden Haltung zu orientieren: „Nicht das, was mir zustößt, ist das, was am meisten zählt, sondern die Art und Weise, wie ich darauf reagiere."

Seien Sie sich einer Sache bewusst: Wenn Sie mit der Einstellung durchs Leben gehen, dass Sie eigentlich immer von Schmerz, Leid und Trauer verschont bleiben sollten, können Sie darauf wetten, dass es eines Tages ein ziemlich böses Erwachen geben wird. Traurigkeit, Ablehnung, schmerzliche Verluste treffen jeden von uns im Laufe unseres Lebens. Die Annahme, dass wir irgendwie privilegiert und gegen Schmerz und Entbehrung immun wären, ist schlichtweg unrealistisch.

Manche meinen sogar, dass sie, weil sie Christen sind, in ihrem Leben keinen Schmerz und kein Leid erleben müssten. Sie denken, weil sie Gott respektieren und gute Menschen sind, müssten sie auf keine Ablehnung oder Spott stoßen. Mit einer solchen Einstellung werden wir aber auf Widrigkeiten nur mit Selbstmitleid reagieren. „Das ist nicht fair!" – so wird unsere unmittelbare negative Reaktion ausfallen. Aber je schneller wir lernen, dass das Leben uns nicht immer mit Samthandschuhen anfasst, desto schneller werden wir emotionale Reife erlangen.

Wir alle haben unser Päckchen zu tragen. Und wir alle haben zwei Möglichkeiten, wie wir auf negative Erfahrungen reagieren können. Wir können die „Glücklich sind"-Haltung wählen oder uns für die „Unglücklich sind"-Haltung entscheiden.

Ärger, Wut und Rache führen zur „Unglücklich sind"-Haltung: „Ich werde mich dafür rächen!" oder: „Ich werde es dem anderen heimzahlen." Diese negative Haltung ist ein todsicheres Rezept für Elend und Unglücklichsein. Diejenigen, die davon besessen sind, Kämpfe auszutragen, können nicht mit Freude erfüllt sein. Ihre einzige Befriedigung besteht darin, den bitteren Geschmack ihrer Frustration durch ihr gehässiges und rachsüchtiges Verhalten herauszulassen.

Hinzu kommt, dass die Unzufriedenheit derer, die die „Unglücklich sind"-Haltung gewählt haben, noch durch den Verlust ihrer körperlichen Gesundheit (Bluthochdruck, Herzbeschwerden, Schlaganfall etc.) um ein Vielfaches verstärkt wird. Das ist aber dann die Konsequenz ihrer Entscheidung für eine negative Haltung angesichts unglücklicher Umstände.

Aber wir können uns grundsätzlich in unserem Leben noch für eine andere Einstellung entscheiden. Die positive Haltung ist eine Wahlmöglichkeit, die jedem offen steht und zu wahrem Glück führt. Sie ist der Weg der Barmherzigkeit und Vergebung, den man einschlägt, wenn man sich dafür entscheidet, positiv zu reagieren – und zwar hoffentlich auf jede Art von negativer Erfahrung, die einem widerfährt.

Die gute Nachricht, die ich für Sie habe, lautet: Gott verspricht uns so viel Barmherzigkeit, wie wir benötigen, um mit jedem tragischen Ereignis fertig zu werden.

Jesus verhieß in der fünften Seligpreisung: „Glücklich sind die Barmherzigen, denn sie werden Barmherzigkeit erfahren." Diese Seligpreisung beinhaltet drei Dinge: 1. eine Verheißung, 2. ein Prinzip, das universelle Gültigkeit hat, und 3. ein Rezept für ein glückliches Leben.

1. Die Verheißung

Viele Mitglieder meiner Gemeinde könnten die Wahrheit, die in dieser Verheißung der Seligpreisung steckt, bestätigen. Sie könnten bezeugen, dass sie, als eine unerwartete Tragödie über sie hereinbrach, dennoch die Kraft fanden, glücklich zu sein. Das entspricht aber so gar nicht unserer menschlichen Natur. Die natürliche Reaktion des Menschen liegt doch darin, wütend, verbittert und zynisch zu werden und zu dem Schluss zu kommen, dass es keinen Gott gibt. Wenn jemand positiv auf ein tragisches Ereignis reagiert, grenzt das schon an ein Wunder. Psalm 23 schließt mit dem beeindruckenden Vers: „Deine Güte und Liebe werden mich begleiten mein Leben lang." Das ist Gottes Art zu sagen, dass wir im Leben oft viel Gutes erfahren werden, aber selbst wenn schwierige Zeiten kommen und wir das Gute nicht mehr sehen können, können wir weiterhin sicher sein, dass er uns liebt und wir seine Güte erleben werden. Inmitten der Tränen, des Herzeleids, des enormen Verlustes und der immensen Trauer wird eine heitere Stimmung wie ein sanfter Kuss Ihr verwundetes Herz berühren. Diese Erfahrung wird Barmherzigkeit genannt. Sie ist ein Ausdruck von Gottes Liebe.

> *Wenn wir Gottes Güte auch nicht sehen, so können wir seine Barmherzigkeit dennoch erfahren!*

Überall in der Bibel verheißt Gott, dass er barmherzig bzw. gütig sein wird:

- „Die Barmherzigkeit des Herrn bleibt für immer und ewig, sie gilt allen Menschen, die ihn ehren" (Lukas 1,50).
- „Aber Gottes Barmherzigkeit ist groß. Wegen unserer Sünden waren wir in Gottes Augen tot. Doch er hat uns so sehr geliebt, dass er uns mit Christus neues Leben schenkte. Denkt immer daran: Alles verdankt ihr allein der Gnade Gottes" (Epheser 2,4–5).
- „Er rettete uns – nicht, weil wir etwas geleistet hätten, womit wir seine Liebe verdienten; nein, seine Barmherzigkeit hat uns [...] zu neuen Menschen gemacht" (Titus 3,5).

Die Verheißung ist also da und sie gilt auch Ihnen! Ist das nicht eine tolle Nachricht! Eine großartige Zusicherung! Egal, wohin unser Weg auch führt, egal, mit welchen Schwierigkeiten wir konfrontiert werden, egal, was wir tun, Gott wird uns barmherzig sein und uns vergeben, aufrichten und uns durch diese harten Zeiten hindurchtragen. Aber das ist nur die halbe Miete. Die andere Hälfte des Verses lautet: „Glücklich sind die Barmherzigen ..."

Die Frage lautet: Was kommt zuerst? Müssen wir barmherzig sein, bevor Gott zu uns barmherzig sein kann? Oder sollte Gott uns Barmherzigkeit erweisen, bevor wir anderen gegenüber barmherzig sein können? Was meinte Jesus damit, als er sagte: „Glücklich sind die Barmherzigen, denn sie werden Barmherzigkeit erfahren“?

Ich glaube, Jesus meinte damit:

- Gott wird barmherzig zu uns sein.
- Dann werden wir barmherzig zu anderen sein.
- Barmherzigkeit wird dann aus verschiedenen Quellen zu uns kommen.

Der erste Schritt besteht also darin, Gottes Barmherzigkeit anzunehmen. Alles, was wir tun müssen, ist, die Verheißung der Seligpreisung anzunehmen. Und Gott hat uns versprochen, dass er, wenn wir mit anderen barmherzig umgehen, uns Barmherzigkeit erweisen wird.

Die folgende Geschichte hörte ich vor etwa 35 Jahren zum ersten Mal. Jahre später gab es dazu eine Abwandlung, die durch meinen Freund, den Popsänger Tony Orlando, und sein Lied „Tie A Yellow Ribbon 'Round The Old Oak Tree“ bekannt wurde. Das Lied, das von der Kraft der Barmherzigkeit erzählt, soll auf eine wahre Begebenheit zurückgehen.

Drei Teenager stiegen in New Jersey in einen Bus ein. Darin saß bereits ein ruhiger, ärmlich gekleideter Mann, allein und schweigend. An der ersten Haltestelle stiegen alle mit Ausnahme dieses alten Mannes aus, der allein im Bus zurückblieb. Als die Jugendlichen auf der Rückfahrt wieder in den Bus einstiegen, sagte einer von ihnen etwas Nettes zu ihm, und er lächelte schüchtern.

Bei der nächsten Bushaltestelle, als wieder alle ausstiegen, drehte sich der letzte Jugendliche zu ihm um und meinte: „Kommen Sie doch! Steigen Sie mit uns aus! Vertreten Sie sich doch zumindest die Beine!“

So stieg er also aus. Die Jugendlichen luden ihn zum Mittagessen ein. Einer von ihnen erzählte: „Wir fahren übers Wochenende nach Florida, um etwas Sonne zu tanken. Es soll dort sehr schön sein.“

Der Mann antwortete: „Ja, das ist es auch.“

„Waren Sie schon einmal dort?“

„Oh, ja“, bekräftigte er. „Ich habe dort gewohnt.“

Ein Jugendlicher fragte zurück: „Haben Sie denn noch Familie und ein Zuhause?"

Zögernd gab er schließlich zur Antwort: „Ich … ich weiß es nicht."

„Was meinen Sie mit ‚Ich weiß es nicht'?", hakte der Jugendliche nach.

Bewegt von ihrer herzlichen Anteilnahme und Aufrichtigkeit, erzählte er ihnen seine Lebensgeschichte:

„Vor vielen Jahren wurde ich zu einer Gefängnisstrafe verurteilt. Ich hatte eine wunderbare Frau und tolle Kinder. Ich sagte zu ihr: ‚Schatz, bitte schreib mir nicht. Ich werde dir auch nicht schreiben. Die Kinder sollen nicht wissen, dass ihr Vater im Knast sitzt. Wenn du willst, kannst du dir einen anderen Mann suchen – jemanden, der den Jungs ein guter Vater sein wird.'

Ich weiß nicht, ob sie sich an ihren Teil der Abmachung gehalten hat. Ich für meinen Teil habe es getan. Letzte Woche, als ich erfuhr, dass ich entlassen würde, schrieb ich ihr einen Brief an unsere alte Adresse. Wir wohnen nur ein paar Kilometer außerhalb von Jacksonville. Ich teilte ihr darin mit: ‚Wenn du noch hier lebst, wenn du diesen Brief bekommst und noch keinen anderen gefunden hast und wenn es noch eine Chance für uns zwei gibt – dann lass es mich wissen. Ich werde im Stadtbus sitzen, der hier durchfährt. Bitte nimm ein Stück weißes Tuch und häng es in den alten Eichenbaum, der direkt vor der Stadt steht.'"

Als sie wieder in den Bus einstiegen und noch etwa zehn Meilen von Jacksonville entfernt waren, gingen alle Jugendlichen auf die Seite des Busses, auf der der Mann saß, und drückten ihre Gesichter platt gegen die Scheiben. Als sie in die Vororte von Jacksonville kamen, entdeckten sie den großen alten Eichenbaum. Die Jugendlichen ließen einen Schrei los und sprangen von ihren Sitzen auf. Sie umarmten einander und sprangen und tanzten herum.

Alle riefen nur eines: „Schaut doch! Schaut doch mal da!"

Nicht ein weißes Tuch hing in den Ästen des Baumes. Nein. Da hing ein großes weißes Betttuch, ein weißes Kleid, weiße Hosen von einem kleinen Jungen und weiße Kissenbezüge. Der ganze Baum hing voller weißer Tücher!

So behandelt Gott auch uns. Er hat uns versprochen, dass er unsere Vergangenheit vergessen und alle die negativen Berichte unseres Lebens auslöschen wird. Er verspricht uns, dass er die dunklen Kapitel unseres Lebensbuches wegwerfen und uns den großen Empfang bereiten wird, den der verlorene Sohn auch von seinem Vater bekam. Denn dieser sagte zu ihm: „Mein Sohn war tot, jetzt lebt er wieder. Er war verloren, jetzt ist er wiedergefunden" (Lukas 15,24). Jetzt ist er zu Hause.

Und genau das verspricht uns Gott auch in dieser Seligpreisung: dass er uns mit offenen Armen aufnehmen wird, wenn wir nach Hause kommen.

2. Das Prinzip

Die Bibel berichtet von der Verheißung, dass Gott barmherzig zu uns sein wird. Sie erzählt aber auch von einem Prinzip, das immer wieder in unterschiedlicher Form in der Bibel auftaucht.

- „Wenn ihr ihnen aber nicht vergeben wollt, dann wird Gott auch eure Schuld nicht vergeben" (Matthäus 6,15).
- „Denn so wie ihr jetzt andere verurteilt, werdet auch ihr verurteilt werden" (Matthäus 7,2).
- „Setz dein Hab und Gut ein, um Handel zu treiben, und eines Tages wird es dir Gewinn bringen" (Prediger 11,1).
- „Ihr werdet genau das ernten, was ihr gesät habt" (Galater 6,7).

Gib wenig und du wirst wenig zurückbekommen! Gib viel und du wirst viel bekommen! Das ist das Gesetz des proportionalen Gewinns, das Jesus lehrt – auch in dieser Seligpreisung. Wenn du überkritisch bist, kannst du davon ausgehen, dass die Leute dich auch kritisieren. Redest du über andere, werden dieselben Leute auch über dich reden. Das ist so sicher wie das Amen in der Kirche. Das ist ein Gesetz des Lebens, das so gültig und unumstößlich ist wie die Naturgesetze, die unsere Welt regeln.

Als ich einmal an einer Halsentzündung litt, ging ich zu meinem HNO-Arzt, der mir als Erstes etwas Gaze um die Zunge wickelte und meine Zunge weit herauszog. Dann steckte er mir ein flaches Instrument ganz hinten in den Hals. Ich fing unwillkürlich an zu würgen. Er tat es noch einmal und ich würgte erneut.

„Sind Sie fertig?“, fragte ich.

Zu meiner Bestürzung sagte er: „Nein, ich muss nochmals in Ihren Hals schauen. Ich habe die Stimmbänder noch nicht gesehen.“ Und so umwickelte er noch einmal meine Zunge mit einem sauberen Stück Mull.

„Dieses Mal werde ich es mit positivem Denken versuchen und nicht würgen“, versicherte ich ihm.

Darauf der Arzt: „Dr. Schuller, das funktioniert nicht.“

„Wie das?“ Ich war verdutzt! Das war das erste Mal, dass mir jemand sagte, dass das Möglichkeitsdenken nicht funktionierte.

Der Arzt fügte schnell hinzu: „Dr. Schuller, Würgen ist ein Reflex. Warten Sie mal. Ich werde es Ihnen demonstrieren. Schlagen Sie mal Ihre Beine übereinander.“ Als ich dies getan hatte, schlug er gegen mein Knie. Mein Bein schnellte nach oben.

Dann meinte er: „Das ist ein Reflex. Würgen ist ebenfalls ein Reflex. Positives Denken kann Ihnen niemals dabei helfen, Ihre natürlichen Reflexe zu kontrollieren, denn Reflexe werden vom Rückenmark aus gesteuert. Sie laufen nicht über das Gehirn.“

Im Leben gibt es ein Prinzip, das man mit diesem biologischen Reflex vergleichen kann. Wenn man sich auf eine bestimmte Weise verhält, ruft man eine bestimmte Reaktion hervor.

Es geht also hier um eine grundsätzliche Lebensregel: Wenn man von anderen Menschen freundlich behandelt werden will, sollte man ihnen auch freundlich gegenübertreten. Denn auf jede Aktion folgt eine Re-Aktion. Auf jede positive Aktion folgt eine positive Reaktion. Und für jede negative Aktion gibt es ebenfalls eine negative Reaktion.

Wenn Sie also wirklich glücklich werden wollen, dann sollten Sie sich diese Seligpreisung zu Herzen nehmen und danach leben. Das funktioniert wirklich. Es ist unmöglich, etwas wegzugeben. Was auch immer man gibt, wird immer zu einem zurückkommen.

Ich möchte das hier anhand eines einfachen Beispiels – eines Samenkorns – veranschaulichen. Es ist unmöglich, Samenkörner wegzuwerfen. Wenn man sie auf den Boden wirft, treiben sie aus und wachsen.

Wie Sie bereits wissen, wurde ich auf einer Farm in Iowa groß. Ein Fluss, der über das Grundstück floss, zog mich magisch an – ich angelte nämlich für mein Leben gern. Ich erinnere mich noch gut daran, wie unsere Nachbarn von gegenüber Besuch von ihrem Neffen bekamen. Sein Onkel freute sich darüber, hatte ihn aber auch gewarnt, dass er bei der Arbeit mitzuhelfen hätte.

Eines schönen Ferientages gab Onkel John seinem Neffen aus der Stadt einen Behälter mit Bohnen zum Setzen. Er erklärte ihm: „Du musst einfach ein kleines Loch graben, ein paar Bohnen hineinlegen und dann die Erde darüber fest andrücken. Und das machst du dann am Zaun entlang bis zum Ende dieser Reihe."

Ich wusste nichts von der Arbeit, die ihm übertragen worden war, und lud ihn ein, mit mir fischen zu gehen. Er meinte: „Onkel John hat mir aber gesagt, ich solle diese Bohnen einpflanzen. Ich solle ein Loch graben, die Bohnen hineinlegen und dann die Erde fest andrücken."

„Na, das ist ja zu schade. Ich dachte, wir könnten zusammen fischen gehen. Warst du denn schon mal fischen?", forschte ich.

„Nein, und glaub mir, das würde ich jetzt viel lieber machen. Aber ich muss diese Bohnen fertig stecken." Dem vollen Eimer nach zu urteilen, hatte er gerade erst angefangen. Direkt vor ihm war ein Baumstumpf. Plötzlich hatte er eine Idee. „Onkel John wird nie etwas davon mitbekommen", freute er sich, als er das kleine Loch ausbuddelte und alle Steckbohnen hineinkippte und sie mit Erde bedeckte. Er wandte sich dann mir zu und meinte: „Los, lass uns angeln gehen!"

Wir hatten viel Spaß zusammen und fingen eine Menge Fische. Als wir mit all unseren Fischen nach Hause kamen, lief uns Onkel John über den Weg.

Er forschte nach: „Wie ich sehe, ward ihr fischen … Habt ihr auch alle Bohnen eingepflanzt?"

Sein Neffe entgegnete: „Klar doch, Onkel John."

„Na, dann ist ja alles bestens. Das freut mich. Und du hattest noch genug Zeit, fischen zu gehen?"

„Mmmm, ja."

„Ich bin überrascht, dass du sie so schnell einpflanzen konntest."

„Ich arbeite ja auch schnell", flunkerte der Neffe.

Onkel John schien seine Ausrede zu akzeptieren. Kurze Zeit darauf waren die Ferien zu Ende und der Neffe fuhr nach Hause zu seinen Eltern. Monate vergingen. Der Sommer rückte immer näher. Das Stadtkind kehrte vor dem Schulbeginn noch einmal zu einem letzten Besuch wieder.

Onkel John fragte den Jungen: „Na, willst du dir mal die Bohnen ansehen, die du gepflanzt hast?“ Sie gingen hinaus hinter das Farmhaus. Dort befand sich eine ordentliche Reihe mit Bohnen, die ungefähr 15 Meter lang war. Plötzlich stand dort aber ein Baumstumpf, der mit einem wilden Geranke bedeckt war.

Man kann der Natur keinen Streich spielen, und man kann mit Gott nicht spielen, genauso wenig wie man sich über die Naturgesetze hinwegsetzen kann. Und das ist ebenfalls ein Naturgesetz: Wenn du die Menschen freundlich behandelst, behandeln sie dich wahrscheinlich auch freundlich. Je freundlicher du zu anderen bist, desto mehr Freundlichkeit wirst du wahrscheinlich in deinem Leben ernten. Das ist das Gesetz vom proportionalen Gewinn. Und daran führt kein Weg vorbei.

3. Das Rezept

Das Rezept für ein fröhliches Leben ist ganz einfach: Wenn du glücklich sein willst, behandle die Menschen fair. Wenn du die Lasten eines anderen trägst, wirst du im Laufe der Zeit das Geheimnis des wahren Glücks entdecken.

Und das ist genau das, wonach sich jeder von uns zutiefst sehnt. Wenn wir uns in unserer heutigen Welt umschauen, werden wir merken, dass es zum einen jene gibt, die mit egoistischen Mitteln versuchen, sich das Glück zu sichern. Diese Menschen schaffen sich im Grunde aber nur die Hölle auf Erden. Daneben gibt es andere, die versuchen, ein fröhliches Leben zu führen, indem sie sich an die Gebote Christi halten und anderen helfen.

Wenn Sie nach den Maßstäben Jesu Christi – nach seinen Geboten – leben und Ausschau nach Menschen halten, die mit Sorgen und Schwierigkeiten zu kämpfen haben, können Sie ihnen vielleicht helfen. Aber wenn Sie sich nur um Ihr eigenes Glück sorgen und die Nöte der anderen um Sie herum ignorieren, werden Sie nicht weit kommen – werden Sie Ihr Leben verlieren.

Es gibt eine eindrückliche Geschichte von einem Mann, der eines Nachts einen Traum hatte. Er träumte, dass er starb und sich in einem großen Saal wiederfand. In dem Saal gab es einen riesengroßen Tisch, der mit allen möglichen Delikatessen bedeckt war. Um den Tisch herum saßen Menschen, die offensichtlich hungrig waren. Die Stühle standen jedoch eineinhalb Meter von der Tischkante entfernt, und die Menschen waren offensichtlich nicht in der Lage, von ihren Stühlen aufzustehen. Darüber hinaus waren auch ihre Arme nicht lang genug, um das Essen auf dem Tisch zu erreichen.

Weiterhin träumte der Mann, dass es einen Löffel gab, dessen Stiel lange genug war, dass man selbst von den Stühlen aus an das Essen herankam. Und so brach ein großer Kampf aus – jeder drängelte, boxte den anderen, um an den Löffel heranzukommen. Schließlich bekam ein Mann den Löffel zu fassen. Er ergriff ihn, schaufelte sich etwas zu essen auf den Löffel und drehte ihn herum. Doch leider musste er feststellen, dass der Löffel so lang war, dass er seinen Mund damit gar nicht erreichen konnte. Das Essen fiel herunter. Schnell griff sich ein anderer den Löffel. Und wieder konnte der Betreffende mit Hilfe des Löffels zwar Nahrung aufnehmen, aber er konnte sich nicht selbst füttern. Der Griff war einfach zu lange.

Der Mann, der dies alles in dem Traum beobachtete, sagte zu dem, der ihn herumführte: „Das ist die Hölle: Essen zu haben und es doch nicht essen zu können."

Der Führer erwiderte: „Wo glauben Sie, dass Sie hier sind? Das ist die Hölle. Aber Sie gehören hier nicht hin. Kommen Sie mit mir!"

Und so gingen sie in einen anderen Raum. In diesem stand ebenfalls ein langer Tisch, der ebenfalls mit vielen Köstlichkeiten bedeckt war. Auch hier saßen Menschen etwa anderthalb Meter vom Tisch entfernt auf Stühlen, von denen sie sich ebenfalls nicht erheben konnten.

Wie die anderen waren auch sie nicht in der Lage, das Essen auf dem Tisch zu erreichen. Und doch hatten sie einen zufriedenen, freundlichen Gesichtsausdruck. Erst in diesem Moment erkannte der Besucher den Grund dafür. Genau wie in dem vorangegangenen Raum gab es nur einen Löffel, dessen Griff ebenfalls eineinhalb Meter lang war. Doch hier kämpfte niemand darum. Im Gegenteil: Ein Mann, der den Löffel in der Hand hielt, streckte ihn aus, schaufelte Essen auf den Löffel und schob es in den Mund eines anderen, der es aß und zufrieden war.

Dann wiederum ergriff diese Person den Löffel, holte nach dem Essen auf dem Tisch aus und schob es in den Mund desjenigen Mannes, der ihm zuvor etwas zu essen gegeben hatte. Der Führer meinte: „Das ist der Himmel."

„Glücklich sind die Barmherzigen, denn sie werden Barmherzigkeit erfahren."

Eine andere Bibelstelle drückt diese Wahrheit ein wenig anders aus: „Jeder soll dem anderen helfen, seine Last zu tragen. Auf diese Weise erfüllt ihr das Gesetz, das Christus uns gegeben hat" (Galater 6,2).

Es ist nicht möglich, in Gedanken Groll, Neid, Wut, Hass und Bosheit zu hegen und gleichzeitig glücklich zu sein. Wir können nicht die Samen dieser negativen Emotionen säen und erwarten, eine Ernte einzufahren, die aus Lächeln und Lachen besteht. Niemand kann gleichzeitig glücklich und verbittert sein. Das ist eine einfache Tatsache.

Gottes Fürsorge wird dich tragen, damit auch du andere tragen kannst.

Das Geheimnis des Erfolges ist demzufolge die Fürsorge für andere. Sich um den anderen zu sorgen, hilft einem, selbst durchgetragen zu werden.

Mutter Teresa (1910–1997) war vermutlich eine der erstaunlichsten Frauen, die jemals gelebt hat. Sie entstammte einer albanischen Bauernfamilie aus Skopje, einem Ort, der heute die Hauptstadt der Republik Mazedonien ist. Sie wurde streng katholisch erzogen. Ihre Eltern nahmen sie immer mit zum Gottesdienst, wo sie zu einer lebendigen Begegnung mit Jesus Christus fand. Als Teenager fühlte sie sich berufen, in den vollzeitlichen Dienst zu gehen. So fasste sie den Entschluss, Nonne zu werden, und trat in einen Orden in Dublin ein. Eines Tages sprach dort ein Missionar über die große Not in Indien und wie sehr wichtig es sei, dass das indische Volk Jesus kennen lernte. Teresa meldete sich freiwillig und bekam eine Anstellung als Lehrerin an einer höheren Schule für bengalische Mädchen in Kalkutta.

Im Konvent in Kalkutta kam Teresa in den Genuss eines wunderschönen Quartiers. Sie war sehr gut untergebracht und ein hübscher Garten umgab ihre Unterkunft. Ihren Unterricht erteilte sie in einem sehr schönen und ansprechenden Klassenzimmer. Eines Tages musste sie jedoch mit dem Zug in die Elendsviertel der Stadt reisen. Als sie so alleine die Straßen entlangging – durch die Slums von Kalkutta –, sah sie etwas, das sie noch nie zuvor gesehen hatte. Sie sah, wie Menschen elend dahinsiechten und starben – und niemand nahm auch nur die geringste Notiz davon. Sie stellte Erkundigungen an und fand heraus, dass dies kein Ausnahmefall war. Niemand hatte Zeit für die Sterbenden. Es gab keinen Ort, an den sie gehen konnten. Die junge Nonne ließen diese schrecklichen Bilder nicht wieder los. Ihr wurde klar, dass Jesus Christus einen Plan für sie hatte: „Ich berufe dich, um den Ärmsten der Armen beizustehen. Ich berufe dich, nicht um den Lebenden zu dienen, sondern den Sterbenden."

Da sie fest davon überzeugt war, dass dies in Zukunft ihre Aufgabe sein würde, bat sie den Papst, sie von ihrem Gelübde zu entbinden, damit sie einen Schwesternorden gründen konnte. Es dauerte noch zwei Jahre, bis sie schließlich gehen konnte. Nun war sie nicht mehr länger Nonne, sondern aus dem Kloster entlassen – auf die Straßen von Kalkutta. Mit nur ein paar Münzen in der Tasche machte sie sich auf den Weg und zog die Straßen entlang. Man hatte ihr weder Nahrung noch Kleidung zugesichert. Sie war auf sich selbst gestellt. Und so betete sie: „Jesus, führ mich zu jemandem, der ganz alleine im Sterben liegt."

Zwei Häuserblocks entfernt sah sie auf der Hauptstraße eine alte Frau auf der Straße liegen. Ihr noch lebender Körper war bereits von den Ratten angefressen worden, die in der Gosse herumsprangen. Mutter Teresa zog die Frau zu sich hoch und zog sie im wahrsten Sinne des Wortes zum nächstgelegenen Krankenhaus. Doch dort verweigerte man die Aufnahme der Frau.

„Aber die Frau liegt doch im Sterben", klagte sie.

Doch man entgegnete ihr: „Auf den Straßen von Kalkutta sterben jeden Tag zig Menschen. Wir können sie nicht aufnehmen."

Teresa weigerte sich zu gehen, bis die Verantwortlichen die sterbende Frau aufnahmen. Sie war sich sicher: „Wenn es einen Gott im Himmel und einen Christus gibt, den wir lieben, sollte niemand alleine sterben."

Kurz darauf ging Teresa zur Stadtverwaltung und bat um einen Raum – „einen Ort, an dem ich ein Zuhause für die Sterbenden einrichten kann".

Die Behörden teilten ihr mit: „Ja, wir haben da dieses leer stehende Gebäude neben dem Hindutempel von Kali, wenn Ihnen das weiterhilft."

Sie erwiderte freudig: „Schön. Das wäre schön für Gott. Das ist alles, was ich im Leben tun möchte – etwas Schönes für Gott."

Zwei andere Ordensschwestern hörten von Teresas Projekt und halfen ihr, die Sterbenden von den Straßen in das Haus der Sterbenden zu ziehen. Ohne Medizin, ohne Geld, ohne die Unterstützung einer anderen Organisation. Sie taten, was sie konnten, und niemand starb dort, ohne dass man ihm zumindest liebevoll die Wange gestreichelt oder ein freundliches Wort gesagt hatte: „Wir lieben dich. Geh im Frieden mit Gott." Diese Menschen starben nicht mehr allein.

Teresa oder vielmehr Mutter Teresa, wie sie inzwischen genannt wurde, kam vermutlich dem Bild einer echten Heiligen auf dem Planeten Erde am nächsten. Sie gründete ihren eigenen Orden, den der „Missionarinnen der Nächstenliebe". Dieser ist inzwischen vom Papst anerkannt und ihm direkt unterstellt. Als er einmal nach Kalkutta kam, um sich ein Bild von der Arbeit dieser außergewöhnlichen Ex-Nonne zu machen, war er so beeindruckt, dass er ihr seine eigene teure Privatlimousine zum Geschenk machte. Sie warf einen Blick auf dieses große, luxuriöse Auto und sagte nur: „O danke!"

Und das Erste, was sie dann tat, war, eine Verlosung anzukündigen. Der Erlös floss in ihr Haus für die Sterbenden. Bis 1985 hatte der „Engel der Sterbenden" über 10 000 sterbende Leprakranke in ihrer Lepra-Kolonie begleitet. Ihre Kolonien haben in 28 Städten, in Ceylon und unter in London, Rom, Venezuela und Australien lebenden Indern Verbreitung gefunden. Sie und alle anderen Schwestern der „Missionarinnen der Nächstenliebe" haben das Gelübde völliger Armut abgelegt. Das Einzige, was sie besitzen dürfen, ist ein schlichter Baumwollsari und ein Paar Sandalen. Das nenne ich völlige Hingabe!

Malcom Muggeridge, der Mutter Teresa auf BBC interviewte und später in Kalkutta besuchte, erkundigte sich bei ihr: „Das, was mir an Ihnen und an den Hunderten von Schwestern auffiel, die zu Ihrem Team gehören, ist, dass Sie alle so glücklich aussehen. Ist das nur eine aufgesetzte Fröhlichkeit?"

Sie entgegnete: „O nein, nicht im geringsten. Nichts macht einen Menschen glücklicher, als wenn er jemandem, der so furchtbar leidet, in Barmherzigkeit die Hand entgegenstreckt."

„Glücklich sind die Barmherzigen, denn sie werden Barmherzigkeit erfahren."

Der Dienst an anderen hat seinen eigenen Lohn. Ein Rezept für ein Leben voller Freude lautet: „Sei gut, sei freundlich, sei selbstlos. Behandle andere so, wie du selbst von ihnen behandelt werden möchtest.

Wenn man möchte, dass sich gute, positive Dinge ereignen, muss man auch selbst positiv sein. Wenn man sich wünscht, dass die Menschen freundlich sind, muss man auch ihnen Freundlichkeit entgegenbringen. Wenn man von Menschen umgeben ist, die diesem Bild nicht entsprechen, dann sollte man versuchen, sie in gute Menschen zu verwandeln."

Wie kann man das tun? Indem man das Beste aus ihnen herausholt! Wie kann man das Beste aus ihnen herausholen? Indem man das Beste, was in ihnen steckt, anspricht! Erst wenn sie selbst anfangen zu glauben, dass sie nette Menschen sind, werden sie auch uns nett behandeln.

Ich muss immer noch an die junge Frau denken, die zu einem Beratungsgespräch zu mir kam. Sie beklagte sich: „Mein Mann macht mir nie Komplimente. Er kritisiert mich ständig! Egal, was ich tue oder wie hart ich arbeite, ich bekomme immer nur zu hören, was ich hätte besser machen können!"

Ich wies sie auf Folgendes hin: „Sie wissen vielleicht, dass Menschen, die extrem kritisch sind, oft unter einem geringen Selbstwertgefühl leiden. Kann es sein, dass Ihr Mann in dieser Beziehung Schwierigkeiten hat?"

Sie dachte einen Moment lang nach und meinte dann: „Ja, das kann sein."

„Dann, so glaube ich, können Sie ihm mit seinem angeknacksten Selbstwertgefühl und seiner Nörgelei dadurch helfen, dass Sie anfangen, *ihm* Komplimente zu machen."

„O! Daran habe ich noch nie gedacht!", rief sie aus. „Aber Sie haben Recht. Ich kann mich nicht mehr daran erinnern, wann ich ihm das letzte Mal ein Kompliment gemacht habe. Ich war so darauf bedacht, ein Kompliment von ihm zu bekommen, dass ich völlig vergessen habe, ein aufmunterndes Wort an ihn zu richten."

Wenn Sie Ihre Welt ändern wollen, verändern Sie sich selbst! Wie können Sie sich selbst ändern? Wie werden Sie zu einer so positiv denkenden Person? Ich kenne da nur einen Weg. Und der führt nicht über die Erziehung. Nicht über die Gesetzgebung. Sondern über den lebendigen Gott. Vertrauen Sie Jesus Christus Ihr Leben an. Lassen Sie ihn in Ihr Herz. Er kann Sie mit seiner Barmherzigkeit von Angst, Wut, Bitterkeit und Verletzungen befreien.

Doch wenn Sie anderen Menschen Barmherzigkeit entgegenbringen wollen, müssen Sie zunächst anfangen, mit sich selbst barmherzig umzugehen. Nehmen Sie sich selbst an, wie Sie sind, denn Sie sollten wissen, dass Christus dies auch tut! Wenn Ihnen allerdings ein tiefes Gefühl für Ihren eigenen Selbstwert und Ihre Selbstachtung fehlt, werden Sie oft Schwierigkeiten mit anderen Menschen haben. Sie werden nicht barmherzig mit ihnen sein. Sie werden unfreundlich zu ihnen sein. Sie werden sie kritisieren oder über sie tratschen. Sie werden zurückschlagen, bis Sie die Dinge, die in Ihrem Leben am wichtigsten sind, zerstört haben und alles um Sie herum zusammenbricht.

Selbstsucht macht aus dem Leben eine Last. Selbstlosigkeit macht aus der Last Leben.

Denken Sie einmal darüber nach! Was hält uns davon ab, zu anderen Menschen gnädig zu sein? Es sind der Groll, der Neid oder das Gefühl, das jemand für Sie eine Bedrohung darstellt. Wenn Sie mit der Bitterkeit und der Eifersucht oder Ihrer „Opferrolle" nicht fertig werden, dann müssen Sie Ihr Leben unter die Lupe nehmen, untersuchen, worauf Ihr negatives Selbstbild zurückzuführen ist, und etwas dagegen tun. Ihre negativen Reaktionen sind das Ergebnis Ihrer verborgenen Wunden, die geheilt werden müssen.

Heilung für verborgene Wunden

Haben Sie so Ihre Probleme mit dieser „Glücklich sind"-Aussage? Fällt es Ihnen schwer, barmherzig zu sein? Sind Sie sich selbst und anderen gegenüber zu kritisch? Wenn ja, dann sollten Sie Ihr Leben einmal unter die Lupe nehmen und mögliche verborgene Wunden von Gott heilen lassen. Der erste Schritt zur Heilung besteht in der Erkenntnis, dass Sie nicht der Einzige sind, der dieses Problem hat. Jeder wurde irgendwann von jemand anderem verletzt. Selbst Jesus,

Gottes Sohn, hatte Wunden. Man kann sie sogar genau zählen. Es waren sechs:

1. an den Knöcheln, durch die Nägel geschlagen waren,
2. an den Handgelenken, die ebenfalls von Nägeln durchbohrt waren,
3. an der Stirn, die von der Dornenkrone verletzt und voller Blut war,
4. an der Seite, die von einem Schwert aufgeschlitzt worden war,
5. am Rücken, der die Zeichen einer Auspeitschung trug.

Das sind bislang nur fünf äußerliche Wunden Jesu. Die sechste Wunde war nicht auf den ersten Blick zu sehen:

6. die Wunde in seinem Herzen, die durch den verräterischen Kuss eines seiner engsten Jünger verursacht worden war. Die verborgene Wunde war die schmerzlichste von allen.

Wir haben doch alle solche Wunden. Oder? Wir können unsere Wunden hinter einem Lächeln verstecken und auf der Hut sein, aber wenn wir unser Leben wirklich genau und ehrlich untersuchen und alles offen legen würden, würden wir entdecken, dass jeder seinen eigenen verborgenen Schmerz, sein ganz persönliches Leid – eine ganz isolierte, versteckte, unaufgedeckte Wunde – hat.

Die Gesellschaft fügt uns ebenfalls Wunden zu. Einige von uns sind vielleicht das Opfer rassistischer oder ethnischer Vorurteile oder einer anderen schmerzhaften Form von Diskriminierung wie Sexismus oder Altersdiskriminierung. Sie wissen sicher alle, wie weh es tut, wenn man über uns lacht, wenn man uns ignoriert und daran hindert, unsere (beruflichen) Träume zu realisieren, nur weil wir einer bestimmten Rasse, einem bestimmten Geschlecht oder einer Altersstufe angehören.

Manchmal fügen uns die Menschen, die uns am nächsten stehen, die tiefsten, schmerzlichsten Wunden zu. Einige von Ihnen hätten sicher Tränen in den Augen, wenn ich Sie auf eine bestimmte schlimme Erinnerung ansprechen würde – auf etwas, das Ihr Vater oder Ihre Mutter, Ihr Ehemann, Kind, Liebhaber, Arbeitgeber oder Freund Ihnen angetan hat.

Daneben gibt es noch Wunden, die wir uns selbst zufügen: Wir reagieren zu negativ auf bestimmte Umstände. Wir verletzen uns selbst, weil wir sie zu ernst nehmen. Wir interpretieren zu viel in das Tun anderer Menschen hinein und übertreiben ihre Ablehnung uns gegenüber.

Wodurch wurden die verborgenen Wunden, die Sie heute mit sich herumschleppen – jenes persönliche Leid, über das Sie nicht reden können –, verursacht? Mit welchen Waffen wurden sie Ihrem Herzen zugefügt? Schauen Sie auf die Wunden Jesu. Die äußeren Wundmale wurden ihm von Nägeln, einer Dornenkrone, einem Speer und einer Peitsche beigebracht. Aber seine verborgene Wunde rührte von einem Kuss her.

Die Waffen, die Sie verwundet haben, sind vermutlich fast ebenso alltäglich wie ein Kuss. Es sind Worte, Blicke, Körpersprache. Jemand hat Ihnen den Rücken zugekehrt, hat Ihre Geste der Liebe und Freundschaft nicht erwidert. Man hat Sie mit eisigem Schweigen empfangen. Hat Sie brüskiert. Man hat Sie übergangen. Sie haben keine Einladung erhalten. Sie wurden weggeschubst. Worte, Blicke, Taten – das sind die schrecklichen Waffen, die dem menschlichen Herzen Wunden zufügen.

Nun aber bleibt die Frage: Was tun wir mit diesen schwärenden Wunden? Wie gehen wir mit ihnen um?

Zunächst einmal sollten wir sie nicht hegen. Es gibt viele Menschen, die sich daran ergötzen, ihre versteckten Wunden zu pflegen. Sie können sich immer noch ganz genau daran erinnern, wie ihre Mutter sie behandelt hat. Wie ihr Vater sie behandelt hat. Wie ihr erster Mann oder ihre erste Frau sie behandelt hat. Und so sind sie 30 Jahre später immer noch von ihrer Wunde regelrecht besessen. Das ist jedoch eine neurotische, falsche Reaktion.

Sie sollten die Ihnen zugefügten Wunden auch nicht verfluchen. Lassen Sie es nicht zu, dass Ihre Wunden Sie zu einem verbitterten Menschen werden lassen. Lassen Sie nicht zu, dass etwa die Wut auf Gott oder die Person, die Sie so tief verletzt hat, Ihr Leben bestimmt! Verfluchen Sie Ihre inneren Verletzungen nicht! Und wiederholen Sie sie auch nicht. Lassen Sie sie nicht wieder aufleben! Versuchen Sie, sie zu vergeben und zu vergessen! Machen Sie sich bewusst, dass Sie Ihre Verletzungen nicht vergessen können, wenn Sie die ganze Zeit darüber reden. Henry Poppen, einer der bedeutendsten Männer im Führungsstab unserer Kirche, war 30 Jahre lang Pastor und auch Missionar in China. Er wurde während der Machtergreifung der Kommunisten monatelang in einer kleinen chinesischen Stadt gefangen gehalten. Er saß in Einzelhaft, und die Behandlung, die man ihm angedeihen ließ, war ganz entsetzlich. Diese Erfahrung war für ihn sehr tragisch, um nicht zu sagen schrecklich. Wie durch ein Wunder konnte er entkommen, während die meisten anderen Missionare an Ort und Stelle getötet wurden. Als er aus dem Gefängnis kam, war er ein emotional verwundeter, gebrochener Mann. Aber er fand Heilung für diese Wunde, als ein Arzt ihm den Rat gab: „Sprechen Sie nicht mehr darüber. Vergessen Sie es einfach." In Dr. Poppens Fall war dieser Ratschlag des Arztes genau das, was er brauchte. Seine Erinnerungen waren so trostlos, dass er sie nur noch stärker zu einem Teil seines Lebens gemacht hätte, wenn er sie immer wieder erzählt hätte.

Hegen und pflegen Sie Ihre Wunde nicht! Verfluchen Sie sie aber auch nicht! Lassen Sie die verletzende Erfahrung nicht immer wieder aufleben! Was sollen Sie aber mit Ihren verborgenen Wunden sonst tun? Verbinden Sie sie mit einem Leben des Dienstes.

Zu Beginn meiner Arbeit als Pastor hatte ich ein großes Problem mit einer bestimmten Person. Manchmal machte mich das so fertig, dass ich nicht wusste, wie ich damit umgehen sollte.

Meine Frau hatte in diesen Situationen immer eine Lösung parat. Sie sagte dann: „Ich glaube, du solltest rausgehen und Rosie Gray besuchen." Oder: „Ich glaube, du solltest Marie einen Besuch abstatten. Es ist erst ein Jahr her, seit ihr Mann starb."

Und so ging ich in die Krankenhäuser und besuchte unsere Gemeindemitglieder. Ich widmete mich als Pastor den Herzen der Menschen, die durch schwierige Lebensphasen gingen. Und man höre und staune: Meine eigenen kleinen Wehwehchen waren einfach wie weggeblasen.

Wie gehen Sie mit Ihren unsichtbaren Wunden um? Verhätscheln Sie sie nicht! Verdammen Sie sie nicht! Wiederholen Sie sie nicht! Verbinden Sie sie! Und schließlich: Verwandeln Sie sie! Verkehren Sie das Negative in das Positive, und zwar indem Sie durch Ihre Wunde in einen sensibleren, mitfühlenderen, aufmerksameren, bedachtsameren, barmherzigeren, gnädigen Menschen verwandelt werden.

Wenn Ihre Wunde so persönlich ist, dass Sie anderen nicht davon erzählen können, ohne den Betreffenden zu kritisieren oder fertig zu machen, dann müssen Sie im Stillen leiden – aber vor allem sollten Sie Gott vertrauen. Lassen Sie ihn Ihre verborgenen Wunden heilen!

Sie weilt nicht länger unter uns – unsere liebe „Schug". Eigentlich hieß sie Bernice Schug, aber unsere Kinder nannten sie einfach nur „Schug". Da die Familien von mir und meiner Frau im Mittleren Westen lebten, konnten unsere Kinder nicht viel Zeit mit ihren Großeltern verbringen.

Als wir Schug in der Gemeinde kennen lernten, war sie bereits verwitwet. Ihre eigenen Enkel lebten im nördlichen Teil von Kalifornien, sodass auch sie diese nicht so oft sehen konnte, wie sie eigentlich wollte. Und so blieb es nicht aus, dass Schug unsere kalifornische Großmutter wurde. Sie schüttete tonnenweise Liebe und selbst gebackene Mohnbrötchen an uns und unsere Kinder aus. Sie kümmerte sich um die ältesten Kinder, als meine Frau unsere letzten beiden zur Welt brachte. Sie aß mit uns zusammen. Sie sorgte für unsere Kinder. Und doch wusste keiner von uns, wie schrecklich ihre verborgene Wunde wirklich war.

Eines Tages kam Schug auf mich zu und meinte: „Bob, ich habe heute im Gemeindebrief gelesen, dass nächsten Sonntag ein Gastredner im Gottesdienst sprechen wird. Wie ich gelesen habe, ist der Gastredner ein ehemaliger Kamikazepilot."

O ja! Da dämmerte es mir. Schugs Sohn war im Zweiten Weltkrieg von einem Kamikazepiloten getötet worden.

„Ja, das stimmt, Schug. Dieser japanische Pilot wurde zum Kamikazeflieger ausgebildet und wäre auch als solcher gestorben, wenn der Krieg nicht zu Ende gegangen wäre. Aber er hat ein unwahrscheinlich bewegendes Zeugnis, wie er zum Glauben an Jesus gefunden hat."

„Das kann schon sein. Aber ich glaube nicht, dass ich an diesem Sonntag den Gottesdienst besuchen werde. Ich glaube nicht, dass ich das schaffe."

„Ich kann dich verstehen", entgegnete ich. „Ist schon in Ordnung, wenn du mal einen Sonntag Pause einlegst."

Am darauf folgenden Sonntag erzählte der japanische Pilot seine Geschichte. Seine Liebe und Dankbarkeit für Jesus strahlten nur so aus seinen dunklen Augen. Man konnte ihm die Zuneigung und Befreiung, die er erlebt hatte, förmlich abspüren. Sein Zeugnis war bewegend und sprach die Gottesdienstbesucher an. Als dieses Treffen zu

Ende war, ging einer unserer Pastoren mit ihm zusammen den Mittelgang zurück in den hinteren Teil der Gemeinde.

Als sie die letzte Kirchenbank erreichten, trat plötzlich eine ältere Frau auf sie zu. Sie stellte sich dem Kamikazepiloten entschlossen in den Weg und versperrte ihm den Ausgang. Sie schaute ihm direkt in die Augen und sagte: „Mein Sohn wurde im Krieg von einem Kamikazeflieger getötet!“ Es war Schug. Wir hielten alle den Atem an, als sie fortfuhr: „Gott hat Ihnen Ihre Sünden vergeben. Und heute Abend hat er mir meine vergeben.“

Sie schlang ihre Arme um den kleinen japanischen Piloten und drückte ihn und weinte heftig, als sie alle Bitterkeit und alle Wut losließ, die sie so lange Jahre mit sich herumgeschleppt hatte.

Sie konnte einem Kamikazeflieger vergeben, dessen Kamerad ihren Sohn getötet hatte? Unmöglich! Ja, für uns schon, aber für Gott nicht!

Wer könnte aber letztlich ein besserer Lehrer in Sachen Vergebung sein als Jesus Christus? Als er am Kreuz hing – brutal ausgepeitscht, mit einer Dornenkrone verhöhnt, von seinem Freund verraten und seinen Jüngern im Stich gelassen –, was sagte er da zu den Menschen, die ihn sterben sahen?

Er sagte: „Vater, *vergib ihnen!* Sie wissen nicht, was sie tun“ (Lukas 23,34; Hervorhebung des Autors).

Jesus ist ein Fachmann in Sachen Vergebung. Bitten Sie ihn, Ihnen falsche Verhaltens- und Denkweisen zu vergeben und Ihnen Heilung für Ihre verborgenen Wunden zu schenken!

Wenn Sie barmherzig sind, wird man auch Ihnen mit Barmherzigkeit begegnen. Wenn Sie barmherzig sind, wird Gott Sie von Ihren rachsüchtigen Gedanken befreien, die Sie auffressen und zermürben. Folgen Sie dem Beispiel Christi! Sie werden dann zu Ihrem großen Erstaunen entdecken, dass Gott einschreiten und Sie mit einem Ostermorgen segnen wird!

„Glücklich sind"-Aussage 6

„Ich möchte dem Glauben freien Raum in mir geben"

„Glücklich sind, die ein reines Herz haben; denn sie werden Gott sehen."

Sehnen Sie sich danach, Gott besser kennen zu lernen? Versuchen Sie, gegen Ihre Zweifel anzukämpfen? Möchten Sie einen stärkeren Glauben haben?

Sie stehen damit nicht allein!

Ich stehe schon lange genug im Dienst, um sagen zu können, dass selbst diejenigen, die schon als Kinder zum Glauben kamen, ab und an mit Zweifeln zu kämpfen haben. Viele hingegebene Christen gehen durch „Dürreperioden", in denen Gott ihnen fremd und weit entfernt erscheint. Darüber hinaus gibt es unzählige Menschen innerhalb und außerhalb der Kirche – sogar unter denen, die behaupten, Agnostiker oder Atheisten zu sein –, die wirklich glauben *wollen*, denen es aber irgendwie schwer fällt, einen starken Glauben zu entwickeln. Wenn Sie in solchen inneren Kämpfen stecken, mehr Glauben haben wollen, ihre Zweifel besiegen möchten, Gott in einer realen, persönlichen, lebensverändernden Weise kennen lernen wollen, dann gilt diese „Glücklich sind"-Aussage Ihnen! „Glücklich sind, die ein reines Herz haben", so sagte Jesus, „denn sie werden Gott sehen."

Aber was ist nötig, um ein „reines Herz" zu bekommen? Die vier folgenden Schritte haben sich dabei als sehr hilfreich erwiesen:

1. Schritt: Machen Sie sich schlau!
2. Schritt: Räumen Sie auf!
3. Schritt: Lassen Sie los!
4. Schritt: Nehmen Sie es in Angriff!

1. Schritt: Machen Sie sich schlau!

Nehmen wir einmal an, man brächte die klugsten Köpfe der ganzen Welt zusammen und stellte ihnen eine Frage: „Wie viele von Ihnen glauben an Gott?“, dann würden einige Hände in die Höhe gereckt werden. Andererseits würden aber auch viele Hände in die Höhe schießen, wenn man die Frage in den Raum stellen würde: „Wie viele von Ihnen glauben *nicht* an Gott?“

Teilte man die klügsten, gebildetsten Köpfe dieser Welt in „Gläubige“ und „Nichtgläubige“ ein, wären beide Gruppen sehr groß. Das liegt daran, dass der Glaube an Gott keine Frage der Intelligenz ist. Glaube ist weder ein Produkt des Intellektes noch ein Ergebnis von Ignoranz.

Glaube ist eine Frage des Instinktes. Selbst die Wissenschaft hat bestätigt, dass wir alle starke angeborene Instinkte haben. Ein aufschlussreiches Beispiel aus der jüngsten Forschung ist das Experiment von Dr. Maurice, einem Wissenschaftler, der sich eingehend mit den Verhaltensweisen des südafrikanischen Webervogels befasst hat. Dieser kleine imposante Vogel baut sein Nest aus Schilf und kleidet es mit Seidengras aus. Das Interessante daran ist, dass er etwas tut, das sonst kein Vogel tut: Er macht ein Loch in den Boden seines Nestes, durch das er hineinschlüpft. Der Eingang ist unten und das schützt ihn vor Schlangen.

Dr. Maurice wollte den Grad der Ausprägung eines solchen Naturtriebes untersuchen, nahm zwei Eier aus einem Nest eines Vogels in Südafrika und brachte diese außer Landes. Er ließ sie ausbrüten, bis Nachwuchs ausschlüpfte. Er zog die Vögel über vier, fünf Generationen erfolgreich in Käfigen groß. Keiner von ihnen bekam je ein Nest mit einer Öffnung im Boden zu sehen.

In der fünften Generation brachte Dr. Maurice dann die Webervögel zurück nach Südafrika und entließ sie in ihr natürliches Habitat. Die Vögel fanden Schilf und kleideten sofort ihre Nester mit Seidengras aus, sodass diese auch oben abgedichtet waren, und machten dann ein Loch in den Boden. Ist das nicht unglaublich?

Es gibt in der Anthropologie und der Naturwissenschaft Geheimnisse, die nur mit Instinkt zu erklären sind. Diese nichterlernten, natürlichen, instinktgeleiteten Verhaltensweisen sind sehr stark ausgeprägt.

Sie können ganze Bienenschwärme, Walherden, Lachsschwärme, Gänsescharen Tausende von Kilometern weit bringen. Diese Instinkte werden auch vererbt. Tiere, die mit besonderen instinktiven Trieben geboren wurden, behalten diese, solange ihre Spezies sich in ihrer natürlichen Umgebung befindet.

Jemand sagte einmal: „Wenn Gott sichergehen will, dass eine Wahrheit nie verloren geht, dann pflanzt er sie in den Instinkt." Weil Gott wollte, dass das Bedürfnis nach einer höheren Macht niemals verloren ging, pflanzte er es in die menschliche Brust. Das ist auch der Grund, warum die Menschheit während ihrer gesamten Geschichte hindurch vom Glauben an einen Gott angezogen wurde. Selbst die Aborigines – die Ureinwohner Australiens – und die Kopfjäger in Neuguinea glauben an einen Gott bzw. an Götter. Sie spüren den instinktiven Drang in ihrer Seele, etwas Größeres als sie selbst zu kennen und zu verehren.

Instinkt! Wie sonst lässt sich das Verhalten von Bill Murray, dem Sohn der militanten Atheistin Madelyn Murray O'Hare, erklären? Er wurde zum Atheisten erzogen und in diese Richtung indoktriniert. Er arbeitete jahrelang mit seiner Mutter zusammen. Und dennoch machte er eine lebensverändernde Erfahrung, die ihn veranlasste, an einen Gott zu glauben.

Wenn Sie Probleme mit dem Thema „Glauben" haben, machen Sie sich schlau! Erkennen Sie, dass Gott den Glauben in den Instinkt eines jeden gesunden Menschen eingepflanzt hat. Genauso wie ein gesunder Vogel instinktiv auf die Bäume fliegt, genauso wie ein gesunder Fisch im Wasser schwimmt, so neigt auch der gesunde Mensch dazu, spirituell zu sein und nach einem Gott zu fragen. Jedoch kommt es auch vor, dass der Mensch die ihm innewohnende Fähigkeit, an einen liebenden Gott zu glauben, verlieren kann, wenn er sich zu lange von einer positiven, Glauben stiftenden Umgebung entfernt hat – genauso wie die Tiere einige ihrer angeborenen Triebe verlieren, wenn sie aus ihrer natürlichen Lebenswelt herausgerissen werden. Deshalb ist es auch so wichtig, dass wir uns bewusst mit positiven, gläubigen, gesunden Menschen umgeben.

Religion ist ein Zeichen von Gesundheit. Skeptizismus ist ein Zeichen für Krankheit. Unglaube ist unnormal. Glaube ist normal. Denn der normale Mensch wird freudig den Glauben annehmen, der zynische Zweifler jedoch kann und wird erst dann glauben, wenn er von den negativen Erinnerungen geheilt ist, die ihn plagen und von seiner angeborenen Fähigkeit, Gott zu erkennen, abhalten.

Dr. Gerald Jampolsky, ein angesehener Psychiater, war 25 Jahre lang ein entschiedener Agnostiker. Dann änderte sich eines Tages sein Leben schlagartig – ohne jede Vorwarnung –, und er begann, an Gott zu glauben. Ich fragte ihn einmal bei einem Zusammentreffen: „Dr. Jampolsky, was haben Sie in den Jahren, bevor Sie sich Gott zuwandten, über die Menschen gedacht, die zur Kirche gingen?"

Er antwortete mir: „25 Jahre lang dachte ich, dass die Menschen, die in die Kirche gingen, beteten, an Gott glaubten, nicht normal seien. Ich dachte allen Ernstes, dass sie krank wären. Heute weiß ich, dass ich völlig falsch lag. Sie waren normal. Und ich war es nicht."

2. Schritt: Räumen Sie auf!

Wenn der erste Schritt hin zum Glauben darin besteht, sich schlau zu machen – zu erkennen, dass der Glaube instinktiv, normal und gesund ist –, dann besteht der zweite darin, mit negativen Emotionen aufzuräumen, die in unserem Leben den Glauben blockieren, ja behindern können und die uns davon abhalten, Gott zu „sehen".

Als meine Kinder noch klein waren, gab es beim Aufbau unserer Gemeinde einige turbulente Zeiten. Ich hatte viel Druck auszuhalten und viele schwere Lasten zu tragen. Und auch wenn ich weiterhin automatisch das tat, was man als Pastor, Ehemann und Vater eben so tut, war ich mit meinem Herzen nicht wirklich dabei. Ich war blockiert – durch Verzweiflung, Depression und Angst.

Wenn ich in dieser Zeit vom Büro nach Hause kam, setzte ich mich oft auf einen Stuhl, nahm die Zeitung zur Hand und überflog Spalte um Spalte, ohne wirklich aufzunehmen, was ich da eigentlich las.

Unser kleiner Sohn kam dann immer zu mir, redete mit mir, und ich antwortete immer: „Ja, Bobbie." Aber ich hörte ihm nicht wirklich zu.

Eines Tages gingen meine Frau und ich durch den Garten. Plötzlich erkannte ich: „Schatz, die Rosen blühen ja."

Zu meinem Erstaunen antwortete sie: „Das tun sie schon seit drei Monaten."

Erst als ich mich im Gebet an Gott wandte und ihn bat, mir meine

Ängste und Sorgen zu nehmen, konnte ich auch wieder seine Gegenwart und Nähe spüren. Er rührte mich an, und ich merkte, wie Angst und Verzweiflung wichen.

Nun kamen Friede, Freude und Hoffnung in mein Leben – auch wenn noch einige Probleme und Hindernisse vor mir lagen.

> *Im Angesicht der Hoffnung*
> *wird der Glaube geboren.*
> *Im Angesicht des Glaubens*
> *wird die Liebe*
> *zur Möglichkeit!*
> *Im Angesicht der Liebe*
> *geschehen Wunder!*

Als Gott mir begegnete und mich anrührte, wurden mir die Ohren geöffnet. Jetzt konnte ich wieder hören, was meine Familie mir sagen wollte. Meine Augen wurden mir geöffnet. Jetzt konnte ich wieder die Schönheit der Natur sehen, die Gott erschaffen hat. Ich konnte auch Lösungsmöglichkeiten für die übermächtigen Probleme erkennen, mit denen ich konfrontiert war.

Angst, Sorge, Druck, Stress, Frustration – all das kann uns für die wirkliche Welt um uns herum blind machen. Wenn wir jedoch diesen zweiten Schritt gehen, werden wir erkennen, dass eine emotionale Blockade uns davon abhält, uns der Nähe Gottes bewusst zu werden.

„Glücklich sind, die ein reines Herz haben; denn sie werden Gott sehen." Ich glaube, damit will Jesus uns lehren, dass wir fähig sein werden, Gott zu „sehen" und an ihn zu glauben, wenn wir emotional und geistlich gesund sind.

„Lieber Dr. Schuller,

ich muss Ihnen unbedingt schreiben und Sie wissen lassen, dass das, was Sie da gesagt haben, auf mein Leben und meine früheste Kindheit zutraf – all das, was Sie über den Grassamen gesagt haben, der aus einem Eimer geschleudert und unglücklicherweise in die Spalte eines Gehweges fiel und dort eingezwängt wurde; all das über den Samen, auf dem die Leute mit ihren Stiefeln herumtrampelten.

Ja, das war mein Leben.

Meine Eltern stammen aus gutem Hause. Geld und Ruhm waren ihr Gott. Da ich mir ihrer Liebe aber nie sicher war, konnte ich nie an einen liebenden Vater glauben. Und doch merkte ich, dass Christen glücklich waren. Und ich war es nicht. Ich wusste, dass meine Persönlichkeit Ecken und Kanten hatte.

Nachdem ich eines Tages Ihre Predigt gehört hatte, in der Sie davon sprachen, dass man Gott den ersten Platz, anderen den zweiten und sich selbst den dritten Platz einräumen sollte, vertraute ich Gott mein Leben an sowie alles, was ich besaß. Ich gab ihm mein Geld, meine Zeit, mich selbst und sagte: ‚Gott, ich möchte dir gehören, wenn du mir hilfst.'

Der darauf folgende Donnerstag war ein Gründonnerstag. Ich kam an einer kleinen Gemeinde vorbei, an der ein Schild hing: ‚Heute Abendmahl.' Ich ging hinein. Ich nahm das Abendmahl und bat Gott dabei, mich zu einem geistig gesunden Menschen zu machen, sodass ich an ihn glauben konnte. Von diesem Moment an änderte sich alles. Ich fühlte mich von allem Bösen gereinigt, das ich seit meiner Kindheit mit mir herumgeschleppt hatte. Ich kann Ihnen gar nicht sagen, wie froh und erleichtert ich bin."

Dann fügte die Verfasserin des Briefes noch einen sehr scharfsinnigen und analytisch tiefsinnigen Vermerk an: „P. S.: Es ist für den emotional angeschlagenen Menschen ein wahnsinniger Fortschritt, Gott zu vertrauen!"

Wie Recht sie doch hat! Für jemanden, der emotionale Probleme hat, ist es eine riesige Herausforderung, ein Mensch zu werden, der an Gott glaubt und ihm vertraut. Und so frage ich Sie jetzt:

- Kann es sein, dass bei Ihnen irgendwo im Unterbewussten eine Feindseligkeit gegenüber Ihrem Vater oder Ihrer Mutter schlummert?
- Kann es sein, dass Sie in Ihrem Unterbewusstsein negative Gefühle gegenüber Ihrer Familie, Ihren Freunden, Ihren Geschäftspartnern oder Konkurrenten hegen?
- Wurden Sie schon einmal von jemandem verletzt, der nie auf Sie zugekommen ist und sich bei Ihnen entschuldigt hat?
- Haben Sie ein Geheimnis, von dem Sie noch nie jemandem erzählt haben – über etwas, das sie getan haben, gerade tun oder im Begriff sind zu tun und das entweder ungesetzlich oder unmoralisch ist?
- Haben Sie sehr gelitten und getrauert und bleiben Ihre Gebete scheinbar unbeantwortet?

- Fühlen Sie sich anderen unterlegen, und fällt es Ihnen schwer, sich selbst zu lieben?

Es gäbe noch eine Unmenge anderer Fragen, die ich Ihnen an diesem Punkt stellen könnte. Doch im Grunde geht es mir um eines: Wenn Sie auch nur eine der Fragen mit „Ja“ beantwortet haben, sind Sie nicht völlig frei von negativen Emotionen. Und solange Sie noch negative Gefühle in sich tragen, sollten Sie auf der Hut sein: Schenken Sie Ihren Zweifeln keinen Glauben! Zweifel ist ein unbewusster Schutzmechanismus, der von einem unsicheren, schuldigen oder verängstigten Geist hervorgerufen wird, der uns davon abhält, an einen Gott zu glauben, der uns etwas abverlangen könnte, zu dem wir nicht bereit sind.

Negative Emotionen blockieren den Glauben, denn sie hindern uns daran, uns unserer Sehnsucht nach Gott zu stellen. Wie bei dem Übergewichtigen, der sich nicht auf die Badezimmerwaage stellen will, oder dem Hochverschuldeten, der den Briefkasten nicht öffnen will. Wenn wir eigentlich am meisten Hilfe benötigen, werden uns negative Emotionen davon abhalten, uns an den Einen zu wenden, der uns am ehesten helfen kann. Sie blockieren uns und hindern uns daran, Gottes Plan für unser Leben zu erkennen.

Nun wissen wir auch, warum Jesus einen so starken Glauben hatte! Jesus kannte Gott. Jesus hatte keine emotionale Blockade. Er hatte keine selbstsüchtigen Ambitionen. Er kannte keine Habsucht, keinen Neid, keinen Hass, kein Selbstmitleid, keine um sich selbst kreisende Weinerlichkeit. Er hatte ein „reines Herz“.

Wenn es also in Ihnen Dinge gibt wie Groll, Feindseligkeit, Schuld, Furcht oder Sorge – spüren Sie sie auf! Werden Sie sie los! Sie werden erstaunt sein, wie sehr Ihr Glaube gestärkt wird. Wie natürlich es Ihnen erscheinen wird, religiös zu sein – so natürlich und normal wie das Atmen.

Eine Geschichte, die ich einmal über Leonardo da Vinci gehört habe, hat bei mir einen bleibenden Eindruck hinterlassen. Man berichtet, dass der große und berühmte Künstler einmal Besuch von einigen Kindern bekam. Eines davon warf einen Stapel von Leinwänden um. Das verärgerte den Künstler, denn er arbeitete sehr ruhig und konzentriert. Er wurde zornig, warf seinen Pinsel weg und herrschte den kleinen Unglücksraben an, der weinend aus dem Atelier rannte.

Leonardo da Vinci war nun wieder allein und versuchte, seine Arbeit fortzusetzen. Er versuchte, das Gesicht Jesu zu zeichnen, aber es gelang ihm nicht. Seine Kreativität war blockiert.

Er legte seinen Pinsel zur Seite, ging hinaus und lief die Straßen und Gassen ab, bis er den kleinen Jungen gefunden hatte. Er sagte zu ihm: „Tut mir Leid, mein Sohn. Ich hätte nicht so barsch zu dir sein dürfen. Vergib mir, so wie Christus uns vergibt. Ich habe etwas viel Schlimmeres getan als du. Du hast nur die Leinwände umgeworfen. Ich aber habe in meinem Zorn den Strom Gottes in meinem Leben blockiert. Willst du mit mir zurückgehen?"

Er nahm den Jungen mit sich zurück ins Atelier. Sie lächelten, als das Angesicht Jesu ganz natürlich aus den Pinselstrichen des Meisters entstand. Dieses Gesicht war seither für Millionen von Menschen eine Inspiration.

Wenn Sie negative Gefühle in sich tragen, die Ihre Beziehung zu Gott behindern, räumen Sie auf! „Glücklich sind, die ein reines Herz haben; denn sie werden Gott sehen." Hier sind einige Hilfestellungen, die Sie unterstützen können:

- Denken Sie an den verborgenen Schmerz in Ihrer Vergangenheit. Beten Sie für denjenigen, der Ihnen diese Verletzung zugefügt hat, und vergeben Sie ihm. C. S. Lewis sagte einmal: „Wir alle sind uns darüber einig, dass Vergebung eine gute Sache ist, bis wir sie praktizieren müssen!"
- Denken Sie an jemanden, auf den Sie neidisch sind. Beten Sie dafür, dass es der betreffenden Person weiterhin gut geht.
- Denken Sie an jemanden, den Sie verletzt, betrogen, beschimpft, gekränkt, vor den Kopf gestoßen oder kritisiert haben. Rufen Sie ihn an! Laden Sie denjenigen zum Mittag- oder Abendessen ein! Bekennen Sie ihm Ihre unchristliche Haltung und bitten Sie ihn um Vergebung!
- Denken Sie an eine Sache, ein Projekt oder eine Person, die Sie vernachlässigt haben. Überraschen Sie sich und die anderen mit einem Ausbruch von Großzügigkeit! Geben Sie wirklich eine Menge – von sich selbst und Ihrer Kraft!
- Beten Sie ein völlig aufrichtiges Gebet! Zweifeln Sie noch an Gott? Bringen Sie das im Gebet vor Gott! Jesus liebt Sie immer noch,

auch wenn Sie nicht an ihn glauben können! (Gott ist ein echter Fachmann, wenn es darum geht, die Sünder zu lieben!).

Vielleicht haben Sie schon einmal die erstaunliche Geschichte des *Air Force*-Mitarbeiters gelesen, der heute noch lebt, weil in seinem Körper ein kompletter Blutaustausch vorgenommen wurde. Er war an Hepatitis erkrankt und seine Leber war fast nicht mehr funktionsfähig.

Die Ärzte zogen jede Blutzelle aus seinem Körper und ersetzten das Blut durch eine Kochsalzlösung. Sie setzten seine Körpertemperatur auf 29 °C herab. Der Mann war acht bis zehn Minuten lang praktisch gesehen klinisch tot. Dann spülten die Ärzte die Kochsalzlösung heraus und füllten die Arterien und Venen des Mannes mit neuem, gesundem Blut. Es grenzte schon an ein medizinisches Wunder: Das Leben eines Menschen war gerettet worden!

Jesus hat gesagt, dass wir von neuem geboren werden müssen, wenn wir Gott sehen wollen. Man könnte auch sagen, dass wir eine geistliche Bluttransfusion brauchen. Das alte, negative Blut wird herausgezogen, dann fließt der neue Geist Jesu Christi wie neues Blut durch unser gesamtes Nervensystem und unseren Geist und wir werden zu einem erneuerten Menschen. „Gehört jemand zu Christus, dann ist er ein neuer Mensch“ (2. Korinther 5,17). Durch den Heiligen Geist empfangen wir in jeder Zelle „neues geistliches Blut“. Wenn schon Ärzte einem Mitarbeiter der Luftwaffe neues Leben schenken können, was kann dann Gott erst in unserem Inneren vollbringen!

Sehnen Sie sich nach einer lebensverändernden Begegnung mit Gott? Dann räumen Sie in Ihrem Leben auf! Lassen Sie Christi Gnade Ihr Versagen und Ihre Fehler wegwaschen! Nehmen Sie die Vergebung Jesu an! Lassen Sie ihn die negativen, emotionalen Blockaden ausräumen!

3. Schritt: Lassen Sie los!

Möchten Sie eine lebensverändernde Begegnung mit Gott erfahren? Dann machen Sie sich schlau! Erkennen Sie, dass es ein normaler Instinkt ist, spirituell zu sein. Räumen Sie auch in Ihrem Leben auf! Lassen Sie Ihr Versagen, Ihre Fehler und negativen Emotionen durch

Christi Gnade wegwaschen! Und drittens: Lassen Sie los! Alles, was Sie behindert! Vielleicht gibt es da etwas in Ihrem Leben, das Sie mit Gottes Hilfe aufgeben müssen?! Vielleicht ist es etwas, das einem echten Glauben entgegensteht?! Dann lösen Sie sich davon! Wenn Sie zwischen dem Leben und einer schlechten Gewohnheit wählen müssen, dann wählen Sie das Leben!

Vor vielen Jahren nahm ich die Trauung eines Hollywood-Schauspielers – Glenn Ford – vor. Bis die Hochzeitsfeierlichkeiten begannen, unterhielten wir uns noch in seinem Haus: Glenn Ford, sein Trauzeuge William Holden, Frank Sinatra, James Stewart, John Wayne und meine Wenigkeit.

„Sie sollten mit dem Rauchen aufhören", meinte John Wayne zu Frank Sinatra, der ihn angrinste.

Bevor dieser antworten konnte, fragte James Stewart auch schon John Wayne: „Wann hast du das Rauchen eingestellt?"

Seine Antwort werde ich nie vergessen: „Als ich beschloss, dass es wichtiger ist, zu leben, als zu rauchen."

Wir können die Kraft finden, auf etwas zu verzichten, wenn es etwas bedroht, das uns kostbar und wertvoll ist – so wie das Leben.

Dr. Kenneth Cooper, der Bestsellerautor und Begründer eines weltbekannten Fitnesscenters in Dallas/Texas, ist eine Koryphäe auf dem Gebiet der Fitness und Gesundheit. Wir haben es ihm zu verdanken, dass der Begriff „Aerobic" in aller Munde ist und von so vielen Menschen praktiziert wird. Meines Erachtens leistet Dr. Cooper mehr als sonst jemand einen entscheidenden Beitrag zur körperlichen Fitnessbewegung unserer Zeit. Vor einigen Jahren befragte ich ihn anlässlich eines Interviews für meine Sendung *Hour of Power*. Im Folgenden gebe ich den Dialog wieder, den wir über negative Gewohnheiten führten und darüber, wie man mit diesen brechen kann:

K. C.: „In unserem Land gibt es über 50 Millionen übergewichtige Menschen mit insgesamt einer Milliarde Pfund Körpermasse über dem Idealgewicht. Ich hoffe, dass wir mit einer solchen Statistik nicht in Grund und Boden versinken. Für unsere übergewichtige Gesellschaft war es ein Armutszeugnis, als vor einigen Jahren das Yankee-Stadion renoviert werden musste. Die Sitzplatzkapazität musste um 9 000 Plätze reduziert werden, da das Stadion nicht erweitert werden konnte, die Breite jedes Sitzes jedoch von 50 auf 54 Zentimeter vergrößert werden musste – um für den Allerwertesten des modernen Amerikaners genügend Platz zu schaffen. Es gibt einfach sehr viele Fettleibige in unserem Lande."

R. S.: „Wollen Sie damit sagen, dass wir mehr Sport treiben und unseren Essenskonsum einschränken müssen?"

K. C.: „Auf jeden Fall! Die Dickleibigkeit greift in unserem Land nämlich immer mehr um sich. Und sie bringt einige unliebsame Begleiterscheinungen mit sich – von Bluthochdruck über Diabetes bis hin zu Herzerkrankungen und sogar Depressionen."

R. S.: (Eigenlob stinkt zwar, aber …) „Vor einigen Jahren habe ich meine Ernährung umgestellt. Ich lasse seither Weißbrot, Plätzchen und Zucker weg. Ich nehme zum Nachtisch nur frisches Obst zu mir."

K. C.: „Bob, Sie tun sich damit selbst ohne Frage sehr viel Gutes. Wir schlagen eine cholesterinarme Ernährung vor und empfehlen, den Verzehr von Süßigkeiten einzuschränken und sich auf natürliche Nahrungsmittel zu beschränken: auf frisches Obst und Gemüse und mageres Fleisch. Das sollten wir als Amerikaner besonders im Blick haben. In unserem Aerobic-Zentrum weisen wir die Leute darauf hin, dass sie zuerst einen Arzt konsultieren und die Blutwerte überprüfen lassen, um den Cholesterinspiegel, die Triglyceride und die Blutzuckerwerte zu bestimmen. Davon ausgehend können sie sich dann von ihm genauere Empfehlungen geben lassen, wie sie ihre Ernährung umstellen und ihr Gewicht reduzieren können."

R. S.: „Haben Sie nicht auch schwere Bedenken gegenüber dem Rauchen?"

K. C.: „Unbedingt! Die größte Gesundheitsgefährdung, die wir heute in Amerika kennen, ist das Zigarettenrauchen. Ich möchte hier nur ganz kurz auf die Statistiken eingehen: Wenn Sie mehr als eine Schachtel Zigaretten am Tag rauchen, ist das Risiko, dass Sie an einem Herzanfall sterben, dreimal so hoch wie bei einem Nichtraucher oder Zigarettenraucher, der das Rauchen aufgegeben hat. Aber das Erstaunliche daran ist:

Wenn ein Zigarettenraucher aufhört zu rauchen, kann er innerhalb einer kurzen Zeitspanne von sechs Monaten wieder in die Niedrig-Risiko-Gruppe für Herzgefährdete zurückfallen. Deshalb glaube ich auch fest daran, dass die entscheidende Verbesserung bei der Gesundheit unseres Volkes in den letzten 15 bis 20 Jahren entscheidend darauf zurückzuführen ist, dass seit 1964 30 Millionen Menschen aufgehört haben, Zigaretten zu rauchen."

R. S.: „Zigaretten sind ja, so heißt es landläufig, ‚Sargnägel'!"

K. C.: „Das sind sie auch! Denken wir nur daran, dass jüngste Studien belegen, dass sich mit jeder Zigarette, die wir rauchen, das Risiko, an Lungenkrebs zu erkranken, prozentual erhöht. Wenn Sie zum Beispiel fünf Zigaretten am Tag rauchen würden, gehen Sie ein fünfmal höheres Risiko ein, an Lungenkrebs zu sterben. Wenn Sie 30 Zigaretten am Tag rauchen, ist die Wahrscheinlichkeit, an Lungenkrebs zu erkranken, 30-mal so hoch wie beim Nichtraucher. Die statistischen Wahrscheinlichkeitswerte gehen entsprechend in die Höhe."

R. S.: „Aber wie kann man das Rauchen aufgeben? Wie kann man sein Gewicht reduzieren?"

K. C.: „Als Allererstes empfehle ich, dass Sie mit einem sportlichen Übungsprogramm beginnen. Dadurch bekommen Sie eine Disziplin, die Sie vorher nicht hatten. Mit Gott ist alles möglich. Einige schaffen es auf eigene Faust. Aber andere wiederum schaffen es nur, wenn sie Gott um Hilfe bitten."

„Glücklich sind, die ein reines Herz haben; denn sie werden Gott sehen." Es ist immer ratsam, etwas aufzugeben, von dem Sie glauben, dass es Ihrer Beziehung zu Gott im Wege steht.

Ich kann Ihnen nur aus eigener Erfahrung berichten, dass die Zeiten, in denen ich mich Gott am nächsten gefühlt habe, die Zeiten waren, in denen ich etwas aufgab, das mir sehr am Herzen lag. Und diese Erfahrung bestätigt meiner Meinung nach auch die Worte der Bibel: „Wer mir nachfolgen will, darf nicht mehr sich selbst in den Mittelpunkt stellen, sondern muss sein Kreuz täglich auf sich nehmen und mir nachfolgen" (Lukas 9,23).

Vor kurzem habe ich – mit dem Einverständnis meines Arztes

– eine einwöchige Fastenkur begonnen. Sechs Tage lang nahm ich keine feste Nahrung zu mir. In dieser Zeit fühlte ich mich zwar manchmal sehr hungrig, aber ich fühlte mich auch Jesus Christus besonders nahe.

Ich erinnere mich noch daran, wie ich Gott das erste Mal den Zehnten gab – zehn Prozent meines Einkommens. Das war ganz schön hart! Ich musste etwas aufgeben, aber ich fühlte mich Gott näher.

Vor Jahren rauchte ich selbst auch noch. In der Gemeinschaft, in der ich aufgewachsen bin, gab es keine Einwände und Vorurteile gegenüber dem Rauchen. Im Gegenteil, während meiner Kindheit rauchten alle guten Prediger Zigarren oder Pfeifen. Und doch kam ich für mich zu der Überzeugung, dass es nicht richtig war zu rauchen. Und so gab ich diese Gewohnheit auf. Das war nicht leicht, aber als ich damit aufgehört hatte, fühlte ich mich großartig.

So gehören also beispielsweise Fasten, den Zehnten geben und das Aufgeben des Rauchens zu den Dingen, bei denen wir mit Gottes Hilfe etwas Schwieriges tun und dies auch meistern. Für mich stellten sie ein Abenteuer dar – ein Wagnis, im Glauben vorwärts zu gehen und Gott die Gelegenheit zu geben, sich mir zu zeigen. Und das tat er auch!

Was ich damit allerdings *nicht* sagen will: Sie müssen nicht erst das Rauchen aufgeben oder abnehmen, bevor Sie „Gott sehen“ können.

Was ich damit andeuten will, ist Folgendes: Ein „reines Herz“ zu bekommen, kann bedeuten, dass Sie auf etwas verzichten müssen, das Ihnen sehr lieb ist. Das kann das Geld sein. Das kann das Rauchen sein. Das kann das übermäßige Essen sein. Das kann der Alkohol oder können Sucht erzeugende Drogen sein. Das kann der außereheliche Sex sein. Ich weiß nicht, was Ihre Beziehung zu Gott konkret beeinträchtigt. Und ich will es auch gar nicht wissen. Das geht nur Sie und Gott etwas an. Aber lassen Sie sich doch einmal auf ein geistliches Abenteuer ein, und Sie werden sehen, dass Sie Gott dabei erfahren! Viele Menschen machen nur wenige Glaubenserfahrungen, und der Grund dafür ist einfach: Sie haben Angst davor, sich mit Gott zu sehr aus dem Fenster zu lehnen. Machen Sie doch die Probe aufs Exempel!

4. Schritt: Nehmen Sie es in Angriff!

Dr. Cooper empfiehlt, als ersten Schritt zur Verbesserung der Gesundheit mit einem sportlichen Übungsprogramm zu beginnen. Das gleiche Prinzip trifft auch auf unseren geistlichen Weg zu. Um reinen Herzens sein zu können, müssen wir nicht nur etwas loslassen, wir müssen auch etwas aufgreifen:

- einen Traum,
- ein Projekt,
- Gottes Ruf, etwas Großes zu tun!

Was heißt denn ein „reines Herz zu haben" überhaupt? Heißt es, dass wir sündlos sein sollen? Sicherlich nicht. Wäre das damit gemeint gewesen, hätte Jesus uns mit einer Aufgabe betraut, die von vornherein zum Scheitern verurteilt gewesen wäre. Ich bin nicht sündlos. Sie sind nicht sündlos. Keiner von uns ist völlig ohne Schuld.

Wenn Jesus nicht von uns verlangt, ohne Sünden zu sein, was meint er aber dann damit, wenn er sagt: „Glücklich sind, die ein reines Herz haben; denn sie werden Gott sehen"?

Man kann ohne etwas leben … wenn man einen hat, für den man lebt!

Wie ich bereits in einem der früheren Kapitel erwähnt habe, ist ein reines Feld kein Feld, das nur umgepflügt wurde, damit es frei von Unkraut wäre. Nein, ein reines Feld ist ein produktives Feld – eines, auf dem Mais oder Weizen angebaut werden.

Das Gleiche gilt für unser Leben. Wir können an Gott glauben. Wir können ihn sehen. Wir können seine Sichtweise, seine Vision für unser Leben aufgreifen. Wir können spüren, wie sein Geist in unserem Leben wirkt, wenn wir …

- uns schlau machen,
- aufräumen,
- loslassen – und schließlich
- Gottes Ruf aufgreifen, etwas Großes für ihn zu tun.

Es gibt eine lohnenswerte Sache – die Sache Christi in unserer heutigen Welt. Gott lebt. Und Christus lebt. Und es gibt Millionen, die ihn erlebt haben. Wenn Sie ihn noch nicht gefunden haben, dann steht Ihnen das größte Erlebnis Ihres Lebens noch bevor. Und diese Sache, diese lohnenswerte Sache, diesen Grund zu leben möchte ich Ihnen nahe bringen.

Greifen Sie eine „Sache", den „einen Grund" auf. Dann fällt es Ihnen nicht schwer, „Dinge" loszulassen.

Da ist das jung vermählte Paar, das in einem kleinen, billigen Apartment lebt. Es ist glücklich. Warum? Weil es eine feste Grundlage hat – seine neue eheliche Liebe.

Da ist der Künstler. Er lebt schlecht ernährt, schlecht gekleidet in einer muffigen Mansarde. Aber er ist glücklich! Warum? Weil er einen Grund hat zu leben – seine Kunst. Er braucht nicht viele materielle Dinge.

Da ist der zerstreute Professor, der in ausgebeulten Hosen vor seine Studenten tritt – mit unrasiertem Gesicht und ohne Krawatte. Er ist nicht an teuren Anzügen interessiert. Er geht in einer Sache auf – in seiner Forschungsarbeit und seinen Studien.

Man kann auch gut auf sehr vieles verzichten, wenn man etwas Größeres hat, wofür man lebt. Jesus sagte: „Sorgt euch vor allem um Gottes neue Welt und lebt nach Gottes Willen! Dann wird er euch mit allem anderen versorgen" (Matthäus 6,33).

Möchten Sie Gott wirklich erleben? Machen Sie sich schlau! Räumen Sie in Ihrem Leben auf! Lassen Sie los! Und nehmen Sie das Kreuz Jesu Christi auf sich! Gott bietet Ihnen einen Grund, einen Sinn, eine Sache an – die Sache Christi. Jesus braucht Sie!

„Christus hat keine Hände,
er hat nur deine Hände für sein Werk heute.
Christus hat keine Füße,
er hat nur unsere Füße, um die Menschen auf seinen Wegen zu führen.
Christus hat keine Lippen,
er hat nur unsere Lippen, um den Menschen zu sagen, wie er starb.
Christus hat keine Mittel,
er hat nur unsere Hilfe, um die Menschen zu sich zu führen."

(vermutlich nach Franz von Assisi)

So einfach ist das. Haben Sie ihm Ihr Herz geöffnet? Vielleicht sind Sie Christ und haben Christus schon in Ihr Leben aufgenommen. Aber Gott ist Ihnen nicht real genug. Sie erleben ihn nicht. Vielleicht gibt es ja da in Ihrem Herzen etwas, das gereinigt werden muss. Oder vielleicht müssen Sie etwas loslassen oder etwas aufgreifen?!

Ich habe bereits von Mutter Teresa gesprochen. Sie verließ den Schutz und die Sicherheit ihres Konventes nur mit ein paar Rupien in der Tasche. Sie ging hinaus in das ärmste Viertel dieser riesigen Stadt Kalkutta. Dort fand sie eine Frau, die bei lebendigem Leibe von den Ratten angenagt wurde. Sie schleppte diese Frau in ein Krankenhaus, und das war der Beginn ihres großen Lebenswerks. Von da an widmete sie sich ganz der Aufgabe, den Ärmsten der Armen zu helfen. Die, die ihr begegneten, sagen, sie hätte ein strahlendes, von Gott erleuchtetes Gesicht gehabt. Wen wundert's … Hören Sie, was sie zu sagen hat!

Sie schreibt: „Freude. Freude ist Gebet. Freude ist Stärke. Freude ist Liebe. Gott liebt einen freudigen Geber. Der gibt am meisten, der Freude gibt. Der beste Weg, Gott meine Dankbarkeit zu erweisen, ist der, alles – mit Freude – zu akzeptieren, selbst meine Probleme. Ein freudiges Herz ist das normale Ergebnis eines Herzens, das vor Liebe brennt. Lass nie zu, dass etwas dich so mit Traurigkeit erfüllt, dass du auch nur einen Moment lang die Freude des auferstandenen Christus vergessen könntest."

Sie fährt fort: „Wir sehnen uns alle nach dem Himmel, in dem Gott ist. Es steht in unserer Macht, jetzt schon, gerade in diesem Augenblick, mit Gott im Himmel zu sein. Aber zu Hause bei Gott zu sein, bedeutet, die Unliebsamen zu lieben, wie er es tut, den Hilflosen zu helfen, wie er es tut, denen in Not zu geben, wie er gibt, den Einsamen zu dienen, wie er dient, die Verlorenen zu retten, wie er rettet. Das ist mein Christus. Das ist der Weg meines Lebens."

Gott ist so real. Er wird auch für Sie Wirklichkeit, wenn Sie Christus in Ihr Herz lassen. Machen Sie sich das Ziel von Mutter Teresa zu Eigen, „etwas Schönes für Gott zu tun". Sehen Sie sich um! Helfen Sie jetzt jemandem, der verletzt ist! Tun Sie es um Christi willen!

Wünschen Sie sich eine lebensverändernde Erfahrung mit Gott? Einen dynamischen Glauben? Fragen Sie sich, wie Sie ihn bekommen können? Dann bitten Sie Gott, Ihr Leben in seine Hand zu nehmen, es umzugestalten und die unbewussten, negativen Erinnerungen, die Sie hemmen, zu heilen. Bitten Sie Jesus Christus, Ihnen auch Ihre verborgenen Sünden zu vergeben. Bitten Sie ihn, Ihr Leben von nun an zu führen, Ihnen zu zeigen, wie Sie an etwas Schönem für Gott teilhaben können! Denn Glaube, wenn er mit guten Werken gepaart ist, bewirkt, dass Gott in Ihnen lebendig wird.

Betrachten Sie einen Füllfederhalter! Die Tinte fließt durch ihn hindurch und bildet Wörter – er eröffnet den Weg für Kommunikation. Wenn Sie ihm heute Ihr Leben anvertrauen, kann er durch Sie hindurchfließen. Er kann Ihr Herz heilen. Kann Sie gerecht machen. Er kann den Müll aus Ihrem Leben entfernen. Er kann ihn durch einen heiligen Traum ersetzen. Sie werden sehen, dass der brennende Wunsch, der vereinnahmende Traum, das starke Gefühl – ja, alle Ihre inneren Triebkräfte – das Leben sind, das Gott nun in Ihrer Seele hervorbringt und mit dem er sie durchflutet. Ihr Traum verweist darauf, dass Gott in Ihnen ist!

Das eigene Leben zur Verfügung zu stellen, ist eine Entscheidung! Und beschließen Sie doch auch, eine positive Geisteshaltung einzunehmen – eine „Glücklich sind“-Haltung – und dem Glauben in sich freien Raum zu geben!

„Glücklich sind"-Aussage 7

„Ich möchte Brücken bauen"

„Glücklich sind, die Frieden stiften,
denn Gott wird sie seine Kinder nennen."

Wie soll man sich an Sie erinnern?

Welchen Ruf möchten Sie einmal haben? Welche Art von Image wünschen Sie sich? Welche Worte sollen einmal auf Ihrem Grabstein stehen?

Liegt Ihnen etwas am Gerede anderer Menschen? Viele behaupten ja: „Mir ist ganz egal, was die Leute sagen."

Andere sagen : „Ich halte es für gefährlich, Fragen wie diese aufzuwerfen. Das könnte mich dazu verleiten, mich zu sehr um mich selbst zu drehen."

Aber bedenken Sie doch einmal Folgendes: Diese Fragen können genauso gut auch ein Gedankenanstoß und eine Motivation zum Positiven sein, wenn Sie ein wirklich bewundernswerter Mensch werden wollen! Ich glaube, dass Jesus in der siebten Seligpreisung auf eine Sache hinweisen will: dass uns das Glück nämlich dann begegnet, wenn wir uns aus den richtigen Beweggründen heraus um unseren Ruf sorgen. Wenn wir uns bemühen, so zu leben, dass man uns gleich als „Kinder Gottes" erkennt.

„Glücklich sind, die Frieden stiften, denn Gott wird sie seine Kinder nennen." Das ist eine ganz besondere Aussage – mit einer zielgerichteten Hoffnung und der Anleitung, wie dieses konkret erreicht werden kann.

Die Hoffnung

Die Hoffnung, die in dieser siebten Seligpreisung anklingt, besteht darin, einen Ruf zu erwerben, der unser Bedürfnis nach Selbstachtung, Selbstsicherheit und Selbstwert nährt. Worum geht es im eigentlichen Kern der Selbstachtung? Es geht darum, dass ich weiß, dass ich mein Bestes getan habe und als ein Kind Gottes anerkannt und geehrt bin.

„Was denken die Menschen von mir?“ Unsere Antwort auf diese menschliche Frage ist äußerst wichtig. Viele denken in diesem Zusammenhang nämlich nur daran, wie sie „beliebt“ werden können:

- Wenn junge Leute nach Popularität streben, „schwimmen sie gerne mit dem Strom der Masse“.
- Erwachsene versuchen, Popularität zu erreichen, indem sie materielle „Trophäen“ anhäufen: indem sie versuchen, denselben Lebensstandard zu erreichen wie ihre Nachbarn, die richtigen Clubs zu besuchen, sich so zu kleiden, dass ihnen die soziale Anerkennung sicher ist – und durch viele andere gesellschaftliche Zeichen, die zu zahlreich und zu komplex wären, um hier alle genannt zu werden.

Aber es geht mir an dieser Stelle eigentlich weniger um Popularität – zumindest nicht um diese Art von Beliebtheit. Sie werden durch diese Art von Popularität sicher kein ganzheitliches und gesundes Selbstwertgefühl bekommen, außer, sie können sich einen ehrbaren Ruf bewahren. Der junge Mensch, der der Versuchung widersteht, Drogen zu nehmen, fühlt sich siegreich. Er hat einen Sieg errungen! Er hat sich als der Stärkere erwiesen! Er fühlt sich wohl in seiner Haut. Und so jemand wird sich schließlich einen guten Ruf aufbauen.

Hier geht es aber nicht darum, populär oder beliebt zu werden, sondern darum, weithin als wunderbarer Mensch anerkannt zu werden – als Kind Gottes!

- Wir sollten also nicht die Haltung einnehmen: „Es ist mir ganz egal, was die Leute sagen.“
- Wir sollten auch nicht die Haltung einnehmen: „Ich will um jeden Preis beliebt sein.“
- Unsere Haltung – unsere „Glücklich sind“-Haltung – sollte sein: „Ich werde mich darum bemühen, so zu leben, dass man sieht, ich bin ein Kind Gottes.“

Wie wird diese Hoffnung konkret?

Wie erwerben wir den Ruf, ein wunderbares Kind Gottes zu sein?

Die siebte Seligpreisung gibt uns einen Weg vor: „Glücklich sind, die Frieden stiften, denn Gott wird sie seine Kinder nennen."

Am Morgen meiner Ordination zum Pastor schlug ich in meiner Zeit mit Gott meine Bibel auf. Und der folgende Vers sprach mich sofort an: „Man nennt euch dann ‚das Volk, das die Lücken der Stadtmauer schließt' und ‚Volk, das die Ruinen bewohnbar macht'" (Jesaja 58,12). Ich nahm diesen Bibelvers als Aufforderung, eine friedliche Lösung für alle Konflikte herbeizuführen, mit denen ich konfrontiert werden würde. Und so war die Schaffung und Stiftung von Frieden eines der erklärten und vorrangigen Ziele meines Dienstes.

Ich glaube, dass jeder von uns dazu berufen ist, sich als Friedensstifter zu versuchen. Und ein Friedensstifter zu sein kann eine äußerst lohnenswerte Sache sein. Mitzuhelfen, dorthin Frieden zu bringen, wo Spannungen, Konflikte und Unmut herrschen, verschafft einem Menschen eine gesunde Befriedigung sowie Selbstachtung und Selbstwert.

Aber es kann auch gefährlich sein, als Friedensstifter zu wirken. Die Rolle eines Vermittlers zu spielen kann sehr aufreibend und kostspielig sein. Einige Mitglieder unserer Gemeinde sind Polizeibeamte. Sie haben mir schon oft bestätigt, dass es eine der schwierigsten Aufgaben ist, einen häuslichen Streit zu schlichten – eine Auseinandersetzung zwischen Ehemann und Ehefrau. In einer solch angespannten Situation kommt es durchaus auch vor, dass der Vermittelnde erschossen wird.

Streit zu schlichten und Frieden zu stiften, kann eine schwierige Aufgabe sein und ist doch unglaublich wichtig. Der Botschafter Max Kampelman, der bei früheren Abrüstungsverhandlungen eine zentrale Rolle spielte, zitierte einmal einen Ausspruch von Senator Hubert Humphrey zu diesem Thema: „Zwischen Konfliktparteien zu vermitteln, ist so schwierig, wie einen Fluss über rutschige Felsen zu überqueren … Es ist riskant, aber es ist der einzige Weg, ans andere Ufer zu gelangen."

Es ist gefährlich, ein Friedensstifter zu sein. Es ist eine glitschige Angelegenheit. Man kann ausrutschen und sich dabei das Genick brechen. Man kann ertrinken. Aber es ist der einzige Weg, um auf die andere Seite zu kommen. Es ist riskant, die Rolle des Vermittlers zu übernehmen. Aber es ist auch notwendig, wenn man die Lücken zumauern und die Ruinen wieder bewohnbar machen will.

Lücken zumauern? Ruinen bewohnbar machen?

Wir sehen überall in unserer Umgebung Lücken. In den Familien. Zwischen Arbeitnehmern und Arbeitgebern. Zwischen Nationen. Zwischen politischen Parteien.

Schon manch einer hat mich angesprochen: „Mr. Schuller, warum beziehen Sie nie Position zu kontroversen politischen Streitfragen?"

Zweifellos ist nichts dabei, einen bestimmten politischen Standpunkt einzunehmen! Aber ich habe mich immer vor allem dazu berufen gefühlt, bei politischen Problemen zu versuchen, die Gräben zu überwinden und Ruinen wieder aufzubauen. Ich versuche, Menschen dabei zu helfen, sich gemeinsam an einen Tisch zu setzen und ihre Konflikte zu lösen.

Mit Sicherheit gibt es viele verschiedene Wege, Konflikte zu lösen. Wie zum Beispiel bei Helga und Henry, einem schwedischen Paar. Sie waren schon fast 60 Jahre verheiratet und stritten sich wie Hund und Katze. Und das an jedem Tag ihrer Ehe. Schließlich nahte sich ihr 60. Hochzeitstag. Helga und Henry begannen den Morgen mit einer heftigen Auseinandersetzung – und dann stritten sie sich den lieben langen Tag.

Am Ende des Tages sagte Helga zu ihrem Mann: „Henry, ich glaube, wenn wir heute Abend beten, sollten wir lieber um Frieden bitten. Wir bekriegen uns jetzt schon 60 Jahre lang. Gott gebe uns Frieden! … Ich glaube, heute Abend bete ich einmal dafür, dass Gott dich heimholt und ich bei meiner Schwester Olga leben kann."

Das ist aber vermutlich nicht die Art und Weise, wie wir mit einem Konflikt umgehen sollten. Die meisten Konflikte werden auf die eine oder andere Weise gelöst. Aber wir sollten darum beten und hoffen, dass sie positiv und konstruktiv bewältigt werden können.

Wenn Gott einen Bruch sieht, baut er eine Brücke. Er fordert uns dazu auf, dabei zu helfen und Friedensstifter zu sein.

Senator Hubert Humphrey war ein solcher Friedensstifter. Er mauerte die Lücken zu. Er hat mich immer wieder motiviert, selbst in den letzten Wochen seines Lebens, als er schon todkrank war.

Deshalb eilte ich auch schnell an seine Seite, als seine Familie mich anrief und bat, nach Minneapolis zu kommen und ihn zu ermutigen, zu einem letzten Besuch nach Washington zurückzukehren. Ich habe ja bereits in Kapitel 2 davon berichtet.

Während unseres Gesprächs kam ich auch auf eine besonders schwierige Zeit seines Lebens zu sprechen: „Es muss wirklich sehr schwer für dich gewesen sein, dass dich Richard Nixon bei den Präsidentschaftswahlen um Haaresbreite geschlagen hat."

Er meinte: „Das war die schwerste Zeit meines Lebens."

„Wie hast du dich emotional von diesem Schlag erholt?"

Ich konnte sehen, wie die Erinnerungen in ihm wach wurden und ihn belebten.

Als dann plötzlich ein Funkeln in seine Augen trat, fragte ich ihn: „Wann gehst du nach Washington zurück?"

Ich hatte ihn auf dem richtigen Fuß erwischt. Und bevor er recht darüber nachdenken konnte, antwortete er: „Ja, vielleicht sollte ich noch einmal zurückgehen?!"

Seine Frau lächelte und meinte: „Das ist großartig. Ich werde den Präsidenten anrufen."

Wir beteten noch zusammen, dann begleitete er mich zum Wagen, und ich fuhr zum Flughafen zurück und flog nach Hause. Am nächsten Morgen hörte ich in den Nachrichten, dass die *Air Force One* mit Präsident Carter an Board in Minneapolis/Minnesota gelandet war, um Hubert Humphrey nach Washington zurückzuholen.

Später rief er mich an, um mir seinen Dank auszusprechen.

Ich sagte zu ihm: „Ich glaube nicht, dass es einen Amerikaner gibt, dem man heute mehr applaudiert als dir."

Da meinte er: „Das kann schon sein."

„Komischerweise sitzt 20 Meilen von mir entfernt ein Mann fast im Exil. Sein Name ist Richard Nixon. Dich schätzt man noch heute sehr – aber wegen des Watergate-Skandals widerfährt ihm genau das Gegenteil. Was denkst du darüber? Sollte das sein ganzes Leben lang so bleiben? Sollte man ihm vergeben? Könnte es da Heilung geben?"

Wir redeten ganz offen darüber und ich sagte abschließend: „Ich glaube nicht, dass Nixon den Weg zurück ohne Hilfe schaffen wird. Er müsste erstens schon zu einem Prestige trächtigen öffentlichen Ereignis eingeladen werden. Er müsste zweitens von jemandem eingeladen werden, den ganz Amerika respektiert. Und drittens müsste er von jemandem eingeladen werden, der sich um kein politisches Amt bemüht, sonst würden seine Gegner das nämlich gegen ihn verwenden."

Senator Humphrey zögerte einen Augenblick. Dann sagte er: „Das hört sich wie etwas an, das ich machen könnte. Ich bewerbe mich sicherlich nicht für ein offizielles Amt."

Eine Weile dachte er noch darüber nach, dann meinte er: „Ja, ich werde veranlassen, dass er zu meinem Begräbnis kommen kann. Ich denke, das wird ein solches Ereignis sein. Und da es von einem liberalen Demokraten gesponsert wird, glaube ich nicht, dass man dagegen etwas auszusetzen haben wird."

Und so geschah es dann auch. Als Senator Humphreys lebloser Körper in seinem Sarg unter der Rotunde des Capitols aufgebahrt wurde, saß dort die Witwe Muriel Humphrey. Und neben ihr saß Richard Nixon.

Jemand meinte: „Wie konnten sie nur Richard Nixon auf Humphreys Beerdigung einladen?"

Und eine andere Person, die neben uns saß, entgegnete darauf: „Wenn Sie Hubert Humphrey gekannt hätten, würden Sie eine solche Frage gar nicht erst stellen."

„Man nennt euch dann ‚das Volk, das die Lücken der Stadtmauer schließt' und ‚Volk, das die Ruinen bewohnbar macht'."

Brücken bauen

Wenn Gott eine Lücke sieht, baut er eine Brücke.

Jahrelang trieb mich eben dieser Gedanke an. Und der Tenor, der hinter dieser Triebfeder steckt, wird häufig auch als Möglichkeitsdenken bezeichnet. Im 4. Kapitel meines Buches *The Power of Being Debt Free* (dt. „Die Macht, schuldenfrei zu sein") habe ich dies folgendermaßen ausgedrückt: „Verwirf nie eine Idee, weil sie Konflikte schaffen könnte! Verwirf nie einen Gedanken, weil du deine Meinung ändern oder die Art, Dinge anzugehen, ändern musst! Verwirf nie eine Idee, weil sie Probleme schaffen oder riskant werden könnte."

Das Möglichkeitsdenken sagt Ja zu einer Idee, wenn sie Menschen helfen kann, die in Schwierigkeiten sind. Es sagt Ja zu einer Idee, wenn man damit zum Frieden, zur Wohltätigkeit und Selbstachtung in der menschlichen Gemeinschaft beitragen kann.

Lassen Sie mich noch einmal ein paar Gedanken aus *The Power of Being Debt Free* wiedergeben. In einer Welt, die von Krieg, Armut und Erniedrigung in der menschlichen Gemeinschaft zerrüttet ist, dürfen wir nicht leichtfertig und impulsiv ehrlich gemeinte gute Vorschläge zurückweisen – wie unlogisch und unrealistisch sie auch scheinen mögen –, wenn diese eine gewisse Hoffnung in sich bergen, dass die menschliche Gemeinschaft sich dadurch dem Ziel des Gemeinwohls nähern könnte – die Abschaffung von Armut, Frieden zur Abschaffung des Krieges sowie der Selbstachtung zur Abschaffung menschlicher Schande.

Ich glaube, dass wir wirklich von Gott dazu berufen sind, die Lücken zuzumauern und die Ruinen wieder aufzubauen, sodass man wieder in den Städten wohnen kann. Wo eine Beziehung einen Riss bekommen hat und auseinander gebrochen ist, sind wir dazu berufen, Versöhnung herbeizuführen. Wo ein Bruch besteht, sollen wir Freude bringen. Ist jemand verletzt und angeschlagen, gebraucht Gott uns und macht ihn gesund. Wo Narben sind, schenkt er Heilung – Heilung, wo nur Verletzung war. Lassen wir uns von ihm dabei gebrauchen!

Woher bekommen wir die Kraft zum Frieden?

Woher aber bekommen wir die Triebkraft, die entsprechende Haltung, die Motivation dafür? Wir finden sie nur bei Gott. Deshalb kann ich auch gar nicht verstehen, wie Friedensbemühungen sich jemals ohne göttliches Eingreifen realisieren lassen sollten. Denn Gott kann eingreifen, wenn alles andere fehlschlägt. Die Kraft zum Frieden bekommen wir, wenn wir mit Gott im Reinen sind.

In meinen Händen halte ich ein beeindruckendes Buch – ein seltenes Buch. Es trägt den Titel *Eighty: An American Souvenir*. Geschrieben wurde es von einem Künstler namens Eric Sloane, über den *Reader's Digest* folgenden Kommentar schrieb: „Kein Mensch grünt die Erinnerungen unseres Gesterns mit einem bittersüßeren Pinsel."

Ich traf Eric Sloane einmal in New York, als ich dort zu Fernsehaufnahmen war. Ich hatte gerade zwischen zwei Verabredungen eine Stunde Zeit und so fragte ich meinen Fahrer: „Wie weit ist es denn bis zum Armand-Hammer-Museum?“

„O“, meinte dieser, „gar nicht so weit.“ Er fuhr mich hin und setzte mich bei den Galerien ab. In einem Bereich fand gerade eine Veranstaltung mit Eric Sloane statt. Die Wände waren mit wunderhübschen Gemälden dekoriert, auf denen Himmel und überdachte amerikanische Brücken zu sehen waren.

Ein Besucher betrachtete sich gerade eines dieser gelungenen Bilder. Er schaute mich an und flüsterte dann seiner Frau etwas zu. Ich konnte mir schon vorstellen, was er sagte. Und so ging ich zu ihnen hinüber und sagte Hallo.

Sie grüßten zurück: „O, Mr. Schuller. Wir sehen uns jede Woche Ihre Sendung im Fernsehen an.“ Dann drehten sie sich zu den Gemälden an der Wand um und meinten: „Sind seine Werke nicht großartig?“

„Und ob!“, bekräftigte ich.

„Wie schade, dass Sie gestern Abend nicht bei der Eröffnung dabei sein konnten. Eric Sloane höchstpersönlich war da.“

Genau in diesem Augenblick öffnete sich eine Tür. Ich hatte gerade einen günstigen Moment erwischt! Als hätte Gott seine Finger im Spiel!

Das Paar, mit dem ich mich unterhalten hatte, meinte: „Oh, hier kommt er ja.“

Herein trat ein Mann – zielstrebig und mit silbergrauem Haar. Er hatte Grübchen und Fältchen um die Augen, trug eine hübsche blaue Krawatte, ein weißes Hemd und eine zweireihige wollene Jacke.

Er grüßte die Besucher, die ihn zu mir lotsten. Als Mr. Sloane auf mich zukam, meinte er: „Mr. Schuller, Sie sehen ja genauso aus wie im Fernsehen.“

Er war offensichtlich ein Zuschauer meiner Sendungen und erklärte mir: „Ich sage Ihnen, warum ich Ihre Arbeit so schätze, Mr. Schuller.“ Dann erzählte er mir seine Geschichte:

„Als junger Mensch erbte ich eine Million Dollar in bar von meinem Vater. Sie werden es nicht glauben, wie schnell ich alles verprasst hatte! Eines Sonntagmorgens wachte ich auf und stellte fest, dass ich noch nicht einmal mehr einen Dollar in der Tasche hatte. Ich war völlig fertig. Mein Erbe war fort. Mein Vater war tot. Und ich stand vor dem Nichts. Ich ging an diesem Morgen in eine kleine Kirche – obwohl ich eigentlich gar nicht sehr religiös war – und hörte den Pastor sagen: ‚Gottes Vorsehung ist dein Erbteil.‘

Dabei wusste er überhaupt nichts von mir!

Aber der Pastor fuhr fort: ‚Gott wird Sie versorgen, gleichgültig, wie bankrott Sie auch sind. Sie müssen ihm jedoch vertrauen und Ihr ganzes Leben seiner Leitung unterstellen.‘

Zu jener Zeit war ich nur ein einfacher Schildermaler. Aber ich nahm meinen Pinsel und schrieb unter meine Staffelei die Worte: ‚Gottes Vorsehung ist mein Erbteil.‘ Als ich das darunter geschrieben hatte, änderte sich mein ganzes Leben.

Ich bin heute auf dem Gipfel meines Erfolges“, schloss er.

Ich entgegnete: „Möchten Sie gerne einmal an einem Sonntag mein Gast bei ‚The Hour of Power‘ sein?“

Begeistert bejahte er dies.

Bevor er ging, hielt er ein Buch hoch und meinte: „Mr. Schuller, das ist meine Autobiografie. Die meisten Exemplare sind immer noch auf dem Schiff, das gerade aus Italien eingetroffen ist. Das ist das einzige Land, in dem ich das Buch drucken lassen wollte.“

Dann fügte er noch hinzu: „Ich habe nur sechs Bücher bei mir, aber ich möchte Ihnen eines schenken.“ Und so schrieb er mir eine Widmung in das Buch – mit einer Brücke und dem Datum.

Das war an einem Montag. Wie groß war dann der Schock, als ich drei Tage später erfuhr, dass Eric Sloane auf den Straßen New Yorks gestorben war! So besitze ich vermutlich das einzige signierte Exemplar der Autobiografie Sloanes.

In seinem Buch hat er die Radierung eines Grabsteins abdrucken lassen, die sein Entwurf für seinen eigenen Grabstein hätte sein können. Auf diesem war die folgende Inschrift zu lesen: „Gott weiß – ich habe es versucht.“

Was soll einmal auf Ihrem Grabstein stehen? Welches Andenken wollen Sie den Menschen hinterlassen?

„Gottes Vorsehung ist mein Erbteil“ – Sloane nahm dies für sich in Anspruch. Und das gleiche Erbe erwartet auch Sie und mich. Wir müssen es nur in Anspruch nehmen.

Wer sind die Friedensstifter?

Sind Sie am Ende? Ist unser Land – ist unsere Welt – bankrott und fehlt es ihr an Kraft? An Frieden? Gottes Vorsehung ist unser Erbteil! Wie soll man sich einmal an Sie erinnern? Als Kind Gottes? Als Friedensstifter?

Friedensstifter … Wer sind die Friedensstifter? Sind das nur die Politiker und die Mächtigen dieser Welt? Oder sind das auch Menschen wie du und ich?

Jeder kann ein Friedensstifter sein. Die Mutter, die den Streit zwischen ihren Krabbelkindern und das Gezerre um die Spielsachen schlichtet, ist ein Friedensstifter. Die Studentin, die mitwirkt, den Streit in ihrem Wohnheim beizulegen, ist ein Friedensstifter. Der Schiedsrichter, der angesichts der Verbalattacken aufgebrachter Trainer Ruhe bewahrt, ist ein Friedensstifter.

Jeder von uns kann ein solcher Friedensstifter sein, gleichgültig, wer wir sind und was wir tun.

Ich werde nie den Sonntag vergessen, an dem S. Truett Cathy mein Gast bei *The Hour of Power* war. Mr. Cathy ist der Begründer und Leiter der in den USA sehr erfolgreichen Fastfood-Kette *Chick-Fil-A*. In der Sendung berichtete er von der Gründung seines erfolgreichen Unternehmens.[7]

„In den Anfangszeiten von ‚Chick-Fil-A' wussten wir noch nicht so recht, wie wir unser Produkt vermarkten sollten. Dann kam mir eine Idee: In der Stadt gab es zwei konkurrierende Zeitungsverleger, und die Herausgeber dieser Zeitungen weigerten sich, wenn sie einander begegneten, auf der gleichen Straßenseite aneinander vorbeizugehen. Da alle Bewohner der Stadt von ihrer Feindseligkeit wussten, lud ich die beiden Konkurrenten zu einem Gespräch bei mir ein, um mit ihnen die Schaltung einer ganzseitigen Werbekampagne zu besprechen. Keiner von beiden wusste, dass auch sein Konkurrent einen Termin bei mir hatte. Als sie eintrafen und sich dann von Angesicht zu Angesicht gegenübersaßen, wussten sie, dass etwas im Busch war.

Ich sagte zu ihnen: ‚Wenn Sie bereit sind, bei einer Sache für mich zusammenzuarbeiten, werde ich bei Ihnen beiden eine ganze Werbeseite schalten. Sie müssen lediglich an diesem Tisch zusammensitzen und eines von unseren Hähnchen-Sandwiches verdrücken. Wenn Sie damit fertig sind, geben Sie einander die Hand. Wir werden davon ein Bild schießen und folgenden Text darunter platzieren: ‚Wir sind uns zwar in vielen Dingen uneins, aber wir sind uns in einer Sache einig: Dies ist das beste Hähnchen-Sandwich, das wir je gegessen haben!'"

„Glücklich sind die Friedfertigen." In S. Truett Cathys amüsanter Anekdote waren die beiden Zeitungsverleger freilich nur Friedenssprecher! Wir wollen aber lernen, wahre Friedensstifter zu sein – so wie die Gruppe junger Leute, die ich in Squaw Valley/Kalifornien traf.

In diesem bezaubernden, schneeverhangenen Feriendomizil in den Bergen traf ich auf die größte Gruppe von Friedensstiftern, die mir je begegnet ist – und damit schließe ich hochrangige Friedensgespräche in Washington und auf der ganzen Welt mit ein. Dort fand zwar kein Gipfelgespräch über den Weltfrieden unter internationalen Delegationen statt, aber hier waren Hunderte von jungen Leuten zusammengetroffen, um bei den jährlich stattfindenden 12. Nationalen Ski-Meisterschaften für Behinderte anzutreten. Als Austragungsort für diese Meisterschaften hatten sie Squaw Valley gewählt, da an diesem Ort auch 1960 die Olympischen Winterspiele ausgetragen worden waren.

Ich hatte meine Woche ganz genau geplant – und dabei auch einen Abstecher zu der Nationalen Behindertenolympiade einkalkuliert, denn meine Tochter Carol sollte dort Ski fahren. Wie ich bereits in einem der vorangegangenen Kapitel erwähnt habe, verlor Carol vor einigen Jahren bei einem Motorradunfall ein Bein. Kurz darauf erfuhr sie von den Behinderten-Skimeisterschaften und beschloss, daran teilzunehmen. Sie trainierte hart für die zwölf Regionalwettbewerbe des Landes – denn alle Wettkämpfer mussten sich zuvor bei den Regionalausscheidungen qualifizieren, bevor sie bei den Nationalwettkämpfen antreten konnten.

Ich freute mich sehr darauf, bei den Wettkämpfen zuschauen zu können, denn ich hatte Carol noch nie zuvor Ski fahren gesehen. Ihr erstes Rennen sollte sie an einem Donnerstag laufen und mein Vortrag auf einer Konferenz der *Southern Baptists* in Louisville stand für den Mittwoch davor auf dem Programm. So plante ich, rechtzeitig von Louisville zu dem ersten Rennen an besagtem Donnerstag nach Squaw Valley zu fliegen. Als jedoch in den Wettervorhersagen ein

Schneesturm angekündigt wurde, beschloss man, das Eröffnungsrennen auf den Mittwoch vorzuverlegen, und so verpasste ich es. Ich war schrecklich enttäuscht, vor allem, da Carol den ersten Platz belegte und in den Juniorenmeisterschaften für den Abfahrtslauf die Goldmedaille gewann. Aber ich war auch aus der Ferne mächtig stolz auf sie!

An dem Freitag sollten dann die zweiten Läufe stattfinden und meine Frau und ich konnten zumindest bei diesen dabei sein. Ich habe noch nie zuvor in meinem Leben so viele einbeinige Menschen an einem Ort gesehen. Sogar dreifach Amputierte – denen beide Beine und ein Arm fehlten – nahmen an den Wettkämpfen teil. Und selbst für die Blinden gab es eigene Wettläufe – inklusive eines Riesenslaloms! Die Wettkampfstrecke ist bei der Behinderten-Meisterschaft für alle so lang wie die bei der olympischen Disziplin. Niemand wird bevorzugt, nur weil die Wettkämpfer behindert sind. Diese müssen 47 Tore passieren und sich dort auf der eine Meile langen Steilhangpiste durch diese hindurchmanövrieren.

An jenem Freitag sollten zuerst die Blinden an den Start gehen. Ein solches Rennen hatte ich noch nie zuvor erlebt. Die Skifahrer werden von einem Begleitläufer, der sehen kann, entweder durch den Parcours geführt oder dieser folgt ihnen und ruft ihnen die Anweisungen zu wie: „Jetzt nach rechts. Jetzt nach links abbiegen. Geradeaus! Schnell, schnell, nach rechts!" Und so laufen sie dann ihr Rennen. Das ist schon unglaublich!

Danach kamen die so genannten *Three-Trackers,* darunter auch Carol. Diese fahren ohne Prothese und nur mit einem Ski an ihrem gesunden Bein. Sie stützen sich auf Skistöcke ab, an denen Mini-Skier befestigt sind.

Daneben gibt es aber auch Skifahrer, die unterhalb des Knies amputiert sind und deren Knie voll funktionsfähig ist, sodass sie mit einer Prothese fahren können, wie normale Skifahrer auf zwei Beinen es können. Einer dieser Skifahrer durchfuhr den Parcours. Carol erzählte uns später: „Gestern ist etwas Lustiges passiert. Als die einbeinigen Skifahrer hinunterfuhren, fiel ein Junge hin und seine Beinprothese verselbständigte sich – sie löste sich nicht vom Ski, sondern von seinem Knie. Diese Beinprothese kam den ganzen Weg den Abhang hinunter gekullert und überquerte die Ziellinie! Die Wertungsrichter wussten nun nicht so recht, ob sie das losgelöste Bein oder den Körper oben auf der Piste bewerten sollten!" Haben diese Behinderten nicht einen tollen Humor?! Sie sind großartige Friedensstifter.

Schaffen Sie Frieden – mit sich selbst!

Warum nenne ich die jungen Leute, die ich in Squaw Valley kennen gelernt habe, Friedensstifter?

Als ich ein kleiner Junge war, kam Adolf Hitler gerade in Europa an die Macht und alle sprachen über einen möglichen Kriegsausbruch. Ich weiß noch, dass ich meinen einfachen, ungebildeten Vater fragte: „Dad, warum führen die Menschen Kriege?"

Seine Antwort klingt mir heute noch im Ohr. Er meinte: „Nun, jemand ärgert sich über einen anderen – oder über sich selbst oder vielleicht sogar über Gott. Und lässt es an anderen aus. Bald kommt es dann zum Streit. Seine Freunde mischen sich ein, und ehe man sich's versieht, liegt jeder mit jedem im Clinch."

Darin steckt doch eine Menge Weisheit. Jahre später, als ich anfing, Psychologie zu studieren und andere Aufbaustudien zu betreiben – eine Chance, die meinem Vater nie offenstand –, erkannte ich, wie Recht er hatte. Die meisten Kriege fangen in der Tat damit an, dass jemand auf einen anderen böse ist. Und häufig ist diese streitlustige Person jemand, der nie gelernt hat, sich selbst oder seine Lebensumstände anzunehmen. Wenn man nicht mit sich selbst im Reinen ist, wird man seine inneren Spannungen auf andere übertragen!

Die Sportler, die ich in Squaw Valley traf, sind deshalb Friedensstifter, weil sie mit sich selbst und Gott Frieden geschlossen haben. Es sind Menschen, die ihre Beine, Arme, ihre Sehfähigkeit oder Mobilität verloren haben. Sie könnten mit gutem Recht bitter und zornig auf die Welt sein, sind es aber nicht. Sie schauen in den Spiegel, sehen, wie sie sind, und akzeptieren das. Sie klagen nicht Gott oder einen anderen Menschen an. Sie suchen nicht den Schuldigen. Sie suchen die Lösung für das Problem.

Es gibt nicht viele Menschen, die mir ein größerer Ansporn gewesen wären, wenn es darum geht, Probleme zu identifizieren und anzugehen und die eigene Welt wieder in Ordnung zu bringen, wie Jeff Keith. Manche von Ihnen haben vielleicht schon von ihm gehört. Jeff war krebskrank und verlor auf Grund seiner Erkrankung ein Bein. Die Medien berichteten über seine phänomenale Leistung, als er für die *American Cancer Society* (Amerikanische Krebsgesellschaft) einen historischen Lauf quer durch die Vereinigten Staaten zurücklegte. Er brauchte dafür ungefähr 240 Tage, 36 Paar Schuhe und drei Beinprothesen – aber er schaffte es!

Ich traf mit Jeff zusammen, als er seinen Cross-Country-Lauf in der *Fennell Hall* in Boston/Massachusetts im Osten der USA begann. Wir sprachen beide auf einem Gebetsfrühstück, das die Startveranstaltung für den Lauf bildete. Als weiterer Redner war auch Teddy Kennedy Jr. anwesend, der ebenfalls eine Amputation erlebt hat. Jeffs Ansprache beeindruckte mich sehr.

Er betonte: „Manche Leute wollen Berge bewegen, ja, sogar versetzen. Das habe ich bereits getan. Heute geht es mir nur um eines: Ich will ein Land bewegen – Menschen anspornen, daran zu glauben, dass auch sie ihre Probleme überwinden können!“ Er ist ein echter Friedensstifter, denn in seinem Bemühen, andere dazu anzufeuern, ihre Probleme zu überwinden, schlichtet er den Krieg, der in den verborgenen Tiefen vieler verwundeter Seelen ausgefochten wird!

Entlang seiner 3 000-Meilen-Strecke legte Jeff mehrere Zwischenstopps bei Krankenhäusern ein, um entmutigte und deprimierte Krebspatienten zu besuchen. Immer wieder wurden diese Kranken – Männer und Frauen –, die nicht über ihren Verlust hinwegkamen, von Jeff motiviert. Einige standen sogar zum ersten Mal seit ihrer Operation aus ihren Betten auf.

Aber Jeff half nicht nur Krebspatienten. Er hielt auch an und besuchte Gefangene in Gefängnissen. Zelle um Zelle betrat dieser mutige junge Mann mit dem künstlichen Bein und sprach mit jedem einzelnen Inhaftierten. Und die Gewaltverbrecher in den Hochsicherheitstrakten waren so beeindruckt von ihm, dass sie im Gefängnis ein Sponsorenessen zugunsten der Amerikanischen Krebsgesellschaft abhielten.

Es gäbe noch viel mehr über Jeff zu berichten. Er veränderte seine Welt zum Besseren. Er machte das Problem ausfindig. Er suchte eine Lösung dafür. Er ist ein wahrer Friedensstifter!

Friedensstifter. Sie leben mit sich selbst im Frieden und können deshalb auch mit anderen in Frieden leben. Aber, wie ich schon sagte, es ist nicht immer einfach, Frieden zu schaffen. Es gibt Zeiten, in denen unsere eigenen inneren Konflikte und Unsicherheiten uns davon abhalten, „die Lücken zuzumauern und Ruinen bewohnbar zu machen".

Was hilft uns dann weiter? Die heilende, verbindende Kraft der Liebe.

Der legendäre Sänger Burl Ives war ein glücklicher und zufriedener Mann – eben ein solcher Friedensstifter. Was war sein Geheimnis? Er hatte ein großes Herz voller Liebe. So saß er beispielsweise auch im Behindertenkomitee des damaligen Präsidenten. Und doch gab es auch eine Zeit, in der er behinderte Menschen als besonders schwierig empfand und es ihm schwer fiel, mit ihnen zu kommunizieren. Und dann passierte etwas Erstaunliches, durch das sich seine Haltung schlagartig änderte. Eines Abends beim Abendessen in seinem Haus in Santa Barbara erzählte Burl mir seine Geschichte:

„Auch wenn ich viele, viele Jahre lang in Washington mit Behinderten zusammengearbeitet hatte, ertappte ich mich doch dabei, dass ich, wenn mir ein Gelähmter oder ein Blinder auf der Straße begegneten – auch wenn ich es nur schweren Herzens zugebe –, diesem immer aus dem Weg ging. Begegnungen von Angesicht zu Angesicht beängstigten mich nämlich immer. Ich konnte zwar mit ihnen lachen und singen, aber wenn ich ihnen allein begegnete, wich ich ihnen aus.

„Gott liebt dich und ich dich auch!"
Ein Rezept zum Friedenstiften

Aber als ich dann eines Tages in Santa Barbara zum Hafen hinunterging, bemerkte ich eine Gruppe Kinder und einen Lehrer, der etwas entfernt von ihnen stand. Ich schlenderte so dahin, als plötzlich einer der kleinen Jungs sich von dem Lehrer loseiste und auf mich zurannte. Er umklammerte meine Knie und fing an, mich in die Arme zu nehmen. Da standen wir uns nun direkt gegenüber – dieser kleine Junge, der augenscheinlich an Muskelkrämpfen litt, und ich. Ich kniete nieder und blickte den Jungen durchdringend an. Ich blickte in seine Augen und in seine Seele und dort stieß ich auf Liebe – Liebe zu mir. Das beeindruckte mich sehr. Seit damals wechsle ich nicht mehr die Straßenseite."

Was hielt Burl Ives davon ab, Frieden mit den Behinderten zu schließen? Er hatte Angst vor ihnen. Und wie es Gerald Jampolsky einmal treffend sagte: „Das Gegenteil von Liebe ist nicht Hass. Das Gegenteil von Liebe ist Furcht." Und so ist das Gegenteil von Frieden etwas tiefer Gehendes als nur ein Konflikt. Das Gegenteil von Frieden ist Unsicherheit.

Burl Ives hatte Angst, dass er nicht mit diesen behinderten Kindern oder mit seinen Gefühlen ihnen gegenüber umgehen könnte. Und so ließ er sich davon abhalten, ein Friedensstifter zu sein. Und doch entdeckte er – durch die Liebe eines Kindes –, dass er sich vor nichts zu fürchten brauchte.

Wenn wir in dieser Welt Frieden schaffen wollen, müssen wir verstehen, worum es im Grunde geht. Es geht nicht um Liebe oder Hass beziehungsweise Krieg oder Frieden. Es geht um Liebe oder Angst und Unsicherheit!

Am Beispiel von Willard Scott, der Humorist und Sprecher der Wettervorhersagen bei der NBC-*Today-Show* war und als erster Ronald McDonald und Bozo, den Clown, dargestellt hat, kann man hautnah sehen, was Glück ist. Er sagt dazu: „Als ich einen Clown spielte, erkannte ich, dass jeder den Clown liebte, egal, wer der Clown auch war. Ob du ein Demokrat oder ein Republikaner, ein Katholik oder Protestant oder Jude bist – das ist ganz egal, wenn du ein Clown bist. Da dämmerte es mir, dass es eines der Kennzeichen eines Clowns ist, dass er keine Etiketten trägt. Es gibt keine vorgefassten Meinungen darüber, was ein Clown zu sein hat, wie er über etwas zu denken hat oder wie er zu etwas in Beziehung steht.

Ich habe festgestellt, dass ich dadurch schon für Gott einen Dienst im Fernsehen leisten kann, dass ich positive Gedanken – Liebe – vermittle. Ich bin in einer ‚Southern Baptist'-Gemeinde groß geworden und ich erinnere mich noch gut an unseren Prediger, Dr. Campbell. Was ich am meisten an ihm schätzte, war, dass er Liebe ausstrahlte. Seine Predigten waren gut – manchmal zumindest. Zu anderen Zeiten waren sie nicht gerade der Hit. Aber man konnte immer mit ihm rechnen, wenn man jemanden brauchte, der sich um einen sorgte. Starb jemand oder wurde jemand krank – Dr. Campbell war immer zur Stelle.

Ich kann mich auch noch entsinnen, wie ich als kleines Kind von vier oder fünf Jahren zusammen mit anderen Kindern nach dem Gottesdienst aus der Kirche strömte. Dr. Campbell – ein Hüne von über 1,80 Metern – hob uns Kinder hoch in seine Arme und drückte uns. Ich glaube, dass diese Art von herzlicher Liebe und persönlicher Fürsorge und Zuwendung einen immensen Einfluss auf unser Leben hatte – so wie natürlich auch die meiner Mutter und meines Vater ihn hatten, die mich liebten und mir alles gaben und ermöglichten, was ich mir nur erträumen konnte. Ich bin fest davon überzeugt, dass wir alle einander lieben können – gleichgültig, welche Probleme wir haben. Wir können Anteil am Leben der anderen nehmen. Wir können unsere Welt besser machen, indem wir eine positive Haltung einnehmen. Und genau das versuche ich zu tun."

Ein Lied des Friedens

Vielleicht sagen Sie jetzt: „Schön und gut. Aber das funktioniert sicher nicht auf der internationalen Ebene!!" Dann will ich Ihnen hier einmal von einer wahren Begebenheit aus dem Leben von Roland Hayes berichten.

Vielen unter den Jüngeren sagt dieser Name sicherlich nichts mehr. Roland Hayes (1887–1977) war jedoch zweifellos einer der größten Tenöre des 20. Jahrhunderts und ein großartiger Konzertsolist, obwohl er die denkbar schlechtesten Karten hatte. Einmal erzählte er: „Meine Mutter hat mich gelehrt, positiv zu denken. Und ich verdanke ihr meinen gesamten Erfolg."

Roland Hayes war eines von drei Kindern und entstammte einer farbigen Familie, die auf einer sechs Hektar großen Baumwollfarm im US-Bundesstaat Tennessee lebte. Als Ronald fünf Jahre alt war, wurde sein Vater beim Baumfällen unter einem großen Ast begraben. Seine Mutter versuchte, so gut sie konnte, ihre drei Jungs mit den Erträgen des kleinen Stücks Land durchzubringen und großzuziehen. Eines Tages rief sie die Jungen zu sich und verkündete ihnen: „Jungs, ihr braucht eine Ausbildung. Ich habe mir Folgendes überlegt: Wir machen den Wagen klar und ziehen nach Chattanooga, suchen uns dort eine Arbeitsstelle und sehen zu, dass ihr eine Ausbildung bekommt."

Am folgenden Tag spannten sie ihr einziges Pferd vor den Wagen, luden ihre Habseligkeiten darauf, und Rolands Mutter fuhr damit, während die drei Jungs die 62 Meilen barfuß nach Chattanooga/Tennessee liefen.

Sie ließen sich in der Stadt nieder und sangen später im Kirchenchor. Eines Tages spielte der Dirigent, Mr. Calhoun, ihnen eine Aufzeichnung von Caruso und Nellie Melba vor – den beiden berühmten Opernstars der Jahrhundertwende. Roland Hayes war von der Musik so bewegt, dass er erklärte: „Ich glaube, dass Gott mich dazu berufen hat, überall auf der Welt eine Botschaft des Friedens und der Brüderlichkeit zu singen." Mit diesem Ansporn versuchte er nun eine Stelle zu bekommen und schrieb sich dann an der *Fisk University* ein.

Ein paar Jahre später war er mit dem College-Chor auf Konzertreise in Boston. Roland verspürte plötzlich den Impuls – der, wie er bis zu seinem Tode meinte, von Gott gewesen sein musste –, auszusteigen und sich in Boston niederzulassen. Ständig kamen ihm die Worte seiner Mutter wieder ins Gedächtnis: „Roland, du kannst es, wenn du glaubst, dass du es kannst, und dein Leben Gott unterstellst." Er fand eine Anstellung als Portier in einem Hotel und verdiente sieben Dollar die Woche. Dann holte er seine Mutter zu sich nach Boston und mietete ein kleines Apartment, das ihn fast seinen gesamten Wochenlohn kostete. Seine Möbel bestanden lediglich aus ausgedienten Orangenkisten.

Roland war sich bewusst, dass er es zu nichts bringen würde, wenn er sich nicht selbst einen Namen machen würde. So beschloss er – ganz auf eigene Faust –, ein Konzert zu geben, und zwar im größten und besten Gebäude in Boston: dem großen Auditorium.

Jahre später kommentierte er dies wie folgt: „Für mich stand inzwischen fest, dass niemand etwas für mich tun würde. Ich musste mich schon weit aus dem Fenster lehnen und versuchen, mir selbst zu helfen." Also machte er sich auf den Weg und suchte Menschen, die ihn finanziell unterstützen würden. Da er aber im Musik-Business noch ein Unbekannter war, war niemand dazu bereit. So grübelte Roland nach und betete.

Plötzlich kam ihm ein zündender Gedanke. Er schrieb an die Allerreichsten von Boston einen Brief, in dem er sich ihnen als Roland Hayes, einen der größten Konzertvirtuosen der Zukunft, vorstellte und sie zu seinem ersten öffentlichen Konzert in Amerika an dem und dem Tag zum Eintrittspreis von 1,50 Dollar einlud.

Das Unmögliche wurde wahr: Roland Hayes schaffte es im Alleingang. Jeder Platz im Auditorium war besetzt. Das Konzert war ein voller Erfolg und er verdiente 2 000 Dollar damit. Ein Zuhörer aus Santa Monica/Kalifornien, der ebenfalls anwesend war, lud ihn ein, an der Westküste ein Konzert zu geben, ein Angebot, das Hayes dankbar annahm.

Nach der Vorstellung in Santa Monica kam ein Musikkritiker auf den jungen Sänger zu und erklärte: „Mr. Hayes, als Sie sangen, haben Sie etwas in mir angerührt – so wie es alle großen Konzertvirtuosen tun. Aber Sie hatten noch etwas mehr, und ich kann gar nicht sagen, was es war."

An diesem Abend im Hotel ließ der Kommentar des Mannes Roland Hayes nicht mehr los. Was hatte er, das andere nicht hatten? War es die Stimme seines Blutes? Er musste an das denken, was sein alter Onkel beim Baumwollpflücken zu ihm gesagt hatte: „Roland, dein Vater und ich kommen aus Afrika; wir stammen von einer Linie von Stammeshäuptlingen ab. Vergiss das nie! Du hast das Blut eines Häuptlinges in dir." (Es bedarf eines starken Selbstbildes – eines positiven Selbstbildes –, um es zu wagen, ein Friedensstifter zu sein.)

Als Roland Hayes an diesem Abend in Santa Monica über dieser Sache betete, hatte er die Eingebung, dass er die Vereinigten Staaten verlassen, nach Ostafrika gehen sollte, um den Stamm ausfindig zu machen, aus dem er stammte, und entdecken sollte, was ihn so einzigartig machte. Er nahm sein letztes Geld von dem Konzert, das er in Boston gegeben hatte, um auf seinem Weg nach Afrika in London Station zu machen. Dort in England ging ihm allerdings das Geld aus.

Ein Freund des Pastors der *Royal Chapel* fragte ihn: „Roland, wie wäre es, wenn du am Sonntag in der Kirche eines befreundeten Pastors singen würdest?"

Roland nahm das Angebot dankend an. An diesem Sonntag sang er dort in der *Royal Chapel* das Spiritual „And He Never Spoke a Mumbling Word."

Drei Tage später erhielt Roland Hayes einen Anruf von einem Freund, der ihn fragte: „Hast du schon das Allerneueste gehört?"

„Nein. Was denn?"

„Du hast doch am Sonntag in der ‚Royal Chapel‘ gesungen. Und weißt du auch, wer dort war? Der König und die Königin von England! Und sie bitten um eine königliche Galavorstellung im Buckingham Palace!“

Hayes traute seinen Ohren kaum. Zwei Tage später sang er für den König und die Königin – und im Publikum befanden sich sowohl Enrico Caruso als auch Nellie Melba, deren Aufzeichnung ihn ursprünglich dazu inspiriert hatte, eine Laufbahn als Sänger einzuschlagen.

Roland Hayes wurde über Nacht zum Star. Jenes Jahr – 1924 – war eine Sternstunde in seinem Leben. Er hatte sogar eine Anfrage für ein Konzert in der Beethoven-Konzerthalle in Berlin. Dieses Konzert sollte ihn zweifelsohne als Konzertsolisten auf dem europäischen Kontinent etablieren. Auf dem Weg nach Deutschland machte Roland Hayes in Prag Station. Dort wurde er ins Büro des Amerikanischen Konsulates gerufen. „Mr. Hayes“, meinte der Konsul, „ich habe schlechte Nachrichten für Sie. Sie müssen Ihr Konzert in Deutschland absagen. Die Franzosen und die Briten haben gerade das Rheinland besetzt und sie halten ihre Stellungen mit Truppen von Farbigen, die man aus Amerika herübergebracht hat. Die Deutschen sind in hellem Aufruhr. Keinem Schwarzhäutigen wird es im Augenblick möglich sein, in Deutschland aufzutreten.“

„Vielen Dank, Herr Konsul“, sagte Roland Hayes. „Ich werde darüber beten.“ Die Tage vergingen, und er konnte sich nicht dazu durchringen, das Konzert abzusagen.

Am Konzertabend bahnten sich Roland Hayes und sein farbiger Begleiter mühsam einen Weg zum Auditorium und schlüpften über die Hintertür in den Saal. Als sie hinter der Bühne waren, schielten sie durch den Vorhang und sahen, dass die Halle zum Bersten voll war. Jetzt erst wurde dem Künstler klar, dass er im Kreuzfeuer der internationalen Kritik stand.

Als der Vorhang sich hob, stand Roland Hayes an einem kleinen Flügel. Sein Begleiter saß neben ihm am Klavier. Er faltete ruhig seine Hände, sah nach oben und sprach ein stilles Gebet: „Gott, mache mich zu einem Horn, durch das deine Stimme hindurchklingen kann.“

Als er so schweigend dastand und betete, hörte er plötzlich ein Zischen, ein Stampfen und dann Pfiffe und Buhrufe. Jemand schrie: „Entehren Sie nicht mit Ihren Plantagen-Songs über die Schwarzen in Amerika die Beethoven-Halle!“ Hass hatte sich offensichtlich im Publikum breit gemacht.

Hayes Begleiter schlug vor: „Lass uns lieber gehen!“

Gegenstände wurden auf die Bühne geworfen, die nur knapp den Solisten verfehlten. Roland Hayes kommentierte diesen Vorfall später mit den Worten: „Ich stand nur da und hatte die Hände gefaltet und betete: ‚Herr, was soll ich tun?‘“

Ihm kam ein glorreicher Gedanke. Er sagte zu seinem musikalischen Begleiter, ohne seinen Blick vom Publikum zu wenden: „Lass uns mit dem Lied ‚Song of Joy‘ [‚Ode an die Freude‘] von Beethoven beginnen.“ Dieser suchte die Noten für dieses erste von Gott eingegebene Lied heraus, und langsam und andächtig begannen seine Finger, über die Tasten des Klaviers zu fliegen. Ein erstauntes Raunen ging durch die Halle, als die Konzertbesucher der Musik ihres geliebten Landsmannes Beethoven lauschten.

Roland Hayes formte seine Lippen und fing an zu singen. Seine Stimmgewalt vibrierte im Auditorium und das Publikum wurde ganz still. Als er das Lied zu Ende gesungen hatte, herrschte gespannte Aufmerksamkeit. Er sang noch weitere klassische Nummern und beendete das Konzert mit Neger-Spirituals, den „Plantagen-Songs“. Am Ende des Konzerts sprangen einige Zuhörer auf die Bühne, nahmen Roland Hayes auf ihre Schultern und trugen ihn auf ihrem Rücken im Auditorium herum. Er war der Held der Nation. Und er trug mit dazu bei, diesen Menschen ein kleines Stück Frieden zu bringen.

Der Friedefürst

„Glücklich sind, die Frieden stiften, denn Gott wird sie seine Kinder nennen.“

Wer sind die Friedensstifter? Es sind nicht zwingenderweise die Menschen, die die ganze Zeit nur über Frieden reden. Die Friedensstifter sind jene, die etwas tun, etwas schaffen, etwas aufbauen – am meisten aber die, die Brücken bauen!

Vielleicht sind die Friedensstifter einfach Menschen wie du und ich, die versuchen, Jesus Christus in die menschlichen Herzen zu tragen.

Wollen Sie Frieden in Ihrer Familie? Wollen Sie Frieden in Ihrer

Gemeinde? Wollen Sie Frieden mit anderen Rassen oder Kulturen? Es wird erst dann Frieden geben, wenn der Krieg in Ihrem Herzen und in Ihrer Seele beendet wurde!

Wie können Sie Frieden mit sich selbst schließen? Indem Sie sich dem größten Friedensstifter aller Zeiten, Jesus Christus, zuwenden. Er wird der „Friedefürst" genannt. Er lebte, starb am Karfreitag und stand an Ostern aus seinem Grab auf. Er lebt. Er lebt noch heute. Er ist mein bester Freund.

„Glücklich sind, die Frieden stiften, denn Gott wird sie seine Kinder nennen." Sie können ein Friedensstifter sein, wenn Sie Jesus eingeladen haben, Ihr Freund zu werden. Und wenn Jesus Ihr Freund ist, schenkt er Ihnen ein positives Selbstbild und hilft Ihnen, Ihr Leben ins Reine zu bringen. Sie werden zum Möglichkeitsdenker und können sagen: „Ich vermag alles, weil ich jemand bin. Ich bin ein Freund von Jesus Christus."

Das ist ein tolles Lebenskonzept. Und deshalb sind auch die meisten Christen entspannte Menschen. Sie sind nicht verkrampft. Und sie schleppen auch nicht ein Bündel mit emotionalem Müll mit sich herum, der sich in Angst, Sorge, Anspannung und Unsicherheit äußert. Und sie sind auch keine wütenden Menschen, die sich als Opfer der Ungerechtigkeiten dieser Welt sehen.

Vor ein paar Jahren unternahm ich eine Reise nach China. Mein Sohn leitete eine Gruppe, die dorthin eingeladen war. Eines Abends, wir waren gerade in Shanghai, klopfte ich an seine Tür. Es war schon recht spät, aber Bob war nicht in seinem Zimmer. Jemand sagte mir, dass er nach draußen gegangen sei, um sich ein wenig die Füße zu vertreten.

Also ging ich auch nach draußen, um nach ihm zu sehen. Ich sah eine Menschenmenge – fast schon einen Mob –, der sich auf einer nahe gelegenen Brücke versammelt hatte. Vorsichtig näherte ich mich dieser großen Gruppe von Chinesen und sah – in der Mitte dieser kleinwüchsigen Asiaten – einen 1,90 Meter großen Amerikaner. Es war mein Sohn Bob, der mit zwei der Anführer dieser großen Menschentraube im Gespräch war. Ich bekam mit, dass er dabei diesen beiden Männern engagiert von seinem Glauben erzählte.

Da ich mich nicht in die Diskussion einmischen wollte, zog ich mich ins Hotel zurück. Mein Sohn erzählte mir dann später an diesem

Abend, was sich ereignet hatte. Er hatte auf der Brücke gestanden (oder war er im Begriff, eine Brücke zu bauen?) und zwei aufgeschlossene junge Studenten waren auf ihn zugekommen. Es waren Studenten an einer örtlichen Universität, die Englisch sprachen.

„Wer sind Sie?“, fragten diese meinen Sohn. „Wo kommen Sie her? Was tun Sie hier?“

Bob meinte: „Ich bin Christ. Haben Sie schon mal von Jesus Christus gehört?“

Sie antworteten: „Was ist denn ein Christ? Wer ist Jesus Christus?“

Er erklärte es ihnen und führte sie in einige grundlegende geistliche Wahrheiten ein. Dass nämlich das Christentum lehre, dass Gott aus uns wunderbare Menschen machen möchte. Es sei ein Gesetz des Lebens, dass wir alle unsere Sünden und Schwächen und inneren Spannungen und Ängste hätten. Wir bräuchten alle Befreiung. Und dann betonte er noch, dass Jesus gekommen sei, um uns zu retten.

Er fragte sie dann, ob sie bereit wären, Jesus als ihren Freund anzunehmen. Zu seinem Erstaunen sagten sie Ja.

Also betete Bob mit den jungen Chinesen – dort auf der Brücke in Shanghai. Er sprach mit ihnen über die Bibel. Und auf ihre Bitte hin sandte er ihnen später Bibeln zu und korrespondierte weiterhin mit ihnen. In dieser besonderen Weise wurde Bob für sie zum Friedensstifter.

Ja, wir alle können Frieden schaffen – wo auch immer wir stehen. Vielleicht fühlen Sie sich angespannt und zerrissen oder in Ihrem Zuhause, an Ihrem Arbeitsplatz gibt es Spannungen. Aber Sie können diese lösen, wenn Sie alles geben und alles daransetzen, diese zu bewältigen. Das Problem der Anspannung anzugehen ist nichts anderes als irgendein Problem einer Lösung zuzuführen. Sie können auf die gleiche Weise Frieden schaffen, wie Sie auch andere Probleme lösen. Die Menschen, die schließlich gewinnen und ihre Ziele erreichen, sind die, die alles dransetzen und sich hundertprozentig engagieren.

Eine Geschichte, die mich persönlich unwahrscheinlich angesprochen und beeindruckt hat, möchte ich an dieser Stelle gerne an Sie weitergeben. Sie handelt von einer behinderten Skiläuferin namens Kim Caulfield und spielt auf den Hängen von Squaw Valley. Kim war ungefähr 18 und blind. Sie wurde beim Riesenslalom von einem Begleitläufer den Hang hinuntergeführt. Sie schaffte es durch 44 Tore und befand sich nur noch wenige Meter vor der Ziellinie. Ihr hinter ihr fahrender Begleitläufer feuerte sie an: „Geradeaus, Kim. Jetzt aber los!“

Kim verfing sich in einer Furche und wurde in den Schnee geschleudert. Die Stöcke flogen ihr aus der Hand und sie fiel flach auf ihren Bauch. Ihr war bewusst, dass sie es mit ihrem Körper über die Ziellinie schaffen musste, da sie sonst disqualifiziert werden würde. Es sah jedoch aus, als müsste sie sich geschlagen geben. Aber sie gab nicht auf. Sie suchte nach ihren Stöcken. Und als sie sie nicht finden konnte, begann sie, über den Schnee zu robben, immer geradeaus, bis sie die Ziellinie überquerte.

„Kim, du hast es geschafft!“, rief der Wertungsrichter. Sie hörte ihn jedoch nicht. Sie robbte einfach auf dem Bauch liegend weiter – etwa vier oder fünf Meter.

Der Wertungsrichter hörte nicht auf zu rufen: „Kim, du hast es geschafft. Kim, du kannst aufhören!“ Doch sie hörte ihn immer noch nicht.

Schließlich stimmte eine zweite Stimme, dann eine dritte, dann alle Zuschauer mit ein: „Kim, du hast es geschafft!“

Kim hörte auf zu robben. Sie lag immer noch mit ihrem Bauch auf dem Schnee. Dann hörte sie den Applaus. Sie sprang auf ihre Füße und tanzte vor Freude.

Sie schaffen es auch! Sie können ein Friedensstifter sein, wenn Sie sich dazu entschließen, an Jesus Christus und an sich selbst zu glauben.

„Glücklich sind"-Aussage 8

„Ich kann mich – trotz allem – dafür entscheiden, glücklich zu sein"

„Glücklich sind, die verfolgt werden, weil sie nach Gottes Willen leben. Denn ihnen gehört Gottes neue Welt."

Die letzte „Glücklich sind"-Aussage – die letzte Lektion.

Jesus hebt sich seine schwierigste Lektion für den Schluss auf. Nur diejenigen, die durch all die vorherigen Lektionen gegangen sind, sind auch dazu qualifiziert, die letzte Prüfung zu absolvieren: „Glücklich sind, die verfolgt werden, weil sie nach Gottes Willen leben."

Wie können wir glücklich sein?

Lassen Sie uns noch einmal rekapitulieren: Die erste „Glücklich sind"-Aussage lautete: *„Ich brauche Hilfe – ich kann es nicht allein."* Um wirklich glücklich zu sein, muss ich es lernen, die Bereiche in meinem Leben anzunehmen und zu akzeptieren, in denen ich schwach bin, und für konstruktive Hilfe und Rat offen sein.

„Glücklich sind"-Aussage 2: *„Ich bin so verletzt – aber ich lass mich nicht unterkriegen."* Angesichts von Verlust und Versagen muss ich mir eine Haltung bewahren, die mir dabei hilft, an und mit meinen Erfahrungen zu wachsen und weiterzukommen.

„Glücklich sind"-Aussage 3: *„Ich werde cool, ruhig und gefasst bleiben."* Ich muss mir in guten wie in schlechten Zeiten eine ausgeglichene, lernfähige Haltung bewahren, bevor ich zu wahrer Zufriedenheit gelangen kann.

„Glücklich sind"-Aussage 4: *„Ich möchte wirklich das Richtige tun!"* Ich muss mich um ein integres Leben bemühen, es leben und mir auch bewahren. Denn Aufrichtigkeit und Gerechtigkeit ziehen gute Freunde und großartige Menschen an, die mir dabei helfen werden. Hier liegt das Geheimnis einer gesunden und sicheren Selbstbeherrschung.

„Glücklich sind"-Aussage 5: *„Ich möchte andere so behandeln, wie ich gerne behandelt werden möchte."* Ich werde mir eine positive Haltung bewahren und im Gedächtnis behalten, dass es im zwischenmenschlichen Miteinander eine Regel gibt, die besagt: „Wie man in den Wald hineinruft, so schallt es wieder heraus." Wenn mir also übel mitgespielt wird und ich verletzt werde, sollte ich mich bewusst dafür entscheiden, barmherzig und vergebungsbereit zu sein – in dem Wissen, dass mir das in freundlicher Weise wieder zugute kommt und ich gesegnet sein werde.

„Glücklich sind"-Aussage 6: *„Ich möchte dem Glauben freien Raum in mir geben."* Ich muss beständig meine Motive, Methoden und meinen Umgangston kritisch überprüfen und mir bewusst machen, dass ich schnell auf den falschen Weg geraten kann. Deshalb werde ich immer eine positive, selbstkritische Haltung zu mir selbst und meinen Beweggründen einnehmen, wenn ich nicht vom Kurs abkommen will.

„Glücklich sind"-Aussage 7: *„Ich möchte Brücken bauen."* Um wirklich glücklich zu sein, will ich eine Haltung einnehmen, die mir dabei hilft, dass ein Feind zu einem wertvollen Freund werden kann. Ich werde, so gut es geht, in Achtung, Harmonie und Frieden mit allen Menschen leben. Aber das muss auch beinhalten, dass ich zuerst mit mir selbst Frieden schließe.

Und das führt uns zur achten und letzten „Glücklich sind"-Aussage: *„Ich kann mich – trotz allem – dafür entscheiden, glücklich zu sein."* Wenn ich mich, nachdem ich all diese positiven Ansätze mit aller Kraft angewendet habe, noch immer als das arme Opfer in menschlichen Beziehungen – seien es persönliche, soziale oder berufliche – sehe, sollte ich mich bewusst dafür entscheiden zu glauben, dass Gott die Angelegenheit auf seine Weise und nach seinem Zeitplan regeln wird. Ich darf damit rechnen, dass meine Verletzungen, wenn sie im Stillen und mit Geduld und auf positive Weise ertragen werden, in etwas Gutes verwandelt werden können.

Es wird oft mit harten Bandagen gekämpft – aber Worte verletzen auch!

Wahrscheinlich ist Verfolgung etwas, das wir alle auf die eine oder andere Weise schon erlebt haben oder noch erleben werden. Für einige nimmt sie – insbesondere in bestimmten Ländern – die Form von körperlicher Tortur an. Sie kann von der Folterbank über Bambussplitter unter den Fingernägeln bis hin zu von Zigaretten verursachten Brandwunden und Elektroschocks reichen. Dieses Thema wird angesichts des ständig weiter um sich greifenden Terrorismus heute brisanter denn je.

Aber Verfolgung trägt viele Gesichter! Sicherlich liegt hier über unseren freien Staaten nicht ständig der Schatten der Bedrohung durch körperliche Verfolgung aus Glaubensgründen. Aber dennoch können wir damit rechnen, in irgendeiner Form mit Schikanierung, Brüskierung, Ablehnung oder Diskriminierung konfrontiert zu werden. Emotionale Verfolgung, die einen Angriff auf den Selbstwert eines Menschen darstellt, kann verheerend sein. Die gezielt lancierte Beleidigung oder die bewusst einkalkulierte Herabsetzung sind Waffen, die selbst von gläubigen Menschen gegen ihresgleichen eingesetzt werden.

Ja, Verfolgung geschieht in unterschiedlicher Schwere und schlägt aus verschiedenen Richtungen zu. Menschen, die uns bislang unterstützt haben, werden sich unter Umständen aus unerfindlichen Gründen gegen uns wenden (der enge Jünger Jesu, Judas, war Christi Verräter).

Die Gesellschaft kann uns brüskieren und uns den Rücken zukehren.

Wenn wir es nicht schaffen, unseren Erwartungen gemäß zu leben, sind wir oftmals unsere eigenen Verfolger. Gewissensbisse, Schuldgefühle können die Seele quälen! Ist irgendeine Form der Verfolgung weit verbreiteter und vorherrschender als die Selbstanschuldigung?

Verfolgung trifft Verlierer und Gewinner gleichermaßen. Selbst der Erfolgsmensch kann Feinde haben, und zwar Menschen, die eifersüchtig und in der Lage sind zu „verfolgen“. Positiv denkende Menschen wurden schon immer verfolgt. Auch reiche Leute werden durch argwöhnische, zynische „Habe-Nichtse“ verfolgt, die meinen, dass jeder, der reich ist, auch gleich ein Gauner oder ein Schwindler sein muss. Übererfolgreiche Menschen werden oftmals mit Argwohn beäugt. Verfolgung auf dieser Ebene ist in der heutigen Gesellschaft weit verbreitet.

Der Druck durch Gleichaltrige kann ebenfalls eine übermächtige Form der Verfolgung sein.

Und im Grunde ist es doch so: Keine gesellschaftliche Einrichtung, keine ethnische oder religiöse Gemeinschaft und keine Altersgruppe sind frei von den manchmal offensichtlichen, in den meisten Fällen jedoch subtilen Nadelstichen der Verfolgung. Junge Menschen werden oft zum Drogenkonsum und unmoralischen Lebenswandel verführt, weil sie Angst vor den Spötteleien ihrer Klassenkameraden haben, die auf ihnen herumhacken. Sozialer Druck in den mittleren und höheren Schulen und im Studium richtet sich häufig gegen jene, die nach hohen Idealen leben. Der anständige und geradlinige Mensch kann damit rechnen, dass er belächelt und verachtet wird. Schimpfnamen, kühler Spott und erniedrigende Titulierungen werden zu emotionalen Folterwaffen.

Fühlen Sie sich verfolgt? Dann freuen Sie sich! Sie können sich bewusst dafür entscheiden, trotzdem glücklich zu sein. Diese „Glücklich sind"-Aussage ist für Sie gedacht! Jawohl! Auch Sie können glücklich sein, selbst wenn Sie das unschuldige Opfer offenkundiger Ungerechtigkeit, Beleidigung, Kränkung, Diskriminierung und Unterdrückung sind.

Aber wie können Sie dies in Ihrem Leben realisieren, wenn Ihnen Verfolgung widerfährt? Ist diese „Glücklich sind"-Aussage wirklich eine praktische Hilfe? Ist es möglich? O ja! Ich kenne mehrere Menschen, die immenses Leid erfahren haben und doch aus dem Feuer nicht unverletzt, sondern gestärkt hervorgegangen sind.

Machen Sie sich mit mir auf den Weg, und Sie werden sehen, wie sie es geschafft haben und wie auch Sie trotz Ihrer Verletzungen Sternstunden erleben können. Diese Menschen, die diese letzte „Glücklich sind"-Aussage gemeistert haben, konnten siegreich sein, weil sie:

- *positiv* blieben! Sie nahmen eine positive Haltung ein. Sie entschieden sich dafür, trotz widriger Umstände fröhlich zu bleiben.
- *gerüstet* waren! Sie hatten sich selbst mit einem geistlichen und emotionalen Netzwerk umgeben, das sie unterstützte und ihnen zum unsichtbaren Schutzschild wurde.

- *standhielten*, indem sie das Richtige taten. Sie machten immer weiter und ließen sich nicht von anderen unterkriegen.
- denen *vergaben*, die sie verletzten! Sie vergaben denen, die sie verfolgten.
- *unablässig* Gott vertrauten, auch wenn er weit entfernt erschien. Sie vergaßen nie, dass Gott schon jetzt der Herrscher ist, dass er das letzte Wort haben und alles gut werden wird.
- um Verständnis und Stärke *beteten*. Sie nahmen die Hilfe an, die Gott denen anbietet, die leiden. Sie erkannten, dass sie nicht die Einzigen waren, die je verfolgt wurden. Und so widerstanden sie der Versuchung, in Selbstmitleid zu versinken.
- siegreich die notwendigen *Phasen durchliefen*, die wir alle durchlaufen müssen, wenn wir vor einer Tragödie stehen!

Bleiben Sie positiv!

Dr. Viktor E. Frankl, ein angesehener Psychiater und Autor des bekannten Buches „Der Mensch auf der Suche nach Sinn", ist ein lebendiges Beispiel dafür, dass diese „Glücklich sind"-Aussage zutrifft.

Dr. Frankl wurde als Jude während des Zweiten Weltkriegs von den Nazis inhaftiert. Seine Frau, seine Kinder und seine Eltern kamen in diesem Holocaust um.

Die Gestapo griff sich Frankl und befahl ihm, sich auszuziehen. So stand er da – völlig nackt. Aber sie sahen, dass er immer noch seinen Ehering trug. Als sie ihm sogar diesen nahmen, sagte er zu sich selbst: *Ihr könnt mir meine Frau nehmen, ihr könnt mir meine Kinder nehmen, ihr könnt mir meine Kleider vom Leib zerren und meine Freiheit rauben, aber da gibt es eine Sache, die kein Mensch mir jemals nehmen kann, und das ist die Freiheit, zu wählen, wie ich auf das reagieren werde, was mir angetan wird!*

Damit war eine Idee geboren, die er Jahre später zu der so genannten „Logotherapie" ausbauen sollte. Dies ist eine Therapieform, die Tausenden geholfen hat, mit dem fertig zu werden, was das Leben für sie auf Lager hat. Und diese grundlegende Lektion in Sachen positivem Reaktionsmechanismus bleibt der Schlüssel in dem gesamten Spannungsbogen des Möglichkeitsdenkens. Meine Gedankengänge wurden in großem Maße von den Vorträgen, Schriften und privaten Gesprächen mit Viktor Frankl geformt und beeinflusst.

Wir haben die Freiheit, unsere Einstellungen in einer bestimmten Situation zu wählen – eine positive Haltung beizubehalten, egal, wie schlimm die Situation auch sein mag. Was für ein lebensverändernder Gedanke! Dr. Smiley Blanton, ein weiterer anerkannter Psychiater, erzählte einmal folgendes Beispiel über einen Patienten, der unter Depressionen litt. Nach mehreren Sitzungen unterbrach er diese leidende Seele: „‚Wenn ich nur' – das ist Ihr Problem! Ihr Problem ist, dass Sie sich diese Worte immer wieder einreden. ‚Wenn ich nur hätte …', ‚Wenn ich nur *nicht* hätte …' Ich rate Ihnen, diese Worte aus Ihrem Leben zu streichen! Ersetzen Sie sie durch Worte wie ‚das nächste Mal'. Verleugnen Sie nicht die Realität von Fehlern, die Sie gemacht, oder Sünden, die Sie begangen haben, sondern lernen Sie, sich selbst zu vergeben. Das können Sie tun, indem Sie quälende Erinnerungen durch eine positive Einstellung ersetzen und sich sagen: ‚Das nächste Mal werden die Dinge anders ablaufen.'"

Ein großartiger Rat für jemanden, der selbst sein größter Gegner ist!

Hier haben wir also eine „Glücklich sind"-Aussage, die uns alle betrifft: „Glücklich sind, die verfolgt werden, weil sie nach Gottes Willen leben. Denn ihnen gehört Gottes neue Welt. Glücklich könnt ihr sein, wenn ihr verachtet, verfolgt und verleumdet werdet, weil ihr mir nachfolgt. Ja, freut euch und jubelt, denn im Himmel werdet ihr dafür reich belohnt werden!" (Matthäus 5,10–12).

Diese Aussage Jesu ähnelt der von Viktor Frankl: dass man nämlich die Wahl hat, sich für eine positive Einstellung gegenüber den Widrigkeiten des Lebens zu entscheiden. Und wenn man dazu in der Lage ist, wird man schließlich den Sieg davontragen. Diese Lektion in Bezug auf den Umgang mit Verfolgung ist eine Lektion, die jeder Christ lernen muss, denn jeder wird irgendwann einmal an den Punkt kommen, an dem er für seine Überzeugungen einstehen und das Risiko eingehen muss, abgelehnt oder lächerlich gemacht zu werden. Wenn wir unsere Lektion lernen, werden wir in der Lage sein, Ablehnung anzunehmen, und unser Selbstwertgefühl wird in der Folge gestärkt werden.

Das ist in der Tat eine Haltung, die dazu beiträgt, dass man glücklich sein kann! Wenn wir keine positive Haltung einnehmen, wird die

Ablehnung durch andere unsere Würde verletzen und letztlich zerstören. Und es ist unmöglich, ohne eine gesunde Selbstachtung glücklich zu sein.

Seien Sie vorbereitet!

Wir machen einen großen Fehler, wenn wir annehmen, dass wir nie Verfolgung erleiden werden, nur weil wir in einem demokratischen Land leben. Die Wahrscheinlichkeit ist sehr groß, dass jeder von uns in der einen oder anderen Form in seinem Leben Verfolgung erfährt. Und es ist überaus wichtig, uns mit einer inneren Erste-Hilfe-Ausrüstung geistlich zu rüsten, bevor die Krise zuschlägt.

Die meisten unter uns haben zu Hause und im Büro eine Notausrüstung – einen Erste-Hilfe-Kasten, eine Taschenlampe, vielleicht noch einen Feuerlöscher, aber zumindest ein Telefon, mit dem man die Notrufzentrale anrufen kann. Wir bereiten uns auf Notfälle vor, bevor sie eintreffen, denn wir können nie wissen, wann und wie sie eintreten.

Genauso wie wir mit einer praktischen Ausrüstung vorbereitet sein müssen, sollten wir auch geistlich gerüstet sein, bevor wir in eine Situation geraten, in der wir mit Verfolgung konfrontiert werden. Das können wir tun, indem wir täglich Zeit darauf verwenden, zu beten, die Bibel zu lesen und regelmäßig Gott anzubeten. Wir nähren unser Unterbewusstsein mit positiven Bibelversen, positiven Liedern und Beispielen von Menschen, die ihre Versuchungen erfolgreich gemeistert haben, und mit einem Glauben, der intakt geblieben ist.

Bevor wir diese Prüfung bestehen und unseren Abschluss an der Jüngerschaftsschule machen und unseren christlichen Glauben in einer säkularen und fehlerhaften Gesellschaft leben können, müssen wir die Abschlussprüfung bestehen: Wir müssen geistlich und psychologisch auf Kränkungen und Zurückweisungen und Verfolgung vorbereitet sein. Nur Menschen, die gelernt haben, dass sie mit Verfolgung rechnen müssen, und die darauf vorbereitet sind, sich in harten und sogar schrecklichen Zeiten eine positive Einstellung zu bewahren, werden die Botschafter Jesu Christi in dieser Welt sein.

Der folgende Teil des Kapitels soll für Sie als eine Art Erste-Hilfe-Ausrüstung für unerwartete Krisen fungieren. Sie werden darin positive Bibelstellen, positive Lieder und Berichte von Menschen finden, die angesichts enormer Verfolgung den Sieg davongetragen haben.

Halten Sie durch, wenn es darum geht, das Richtige zu tun!

Die heutigen sozialen und moralischen Zwänge unserer pluralistischen Gesellschaft bedrohen die Christen wie nie zuvor. Die Versuchung, „so wie die ‚ normalen‘ Menschen in unserem Umfeld zu werden“, kann schrecklich einschüchternd wirken. Die Versuchung, das Wertesystem einer säkularisierten Gesellschaft zu übernehmen, wird zur todernsten und heimtückischen Form von Verfolgung. Seien Sie gewarnt: Schließen Sie Kompromisse und legen Sie Ihre Prinzipien ab und Sie werden im wahrsten Sinne Ihre Seele verlieren. Sie werden nicht länger die Person sein, die Sie einmal waren. Sie werden Ihre Identität als eigenständige, unabhängige Person verlieren.

Denn wenn Sie dem Druck nachgeben, so wie jeder andere zu sein, aus Angst davor, belächelt zu werden, begeben Sie sich auf einen Weg, der Sie schließlich in der großen Masse untergehen lässt. Heulen Sie mit den Wölfen, laufen Sie mit dem Rudel, tun Sie, was alle anderen tun, und werden Sie genauso wie jeder andere in der gesichtslosen Masse menschlicher Wesen. Und Sie werden ein Nichts sein! Ein Niemand! Ja, kein individuelles Wesen! Nur ein Tintenklecks, der von der Masse aufgesaugt wird. Denn ein klein wenig von Ihnen stirbt jedes Mal, wenn Sie ein geliebtes Ideal fallen lassen, etwas aufgeben, das für Sie eine hohe Bedeutung hat, oder ein moralisches Prinzip außer Acht lassen.

Wie können wir uns aber gegen gesellschaftliche Verfolgung zur Wehr setzen?

Es war einmal ein Politiker, der seinen Platz so gut ausfüllte, wie er nur konnte. Er gab sein Bestes. Aber da er auch nur ein Mensch war, machte er auch seine Fehler, und so wurde er kritisiert und die Presse schlachtete dies weitlich aus. Daraufhin wurde er so wütend, dass er aufs Land fuhr, um seinen Freund, der Farmer war, aufzusuchen und seinen Rat einzuholen.

„Was soll ich nur tun?“, seufzte der Politiker. „Ich habe mich so redlich bemüht. Niemand hat sich mehr abgerackert als ich, um noch mehr Gutes für noch mehr Menschen zu tun. Und schau nur, wie sie mich kritisieren!"

Der alte Farmer hatte jedoch Schwierigkeiten, das Jammern seines unter Beschuss geratenen Freundes zu hören, denn sein Jagdhund heulte gerade den Vollmond an. Der Farmer wies seinen Hund zurecht, doch der heulte weiterhin drauflos. Schließlich meinte der Farmer zu dem Politiker: „Weißt du, was du mit deinen unfairen Kritikern machen solltest? Hör dir nur mal den Hund an! Und dann schau dir den Mond an! Und dann mach dir klar, dass die Leute dich ständig anjaulen werden. Sie werden dir auf den Fersen sein. Sie werden dich kritisieren. Aber was du daraus lernen solltest, ist Folgendes: Der Hund hört zwar nicht auf zu jaulen, aber der Mond scheint weiter!"

Lassen Sie nur zu, dass die Menschen Ihnen weiterhin Schwierigkeiten bereiten! Aber hören Sie nicht auf, all das Gute zu tun, das Sie tun wollen!

Denken Sie nur an die Großen: Jeanne d'Arc, Martin Luther King, Stephanus, Paulus. Diese Namen erinnern uns an die letzte „Glücklich sind"-Aussage, denn diese Menschen waren wirklich gesegnet. Selbst inmitten von Verfolgung wurden sie gesegnet, denn sie standen fest für das ein, an was sie glaubten. Sie blieben standhaft und taten das Richtige.

Wie waren diese großen Männer und Frauen fähig, „weiterhin zu leuchten" – auch wenn der Wind der Verfolgung ihnen heftig ins Gesicht blies? Sie hatten das kostbarste Geschenk erhalten, das es gibt: die Gewissheit, dass sich nichts – auch der Tod nicht – zwischen sie und Gottes Liebe stellen kann. „Denn ich bin ganz sicher: Weder Tod noch Leben, weder Engel noch Dämonen, weder Gegenwärtiges noch Zukünftiges, noch irgendwelche Gewalten, weder Hohes noch Tiefes oder sonst irgendetwas können uns von der Liebe Gottes trennen, die er uns in Jesus Christus, unserem Herrn, schenkt. [...] Mitten im Leid triumphieren wir über alles durch die Verbindung mit Christus, der uns so geliebt hat" (Römer 8,38–39.37).

Wenn du meinst,
du seist ein völliger Versager,
erinnere dich daran:
Dein größter Erfolg
wird für immer
Gottes Geheimnis bleiben!

Was heißt das für uns? Was könnte es noch Größeres geben, als ein Überwinder zu sein? Was ist besser, als zu gewinnen? Besser ist es, den eigenen Feind auf seine Seite zu ziehen, bzw. den Feind zu einem Freund und Verbündeten zu machen. Das ist weitaus mehr, als nur ein Überwinder zu sein.

Und genau so handelte auch Jesus. Als er von dem römischen Hauptmann verhöhnt wurde, schlug er nicht zurück und bedrohte ihn auch nicht. Stattdessen gewann er ihn mit vergebender Liebe. Und als Jesus dann starb, rief der Hauptmann aus: „Dieser Mann ist wirklich Gottes Sohn gewesen" (Matthäus 27,54).

Es gibt noch etwas Größeres, als zu gewinnen. Es gibt noch etwas Lohnenswerteres, als zu siegen. Es ist möglich, noch mehr als ein Überwinder zu sein. Vielleicht erleben Sie es nicht mehr, und doch sollten Sie darauf vertrauen, dass Sie, wenn Sie inmitten der Verfolgung an einer positiven Einstellung festhalten und das tun, was gut und richtig ist, Gottes Segen erfahren werden.

Vergeben Sie denen, die Sie verletzt haben!

„Das ist gar nicht so einfach", sagen Sie vielleicht. Und damit haben Sie Recht. Eines der schwierigsten Dinge ist, jemandem zu vergeben, der einen verletzt hat. Aber auch an dieser Stelle wollen wir uns wieder die Lektion Jesu ansehen, um zu lernen, wie wir positiv mit unserer Verfolgung umgehen können.

Als Jesus am Kreuz hing, seiner Würde entledigt, rief er: „Vater, vergib ihnen, denn sie wissen nicht, was sie tun!"

Manchmal ist es menschlich gesehen unmöglich zu vergeben. Wenn das der Fall ist, müssen wir auf ein göttliches Eingreifen hoffen. Wir sollten Gott bitten, denen zu vergeben, die uns verletzt haben, und an unseren Herzen zu arbeiten, damit wir schließlich unsere Verletzung aus ihrer Perspektive sehen können.

Häufig kommt es vor, dass Menschen, die andere durch ihre Worte oder Taten verletzen, sich dessen gar nicht bewusst sind. Sie wissen nicht, dass sie jemanden verletzt haben. Sie „wissen nicht, was sie tun".

Zuweilen ist es auch nicht möglich, sie für ihr Tun zur Rechenschaft zu ziehen. „Sie wissen nicht, was sie tun" hieße beispielsweise, dass sie so durcheinander, so unruhig, so gehässig oder so unsicher sind, dass sie rein aus dem Bauch heraus handeln. Sie sind unfähig, über die Gefühle anderer oder ihr Leben nachzudenken.

Wurden Sie schon einmal verletzt? Tragen Sie immer noch diesen Schmerz mit sich herum? Ist es Ihnen so gut wie unmöglich, zu vergeben und zu vergessen? Dann fangen Sie mit dem Gebet an, das Christus gebetet hat: „Vater, vergib ihnen, denn sie wissen nicht, was sie tun."

Vertrauen Sie weiterhin Gott!

Wenn wir leiden, würden wir dies am liebsten an jedem in unserer Umgebung – einschließlich Gott – auslassen. Und es fällt dann schwer, ihm weiterhin zu vertrauen, wenn wir zurückgesetzt oder lächerlich gemacht werden. Aber wenn wir siegreich sein wollen, müssen wir ihm auch in solchen Situationen weiterhin vertrauen.

Das Buch Hiob wurde von Studenten der Literaturwissenschaften einmal als das größte epische Gedicht gepriesen, das je geschrieben wurde. Aber es ist weit mehr als nur ein schönes Stück Literatur. Hiob verkörpert die Geschichte siegreichen Vertrauens – denn mit Sicherheit hat niemand jemals mehr Verfolgung erlitten als Hiob. „Er prüfe mich, so will ich erfunden werden wie das Gold" (Hiob 23,10; Luther). „Gewiss wird Gott mich töten, dennoch vertraue ich auf ihn, denn ich will mein Leben vor ihm verantworten" (Hiob 13,15).

Diese beiden Aussagen, die Hiob nach der erlittenen Verfolgung gemacht hat, zeugen von der Tatsache, dass er diese erfolgreich ertrug. Hiob verkörpert einen Glauben, der standhält, einen Glauben, der unerschütterlich bleibt.

Werfen wir einen Blick auf Hiobs Versuchungen. Er war sehr reich. Er hatte 3 000 Kamele. Heute würde man vielleicht sagen: Er hatte Hunderte von Rolls-Royce-Fahrzeugen. Er hatte sieben Söhne und drei Töchter. Er war auf der ganzen Welt bekannt. Er war das, was man heutzutage einen Superreichen, Super-Karrieristen nennen würde. Im Alter von 39 Jahren hatte er bereits alles erreicht, was man sich nur wünschen konnte. Und darüber hinaus hatte er den Ruf, ein religiöser Mann zu sein.

Eines Tages, so heißt es im Buch Hiob, kam der Teufel zu Gott und sagte: „Glaubst du allen Ernstes, dass Hiob so ein toller Kerl ist? Ich will dir mal was sagen: Es ist ganz schön einfach, Glauben zu haben, wenn man so reich ist wie er. In Wirklichkeit kann doch Hiob nur deshalb einen solchen Keep-Smiling-Glauben zur Schau tragen, weil das Leben sich ihm von der Sonnenseite zeigt. Er ist reich. Aber wenn er arm und krank wäre, würde schnell klar werden, welche Art von Glauben Hiob wirklich hat."

In diesem epischen Gedicht willigt Gott ein, dass der Teufel Hiob auf die Probe stellen darf. Das Erste, was diesem passiert, ist der finanzielle Ruin. Er verliert seinen gesamten Besitz. Als Nächstes stürzt sein Haus ein und all seine Kinder werden getötet. Und als dann das ganze Geld fort ist, sind auch Hiobs opportunistische Freunde verschwunden. Er hat sein Geld, seine Familie, seine Stellung verloren. Die Gemeinschaft, in der er lebt, reagiert einfach nicht mehr auf ihn. Schließlich sitzt er eines Tages in Schutt und Asche – nackt und bloß. Und er klagt: „Nackt bin ich zur Welt gekommen und nackt verlasse ich sie wieder. Herr, du hast mir alles gegeben, du hast mir alles genommen, dich will ich preisen!" (Hiob 1,21).

Und dann fügt er noch dieses Mut machende Versprechen hinzu: „[...] wenn er mich prüfte, wäre ich rein wie Gold" (Hiob 23,10). Es ist der gleiche Glaube, den ich in dem Bekenntnis des Möglichkeitsdenkers formuliert habe (Seite 27). Und es ist die Art von Glauben, die wir in einem Kirchenlied besungen haben:

„O, welches ist der Glaube, der nicht zurückschreckt,
auch wenn er von jedem Feind in die Mangel genommen wird.
Der am Abgrund nicht stolpert
eines irdischen Jammers.
Ein Glaube, der hell und klar hervorleuchtet,
wenn der Ärger tobt.
Ein Glaube, der in der dunkelsten Zeit
keinen Zweifel kennt."

William Bathurst (1796–1844)

Das war der Glaube, den Hiob hatte: „Gewiss wird Gott mich töten, dennoch vertraue ich auf ihn."

Dieser Glaube ist sensationell. Einfach Fantastisch! Ehrfurcht gebietend! Und es ist spannend, ihn eingehender unter die Lupe zu nehmen, denn er führt uns unmittelbar drei Fragen vor Augen, wenn es um unseren Umgang mit dem Thema Verfolgung geht.

Die erste Frage lautet: „Wie reagieren Menschen auf Verfolgung?“

Und die zweite Frage: „Worin liegt dieses Vertrauen begründet, in dem Hiob ruhte?

Und schließlich die letzte Frage: „Ist es mir möglich, dasselbe positive Vertrauen zu erlangen?“

Schauen wir uns die erste Frage an: „Wie reagieren Menschen auf Verfolgung?“ Dazu gibt es drei mögliche Antworten:

1. Die verbreitetste negative Reaktion besteht darin, einfach aufzugeben und die Niederlage einzustecken. Ich vergleiche Menschen, die so reagieren, mit *Asche.*
2. Die zweithäufigste Reaktion ist ebenfalls negativ. Sie ist die eines *Sünders*. Was ist ein Sünder? Ein Sünder ist jemand, der sich bewusst dafür entscheidet, seinen Glauben aufzugeben. Ein Sünder ist jemand, der sich durch einen Willensakt bewusst für die negative Reaktion entscheidet. Die ultimative Sünde – wie sieht sie aus? Hier entscheidet man sich dafür, ein Zyniker zu sein; entscheidet sich, nicht zu glauben.
3. Worin zeigen sich diese Reaktionen? Die erste Reaktion war die Asche – ausgebrannte Menschen („Burnout“). Die zweite Reaktion zeigt sich an den Sündern so, dass sie in Weißglut gebrachte Menschen sind. Sie werden zornig auf Gott und alle anderen. Schließlich gibt es noch die *Sendenden.* Sie brennen nicht aus. Sie lodern nicht auf. Sie leuchten einfach heller – und scheinen wie Gold!

So war es auch bei Hiob, als er auf die Probe gestellt und mit Versuchung konfrontiert wurde. Er schien mit dem goldenen Licht eines ansteckenden und anfeuernden Glaubens.

Die Sendenden. Sie strahlen hell und senden ein Licht in die Dunkelheit aus. Sie signalisieren: „Welt, sieh auf mich! Ich werde vielleicht auf die Probe gestellt. Versucht! Verfolgt! Aber ich vertraue immer noch auf Gott.“ Sie senden eine Botschaft an die Welt aus, dass man an Gott glauben kann, auch wenn es still um ihn ist. Das

Erstaunliche daran ist dann: Je dunkler das Leid, desto strahlender die Botschaft, die der Sendende an alle anderen weitergibt.

Dieses Prinzip wird am besten durch ein Phänomen verdeutlicht, das ich einmal sah, als ich über den Pazifischen Ozean flog. Ich dachte, ich hätte bereits das Kielwasser jedes nur erdenklichen Bootes oder Schiffes gesehen. Ich habe die großartigen schäumenden Wellenberge von Luxus-Linern gesehen. Und ich habe das schöne Wellenspiel eines kleinen Kanus auf einem ruhigen Fluss in Kanada beobachtet. Ich habe meine Kinder hinter einem Motorboot im spiegelglatten Wasser eines Bergsees an einem frühen Morgen Wasserski fahren sehen.

Ob nun lang oder kurz, schmal oder breit: Für mich war es immer schon ein atemberaubender Anblick, zurückzuschauen und das aufgewirbelte Wasser zu betrachten, das von der Heckwelle zurückgelassen wurde. Aber als ich über den Ozean flog, sah ich ein Kielwasser, das ich noch nie zuvor gesehen hatte. Ich sah es vom Fenster eines Jets aus. Zuerst dachte ich, dass die Spuren auf dem Meer von verborgenen Riffs herrührten. Mein Reisebegleiter jedoch meinte: „Es sieht wie die Hecksee eines Schiffes aus, aber diese Linien liegen entschieden zu weit auseinander, als dass sie davon stammen könnten!"

Beim Weiterfliegen stellten wir fest, dass die Linien tatsächlich näher zusammenrückten, wie dies auch bei einer Heckwelle der Fall ist. Und schließlich sahen wir das Schiff, von dem diese herrührten. Wodurch war dieses Riesen-Kielwasser entstanden? War es ein Flugzeugträger? Nein. Es war nur eine sehr schmale, kurze Linie im Wasser, aus dem ein Sehrohr hervorlugte.

Ich rief: „Da ist ja ein U-Boot!"

Mein Reisebegleiter meinte: „Ja, stimmt."

Es war gerade an die Oberfläche aufgetaucht. Und ein U-Boot, das auftaucht, nachdem es die Tiefen durchfahren hat, hinterlässt ein Kielwasser, das beachtlich ist.

Und genau das gilt auch für die Menschen, die durch die tiefen Wasser des Leidens gehen: Sie hinterlassen ein gewaltig breites Kielwasser – vorausgesetzt, sie entscheiden sich dafür, zu vertrauen und zu vergeben. (Und das ist wirklich eine riesige Entscheidung.) Trotz ihres Leidens senden sie eine grandiose Botschaft der Hoffnung an die Welt.

Für welche Reaktionen können Sie sich angesichts von Leid und

Schmerz entscheiden? Sie können ausbrennen, auflodern oder hell erstrahlen! Sie können wie die Asche sein, können ein Sünder oder ein Sendender sein. Ihre Reaktion sollte so aussehen, dass Sie Gott vertrauen – trotz allem! Ihre Reaktion muss die sein, zu vergeben – egal, wie die Umstände auch sind! Wenn die Anspannung oder das Leid zu schrecklich, zu bedrohlich werden, dann sind das Vertrauen und die Vergebung die einzig positiven Alternativen. Alle anderen Entscheidungsmöglichkeiten sind negativ. Seien Sie nicht wie die Asche! Seien Sie kein Sünder! Seien Sie ein Sendender!

Drei Reaktionen auf das Leid:
1. Einige sind wie Asche ...
Sie brennen AUS.
2. Einige sind Sünder ...
Sie lodern AUF.
3. Einige sind Sendende ...
Sie scheinen einfach HELLER.

Die erste Frage, die ich bereits aufgeworfen und beantwortet habe, lautet: „Wie reagieren die Menschen auf das Leiden?“ Die zweite Frage lautet: „Worum geht es beim Vertrauen?“ Eigentlich ist das recht einfach: Vertrauen ist der Glaube, dass Gott trotzdem da ist!

Eine Sache ist hierbei noch wichtig. In einem Haus im Warschauer Ghetto waren die folgenden Worte an die Wand gekritzelt:

„Ich glaube an die Sonne, auch wenn sie nicht scheint.
Ich glaube an die Liebe, auch wenn ich sie nicht fühle.
Ich glaube an Gott, auch wenn er schweigt.“

Gott ist da! Auch wenn Sie ihn vielleicht nicht hören oder spüren – geben Sie ihn nicht auf!

Wie wahr dieser Satz ist, wurde mir durch ein lustiges Ereignis erneut so richtig bewusst, das sich vor einigen Jahren zugetragen hat. In jener Woche hatte ich dienstags einen Vortrag an der *University of Berkeley* in Kalifornien zu halten. Mittwochs war anlässlich des 500. Geburtstages von Martin Luther ein Vortragstermin bei den Lutheranern in Arizona angesagt. Am Donnerstag musste ich am *Northwestern*-College in Iowa sein. Und am Freitag sollte ich dann am *Johns Hopkins*-College in Baltimore eine Vorlesung halten. Alles war sorgfältig geplant. Doch wenn ich einen Flug verpassen würde, hätte ich ein großes Problem.

Alles ging glatt, bis ich nach Phoenix kam, um meinen Anschlussflug in Richtung Osten zu erreichen. Zuerst ging ich zum Schalter, um einzuchecken und sicher zu gehen, dass ich mich nicht zu spät dort meldete. Denn bald schon bildete sich eine Schlange von ungefähr 30 oder 40 Leuten hinter mir, die alle darauf warteten, mit ihren Koffern einzuchecken. Das Flugzeug sollte in 30 Minuten abheben. Schließlich kam die Flughafenangestellte, um mit der Abfertigung der Passagiere zu beginnen. Sie wirkte abgespannt. Ich versuchte, ihr Verständnis entgegenzubringen, und so sagte ich: „Sieht so aus, als gäbe es Probleme."

Sie schaute noch nicht einmal zu mir auf, sondern murmelte einfach nur: „Mann, o Mann, das ist ja 'ne ganz schöne Kacke!" Dann sprach sie mich an: „Ich nehme an, Sie stehen wegen Ihres Fluges nach Denver hier an."

Ich bejahte dies und sie entgegnete: „Ah, ich habe gerade die Nachricht bekommen, dass dieser Flug gestrichen wurde. Und jetzt nehme ich mal an, dass Sie mich fragen werden, ob ich Ihnen helfen könnte, wozu ich verpflichtet bin. Aber ich habe gar keine Ahnung, wie ich das machen soll." Dann hob sie den Kopf und sah mich an: „Oh! Dr. Schuller!" Und sie gab mir die Hand und meinte noch: „Sprechen Sie doch ein kurzes Gebet für mich. Ich stecke in einer Zwickmühle. Ich weiß nicht, was ich machen soll ... Einen Moment mal, bitte. Ich muss nur kurz eine Computerabfrage machen."

Dann fing sie an, ihre Tastatur zu bearbeiten, hielt inne und blickte auf den Bildschirm. Ihr Gesicht verriet Bestürzung und Frustration. Verzweifelt griff sie zum Telefon: „Ben! Hilf mir! Der Computer ist abgestürzt! Alles schwarz! Meinst du, das liegt an der Leitung? Bring die Kiste wieder zum Laufen, bitte!"

Um es auf den Punkt zu bringen: Manche jammern, dass Gott schweigt, und zweifeln seine Existenz an. Aber man hört ja auch nicht auf, an Computer zu glauben, wenn einmal die Leitung tot ist oder nur weil es ein Problem mit irgendwelchen Kabeln gibt. Hören Sie nicht auf, an Gott zu glauben, nur weil er im Moment nichts von sich hören lässt!

Worin lag Hiobs Vertrauen begründet? Hiob vertraute darauf, dass Gott immer noch da war, auch wenn er angesichts seiner Verfolgung zu schweigen schien. Aber dieses Vertrauen stützt sich noch auf ein zweites Element: das Wissen, dass Gott das letzte Wort haben wird. Was uns heute zustößt, wird nicht ewig dauern. Es ist lediglich eine Phase in unserem Leben. Es ist nicht der Schlusspunkt unserer Geschichte.

Der Prediger und Evangelist Oral Roberts erlebte vor ein paar Jahren einen großen persönlichen Schicksalsschlag, als sein Sohn tot aufgefunden wurde. Ich schickte ihm ein Telegramm mit folgendem Text: „Lieber Oral, darf ich dich als Allerererstes selbst zitieren: ‚Gott weiß eine Menge mehr darüber, als wir es tun.' Und, Oral, wenn ich noch etwas anfügen darf: ‚Gott wird das letzte Wort haben. Und das wird GUT sein!'"

Das Möglichkeitsdenken kann die Prüfungen in Gelegenheiten verwandeln: zur Heilung, zur Vergebung, zum Mitgefühl!

Klagen Sie Gott nicht an! Seien Sie ihm gegenüber nicht verbittert! Auch wenn er vielleicht Ihr Leiden zugelassen hat, so hat er es doch nie verursacht. Er kann Ihnen helfen, es in etwas Gutes zu verwandeln, wenn Sie sich vor Augen halten, dass Gott mit Ihnen nicht fertig ist. Noch nicht. Vertrauen Sie darauf: Gott wird das letzte Wort haben, und nicht das Leiden, das Sie jetzt durchmachen. Es ist nur von vorübergehender Dauer. Es ist keine Einbahnstraße.

Was ist die bestmögliche Reaktion auf Verfolgung? Die Antwort lautet: Vertrauen!

Und worauf gründet sich dieses Vertrauen? Das Vertrauen gründet darauf, dass Gott da ist, auch wenn er schweigt. Es ist das Vertrauen, dass Gott wiederkommen wird, dass er „online" geht und sein letztes Wort gut sein wird.

Nun stellt sich uns noch eine dritte Frage: „Wie können wir Gott in Zeiten des Leidens vertrauen?"

Zwei positive Gedanken möchte ich Ihnen dazu mit auf den Weg geben. Der erste lautet: Kann man dem Bankier trauen, wenn er sein ganzes Geld auf der eigenen Bank hat? Mit Sicherheit. Und das Gleiche gilt für Gott. Gott hat eine Menge mehr zu verlieren als wir. Ohne Zweifel war es nicht nur Hiob, der hier auf dem Prüfstand war. Gott hatte genauso den Härtetest zu bestehen.

Jedes Mal, wenn Sie Leid, Trauer und Schmerz erfahren, sollten

Sie sich vor Augen halten, dass Ihr Glaube auf die Probe gestellt wird. Aber nicht nur der. Auch der Allmächtige. Seine Ehre steht auf dem Spiel. Schlimmstenfalls können Sie Ihr Leben oder Ihre Seele verlieren. Aber Gott könnte seine Ehre verlieren. Schließlich hat er Verheißungen gegeben. Sein Wort ist voll davon.

Dann gibt es da noch einen zweiten positiven Gedanken, den wir im Auge behalten sollten – gerade in den schweren Zeiten, die unseren Glauben herausfordern. Was hielt Hiobs Vertrauen aufrecht? Er war ein aufrichtiger, ehrbarer Mann. Wenn Ihr Herz gerecht ist, wird Ihr Glaube hell erstrahlen. Sie können Gott vertrauen, wenn Sie wissen, dass Sie das Beste gegeben haben, was Sie konnten – und noch geben.

Bitten Sie um Verständnis und Stärke!

Werden Sie verfolgt? Gibt's in Ihrem Leben eine Übermacht an Widrigkeiten und Feindseligkeiten? Dann lehnen Sie sich nicht dagegen auf! Lehnen Sie die Hilfe, die Gott Ihnen bietet, nicht ab! Ergreifen Sie seine Hand und gehen Sie vor ihm auf die Knie. Beten Sie! Danken Sie Gott für seine Unterstützung, die er Ihnen schenkt und weiterhin schenken wird. Bitten Sie ihn darum, Ihnen Wegbegleiter zu schicken, die Ihnen helfen können. Bitten Sie ihn um eine übernatürliche Stärke, trotz allem glauben und fröhlich sein zu können.

Viele von Ihnen kennen mit Sicherheit Corrie ten Boom (1892–1983). Entweder ist Ihnen vermutlich ihr Buch oder der Film über ihr Leben – „Die Zuflucht" – bekannt.[8]

Corrie ten Boom lebte als Uhrmacherin in Haarlem in den Niederlanden. Nach dem Einmarsch der Deutschen Wehrmacht arbeitete sie während des Zweiten Weltkrieges im Untergrund. Unzählige Juden, die von der Gestapo gehetzt und gejagt wurden, fanden in ihrem Haus Unterschlupf. In ihm richteten sie ein geheimes Zimmer ein, in dem sie Flüchtlinge versteckten. Corrie sowie ihre Schwester Betsy und ihr Vater gewährten zahllosen Juden Obdach, die heute noch leben, ohne diese Hilfe aber im Konzentrationslager umgekommen wären. Schließlich kam die Gestapo den ten Booms doch noch auf die Schliche. Sie wurden zu Gefängnisstrafen verurteilt und monatelang verfolgt.

Ich war so beeindruckt von Corrie ten Booms Lebensgeschichte, dass ich sie in den Niederlanden anrief – wo sie zu der Zeit, als ich ihr zuerst begegnete, noch wohnte –, um sie zu einem Vortrag in unsere Gemeinde einzuladen. Den hielt sie dann auch mit ihren 80 Jahren. Vor kurzem habe ich mir nochmals ihre unveröffentlichte Predigt angehört. Diese verdient ein weiteres Publikum, das dieses Buch hoffentlich bieten wird. Und hier haben wir also ihren Lebensbericht:

„Ich habe einmal einen Fallschirmspringer getroffen, dem ich die Frage stellte: ‚Als Sie das erste Mal aus einem Flugzeug Richtung Erde gesprungen sind, was haben Sie dabei gedacht?'

Er antwortete: ‚Ich dachte nur an eines, und das war: Es funktioniert! Es funktioniert!'

Ich möchte Ihnen sagen, dass es tatsächlich funktioniert, wenn man seinen Lebensweg mit Jesus geht. Einige meinen zwar, dass das einen nicht auffängt und trägt. Aber da hoffe ich, dass wir diese überzeugen können, dass sie Gott nie zu viel zutrauen können. Er sagt: ‚In der Welt habt ihr Angst, aber lasst euch nicht entmutigen: Ich habe die Welt besiegt' (Johannes 16,33).

Schon vor vielen Jahren rief mein Großvater ein Gebetstreffen für Juden ins Leben. Jede Woche kam er mit seinen Freunden in einem alten Uhrmacherladen zusammen. Dort beteten sie für den Frieden in Jerusalem und die Errettung der Juden. Dies war so etwas Ungewöhnliches, dass ich mich noch genau an das Jahr erinnern kann, in dem sie damit begonnen haben. Es war 1844. Heute ist es nichts Ungewöhnliches mehr, wenn die Christen für die Juden beten.

100 Jahre später – in demselben Haus, in dem mein Großvater für die Juden gebetet hatte – wurden sein Sohn (mein Vater), vier der Enkel meines Großvaters und ein Urenkel verhaftet, weil sie während des Zweiten Weltkrieges holländischen Juden das Leben gerettet hatten. Vier von ihnen starben im Gefängnis. Ich kam lebend davon. Ich kann das zwar gar nicht so recht begreifen, aber das macht auch nichts. Wir müssen uns auf Trübsale einstellen.

Eines weiß ich: ich habe nie so konkret erfahren, dass Jesus hautnah bei mir ist, wie in der Zeit im Konzentrationslager Ravensbrück, das sich nördlich von Berlin befand, weit von meiner holländischen Heimat entfernt. Die Baracke, in denen meine Schwester und ich lebten, befand sich im Schatten eines Krematoriums. Jeden Tag wurden dort etwa 600 Leichen verbrannt. Immer, wenn ich den Rauch aufsteigen sah, fragte ich mich: ‚Und wann bist du an der Reihe? Wann wirst du getötet?' Ich wusste ja im Voraus noch nicht, dass ich durch ein Wunder Gottes und einen menschlichen Fehler eine Woche, bevor sie alle Frauen in meinem Alter töteten, freigelassen werden sollte.

Ich habe dem Tod nicht nur einmal, sondern oftmals ins Auge geblickt. Wenn Sie den Tod in den Augen der Menschen sehen, wachen Sie auf und erkennen die Realität! Was für eine Freude war es doch für mich, dass Jesus bei mir war und ich die Gewissheit hatte, dass er am Kreuz für die Verfehlungen der ganzen Welt und auch für meine gestorben war. Ich hatte keine Angst. Ich wusste, wenn sie mich töteten, würde ich in das Haus meines Vaters gehen, in dem es viele Wohnungen gibt … ich würde in die Welt der Lebenden gehen. Was für eine freudige Perspektive! Ich wusste, dass das Beste erst noch kommen würde.

Wie können wir wissen, wie stark und reich wir in Jesus Christus und in seiner Gegenwart sind? Indem wir uns dem Kreuz zuwenden:

„Am Kreuz, am Kreuz,
Wo ich zuerst das Licht sah,
Und die Last meines Herzens wich,
Ja, dort war es – durch Glauben –, dass ich sehend wurde.
Und nun bin ich den ganzen Tag über glücklich."

Isaac Watts

Manchmal mussten wir uns in diesem schrecklichen KZ nackt hinstellen. Sie nahmen uns alle Kleider weg. Sieben Mal ging ich durch dieses Martyrium. Das erste Mal war es am schlimmsten. Ich konnte es kaum verkraften. Ich habe mich noch nie so elend, so kalt, so gedemütigt gefühlt. Zu Betsy sagte ich: ‚Das halt ich nicht aus.' Aber dann hatte ich plötzlich den Eindruck, ich würde Jesus am Kreuz hängen sehen. Die Bibel berichtet davon, dass sie ihm seine Kleider wegnahmen. Er hing dort nackt. Durch mein eigenes Leid konnte ich einen Bruchteil des Leidens Jesu verstehen. Und ich war so dankbar, dass ich mich so fühlen konnte, wie er sich gefühlt haben musste. ‚Liebe, so wunderbar, so göttlich, will mein Leben, meine Seele, mein alles' (John Newton). Wir dürfen nie vergessen, dass wir einem verwundeten Hauptmann folgen. Sollten wir da nicht auch Wunden haben und Narben?

„Unter dem Schutz seiner fehlerlosen Anweisungen
folgen wir ihm durch die Straßen.
Damit wir es nicht vergessen, Herr, wenn wir uns sehen.
Zeige uns deine Hände und Füße."

Jesus war bei uns – war bei Betsy und mir – im Lager. Morgens gab es immer sehr früh einen Lagerappell. Die Vorsteherin unserer Baracke war so grausam, dass sie uns immer eine ganze Stunde früher antreten ließ. Betsy und ich gingen jedoch nicht zu dem Platz, an dem wir während des Appells stundenlang stehen sollten. Wir marschierten um das Zelt herum. Alles war schwarz. Der Boden war mit Kohle geschwärzt worden. Die Baracken waren schwarz angemalt. Das einzige Licht, das wir hatten, kam von den Sternen und dem Mond. Aber Jesus war mit uns. Er sprach zu uns und ging mit uns herum. Betsy sagte etwas, dann sagte er etwas. Wie war das möglich? Ich weiß es nicht, aber wir beide verstanden, was Jesus uns sagte. Da war etwas Himmel inmitten der Hölle.

Einmal weckte Betsy mich mitten in der Nacht auf. ‚Corrie, Gott hat zu mir gesprochen. Wenn wir frei gelassen werden, müssen wir eines tun: Wir müssen das Evangelium überall in die ganze Welt hineintragen. Wir können aus unserem reichen Erfahrungsschatz berichten. Und deshalb werden die Menschen uns auch zuhören. Wir können ihnen sagen, dass wir Jesu Licht ganz real erfahren haben und dass es stärker ist als die schlimmste Dunkelheit. Wenn wir auf Menschen stoßen, die in der Dunkelheit leben, können wir ihnen das eine sagen: Wenn sie mit Jesus gehen, werden sie nie tief fallen. Nie tiefer als in seine ewig-starken Arme.' Eine Woche später starb Betsy. Zwei Wochen später kam ich frei.

Ihr Christen, habt ihr Angst vor Kummer und Leid? Habt keine Angst! Wisst Ihr, was Paulus einmal gesagt hat? In 2. Thessalonicher 1, Vers 4 heißt es: ‚Wir sind stolz auf euch […]. Wie treu und standhaft ertragt ihr doch alle Verfolgungen und Leiden! Sie sind ein Vorzeichen für das kommende Gericht. Gott ist ein gerechter Richter. Er wird euch in seine neue Welt aufnehmen, für die ihr hier leidet.' Seid nicht besorgt, denn Gott gab uns nicht einen Geist der Furcht, sondern einen Geist der Liebe und der Kraft – gepaart mit einem gesunden Menschenverstand.

Als ich jünger war, sagte ich einmal zu meinem Vater: ‚Papa, ich habe Angst, dass ich nie stark genug sein werde, um für Christus einzustehen, auch wenn es schwierig wird.‘

Mein Vater antwortete: ‚Corrie, wenn du mal eine Reise mit dem Zug machen willst, wann gebe ich dir dann das Geld dafür? Drei Wochen im Voraus?‘

‚Nein, Papa, am Tag der Abreise.‘

Und darauf entgegnete mein Vater: ‚Schau, und so macht es Gott auch. Heute brauchst du die Kraft und Stärke noch nicht, um für Jesus zu leiden. Erst in dem Moment, in dem er dir die Ehre zuteil werden lässt, für ihn zu leiden. Er wird dir dann auch all die Kraft geben, die du brauchst.‘

Ich war mit seiner Antwort zufrieden und spielte dann mit meinen Puppen weiter. In den Büchern, die ich geschrieben habe, berichte ich dann auch davon, wie mir Gott in den Situationen, in denen ich verfolgt wurde und so schrecklich litt, die nötige Festigkeit und Gnade gab.

Vor nicht allzu langer Zeit, als es immer noch möglich, wenn auch schon recht gefährlich war, nach China zu reisen, wurde eine Missionarin gefragt: ‚Haben Sie keine Angst?‘ Sie antwortete: ‚Ich habe nur vor einem Angst: dass ich ein Weizenkorn werde, das nicht bereit ist zu sterben.‘ Und das ist eine gute Einstellung. Ich hoffe, dass Sie genauso empfinden. Ich weiß, dass Gott all die Kraft und Macht für mich bereithält, die ich nötig habe. Ja, und die hat er auch für euch junge Christen.

Glauben Sie, dass das nicht funktionieren wird, wenn Jesus mit Ihnen ist? Wissen Sie, warum Sie so denken? Weil Sie es nie probiert haben, sich ganz auf Jesus einzulassen. Versuchen Sie es! Vertrauen Sie sich Jesus an! Öffnen Sie ihm Ihr Herz! Um mit seinen Worten zu sprechen: ‚Noch stehe ich vor deiner Tür und klopfe an. Wer jetzt auf meine Stimme hört und mir die Tür öffnet, zu dem werde ich hineingehen und Gemeinschaft mit ihm haben‘ (Offenbarung 3,20).

Haben Sie seine Stimme gehört? Wann werden Sie sagen: ‚Ja, Herr, komm herein?‘ Er wird hereinkommen. Er wird Sie nicht im Stich lassen. Wenn Sie gefährliche und schwierige Zeiten durchmachen müssen, brauchen Sie keine Angst zu haben, denn Jesus ist Sieger. Jesus ist Sieger und Jesus wird für immer der Sieger sein. Er möchte uns so viel Kraft geben, dass wir noch mehr sind als Überwinder!"

Siegreich durch die verschiedenen Phasen des Lebens gehen

Um sich in leidvollen Phasen des Lebens eine positive „Glücklich sind"-Haltung zu bewahren, müssen wir eines im Blick haben: „Auch das wird vorübergehen." Die Verfolgung währt niemals ewig. Aber Sie müssen für drei Phasen gewappnet sein, die Sie zwangsläufig durchlaufen werden.

Die erste Phase ist die der *Kollision.* Dies ist die Phase, in der Sie plötzlich die schreckliche Realität der Situation erkennen. Ihr Friede trifft plötzlich auf die Konflikthaftigkeit dieser Welt. Dies ist auch die Phase, in der Sie merken, dass das augenscheinlich Schreckliche nicht nur ein böser Traum ist. Es passiert wirklich – und zwar Ihnen!

Die zweite Phase besteht im *Rückzug.* Wenn wir hier über Angst, Schuld, Hass oder Wut reden, so sind diese Emotionen doch nur Ausdruck unseres Bestrebens, zurückzuweichen, uns einzuigeln und zurückzuziehen, um die schreckliche Realität nicht akzeptieren zu müssen.

Die Kollision ist der erste Schritt. Der Rückzug der zweite. Phase drei ist die *Anpassung.* In dieser dritten Phase lernt man dann schließlich, wie man sich auf den Verlust einstellen muss. Der einzige Weg, auf dem man diese Phase erreichen kann, besteht darin, dass man sich bewusst macht, woher man kommt und wer einem das gegeben hat, was man hat.

„Der Herr hat's gegeben ..." Alles, was wir haben, kommt von Gott. Mein Leben kommt von Gott. Nicht als Geschenk – wie Sie vielleicht annehmen. Denn das Leben ist kein Geschenk von Gott, es ist ein anvertrautes heiliges Gut.

Die folgende Geschichte war hier bei uns in aller Munde. Die Zeitungen berichteten ausführlich über die Tragödie des kleinen David Rothenberg. Dieser wurde von seinem Vater angezündet, der sein Leben nicht mehr im Griff hatte. David erlitt an einem Großteil seines Körpers – inklusive Kopf und Gesicht – Verbrennungen dritten Grades. Er verlor die meisten Finger. Aber er lebt – und das grenzt an ein Wunder!

Ich fühle mich geehrt, David und seine bemerkenswerte Mutter Marie zu meinen besonderen Freunden zählen zu können. Ich kenne niemanden persönlich, der schlimmere Verfolgung erlitten hätte als David. Aber als ich ihn traf, konnte ich das Funkeln in seinen Augen sehen. Ich konnte den Humor in seiner Stimme hören. Trotz der körperlichen Beschwerden, mit denen David sein ganzes Leben lang wird leben müssen, wie auch der emotionalen Wunden, die er immer mit sich herumtragen wird, ist er ein leuchtendes Beispiel für ein mutiges Kind.

Sicherlich geht ein großer Teil des Lobes an seine Mutter. Ich höre sie immer noch sagen: „Dr. Schuller, erst am dritten Tag nach dem Feuer konnte ich Davy Gott überlassen. Denn in diesen drei Tagen rang ich mit mir selbst und überlegte hin und her, ob Davy leben oder sterben sollte. Ich wusste nicht, ob es fair war, dass er sein Leben mit so schweren Verletzungen leben musste. Aber dann gab ich das alles an Gott ab und vertraute Davy Gottes fürsorglichen Händen an. Ich wusste nun, dass ich seinen Willen akzeptieren konnte. Was auch immer er entscheiden würde, wäre das Beste für Davy. Heute bin ich natürlich sehr froh, dass David am Leben geblieben ist. Ich sehe ihn als enorme Inspiration für Millionen von Menschen überall im ganzen Land. Er ist ein Beispiel für Mut und Glauben. Und wenn ich es so recht betrachte, hat er meinen Glauben an Gott gestärkt. Wegen Davy weiß ich, dass Gott uns nie mehr aufträgt, als wir bewältigen können."

Marie erzählte mir auch, wie viel es David bedeutet hatte, dass ihre Freundin Judy Curtis ihm die Stellen im Neuen Testament vorlas, die mit dem Leiden Jesu zu tun hatten. David sagte dann zu Judy: „Sie haben das Jesus angetan – und er hat überhaupt nichts Falsches getan!" David konnte mit Jesus reden. Er hatte Jesus lieb.

Ich war begeistert, dass ich David die *Scars into Stars*-Auszeichnung („Wunden werden zu Sternstunden") verleihen konnte. Diese Auszeichnung wurde von unserer Gemeinde bereits zuvor an Art Linkletter und Della Reese verliehen. Es war also erst das dritte Mal in der Geschichte meines Dienstes, dass ich diese Auszeichnung vergab. Für David hatten wir die folgenden Worte in die silberne Plakette eingravieren lassen:

„Die ‚Wunden zu Sternstunden'-Auszeichnung wurde dir, David Rothenberg, am 4. November 1984 in der ‚Crystal Cathedral' verliehen, weil du deine Tragödie in ein siegreiches Wunder verwandelt hast – indem du Millionen von Menschen die Bedeutung von Mut und Tapferkeit angesichts des unglaublichen Schmerzes und Leidens, die Bedeutung der Vergebung angesichts unglaublicher Provokation und die Bewältigung von Wunden durch eine ‚Wunder-volle' persönliche Beziehung zu Jesus Christus als Herrn nahe gebracht hast."

Es ist möglich! Egal, wie schwer, wie tief, wie bitter das Leiden auch ist – wenn wir unsere Anfeindungen Jesus anvertrauen, kann er sie in Siege verwandeln! Er kann das Unmögliche tun. Er kann Wunder vollbringen. Und er kann uns durch die Phasen der Kollision und des Rückzugs in eine heilende Phase der Akzeptanz führen, wenn wir ihn nur lassen.

Zum ersten Mal kam ich mit Rita Nightingale, einer liebenswerten jungen Engländerin, durch ihr Buch *Freed for Life* („Befreit zum Leben")[9] in Berührung. Ihre Lebensgeschichte ist ergreifend. Atemberaubend. Und unglaublich.

Ritas Geschichte begann in Bangkok (Thailand). Sie wartete darauf, in ihr Flugzeug nach Paris steigen zu können, als sie plötzlich von einem Beamten zur Seite genommen wurde. Sie hatte keinerlei Befürchtungen, denn sie hatte nichts zu verbergen – zumindest dachte sie dies. Dann wurde sie in einen Raum geführt, der voller bewaffneter Soldaten war. Sie stellten alle ihre Koffer auf den Kopf. Noch immer war sie sich keiner Schuld bewusst. Dann fingen sie an, das Innenfutter der Tasche, die ihr Freund ihr in Hongkong gegeben hatte, aufzureißen. Und heraus zogen sie einige kleine Päckchen. Es war Heroin.

Von diesem Moment an sagte keiner auch nur ein Wort zu Rita, was sie schockierte und ängstigte. Alles, was man in ihrer Gegenwart sagte, lief in einer fremden Sprache ab. Das Nächste, an das sie sich noch erinnern konnte, war, dass sie sich in einer Gefängniszelle wiederfand.

Rita musste zugeben, dass sie ein recht turbulentes Leben hinter sich hatte. Sie war abenteuersüchtig. Und doch hatte sie sich nie träumen lassen, dass sie sich eines Tages in einer Gefängniszelle wiederfinden würde. Aus dem gut aussehenden, lebhaften Mädchen aus Hongkong war eine Gefängnisinsassin in Thailand geworden.

Ein glamouröses Leben war eine Sache. Drogen waren die andere. Rita hatte sich nie auf harte Drogen eingelassen. Dass man in ihrer

Tasche Heroin fand, war ein Schock für sie. Sie hatte es nicht dorthin getan. Es musste also von jemand anderem dort hineingeschmuggelt worden sein.

Dennoch war es ein Ding der Unmöglichkeit, die thailändische Polizei von ihrer Unschuld zu überzeugen. Die Gerichte glaubten der Polizei. In Ritas Besitz war Heroin gefunden worden und mehr interessierte sie nicht.

Rita wurde zu 20 Jahren Haft verurteilt. Die Verhältnisse im Gefängnis waren primitiv: 30 Frauen quetschten sich hier auf einen Raum von drei mal fünf Metern. Sie schliefen Fuß an Fuß – und Seite an Seite mit den Mäusen und Kakerlaken – auf dem Holzboden. Man kann sich leicht Ritas Wut und Verbitterung vorstellen, als ihr so langsam dämmerte, was tatsächlich passiert war. Sie war von einem Freund missbraucht worden, von dem sie dachte, dass er sich um sie sorgte und sie liebte. Die Aussicht, die nächsten 20 Jahre ihres Lebens im Gefängnis verbringen zu müssen, war real. Ihre Wut richtete sich schnell gegen Gott und die Welt – selbst gegen die Anwälte und Botschaftsangehörigen, die ihr helfen wollten.

Als eine Frau sie im Gefängnis besuchte und ihr sagte, dass Gott sie liebte, wurde Rita zur Furie.

„Wie konnte Gott das nur zulassen, wenn er mich wirklich liebte? Wenn er mich lieb hätte, säße ich jetzt nicht hier!"

Dann bekam Rita noch von jemand anderem Besuch, und zwar von einer alten Dame – die schon in den 70ern war – aus ihrer Heimatstadt. Rita konnte nicht glauben, dass diese kleine, alte, beherzte Frau den weiten Weg von England nach Bangkok zurückgelegt hatte, nur um mit ihr zu reden.

Als Rita ihren Lancashire-Akzent hörte, fing sie an zu weinen. Das berührte sie, denn in den vergangenen Monaten war sie recht hart geworden.

Nachdem die alte Dame wieder gegangen war, stelltc Rita sich selbst immer wieder die Frage nach dem Warum.

Die kleine, alte Frau hatte ihr ein Buch dagelassen, das den Titel trug: „Der Grund dafür". Darin las Rita nochmals von den Worten Jesu. Auch wenn sie die Geschichte von Jesus bereits zuvor gehört hatte, so hatte sie ihr persönlich doch nie viel bedeutet. Durch das Lesen des Buches begann sie, über all das nachzudenken, was ihr zuvor immer wichtig gewesen war: das Vergnügen, das Nachtleben, die Spielkasinos. Sie hatte alles gehabt, was sie wollte. Aber es hatte doch noch etwas gefehlt.

Rita Nightingale musste ins Gefängnis, damit Gott ihr die Augen öffnen konnte. Plötzlich wusste sie, dass Jesus der war, der er zu sein behauptete. Und so lud sie ihn in ihr Leben ein.

Überwältigt von den übermächtigen Emotionen, die sie überkamen, als sie Jesus Christus ihr Leben anvertraute, flüchtete Rita sich zu dem einzigen privaten Ort im Gefängnis – unter die Krankenhausbaracke. Die Gebäude waren allesamt auf Pfählen gebaut, doch niemand begab sich wegen der Schlangen je darunter. Dort aber unter der Hütte bei den Schlangen erkannte Rita, dass Gott ihr wirklich ewiges Leben schenken wollte. Dort in der Dunkelheit – zusammengekauert unter dem Boden – betete sie zu Jesus Christus und nahm ihn als ihren persönlichen Freund – ihren Herrn, Gott und Erretter – an.

Nicht lange danach bemerkte sie, dass sich ihre Einstellung grundlegend geändert hatte. Gott veränderte lange Zeit nicht die Umstände, aber er fing an, Rita und ihre Haltung ihm gegenüber zu ändern.

Plötzlich wurde ihr eines Tages mitgeteilt, dass ihrem Gnadengesuch stattgegeben worden war. Der Grund wurde ihr nicht mitgeteilt; die Entlassung aus dem Knast kam aus heiterem Himmel. Sie schreibt es jedoch der Tatsache zu, dass überall auf der ganzen Welt Christen für sie beteten.

Von ihrer Begnadigung hörte sie in den Nachrichten. Dadurch wurde die Sache offiziell. Es wurde auch bekannt, dass diese Situation wohl recht einmalig war. Niemals zuvor war einem Drogenschmuggler ein solch königlicher Gnadenerlass des Herrschers von Thailand zuteil worden.

Gott wird das letzte Wort haben.
Und es wird alles gut werden!

Am Tag, nachdem Rita die Nachricht von ihrer Strafentlassung erhielt, wurden die Tore geöffnet, und sie war ein freier Mensch. Heute ist Rita eine lebensfrohe Christin. Sie arbeitet in England für Chuck Colsons Gefängnismission.

Sie wurden von einem Mann gelehrt.

Sie wurden von einem Mann gelebt. Er selbst ist das beste Beispiel dafür, wie wir mit Verfolgung umgehen sollen.

Er durchlebte Verfolgung. Er starb durch die Verfolgung. Er stand nach der Verfolgung aus seinem Grab auf. Wenn Sie persönliches Glück finden wollen – wahres, tiefes, andauerndes, ewiges Glück –, dann wiederholen Sie für sich auf den folgenden Seiten noch einmal die Lektionen über die „Glücklich sind"-Aussagen und lernen Sie mehr über den Mann, der sie gelehrt und gelebt hat: Jesus Christus. Ich nenne ihn den größten Möglichkeitsdenker, der je gelebt hat.

Jesus hätte eigentlich der größte Unmöglichkeitsdenker der Welt sein müssen. Er hatte nichts, das für ihn sprach.

Jesus gehörte einer verachteten Minderheit an. Er war ein Bürger eines besetzten Landes, ein Niemand, soweit es die Römer betraf, ein Spielball der Besatzungsmacht, ein lebender Affront für die Juden jener Zeit.

Jesus war Teil eines unterdrückten, zynischen und verbitterten Volkes!

Die Steuerlast war immens.

Freiheit ein Fremdwort.

Das Überleben war ungewiss.

Das religiöse Leben war einengend, negativ und freudlos.

Und doch ließ Jesus sich nie zu aufrührerischen Reden hinreißen. Er scharte nie eine Guerilla-Truppe um sich und führte nie einen Protestmarsch nach Jerusalem oder Rom durch.

Jesus stammte aus Nazareth, einer Stadt, die dafür bekannt war, kulturell verarmt und moralisch korrupt zu sein. „Was kann aus Nazareth schon Gutes kommen!", war ein landläufiger Ausspruch (siehe auch Johannes 1,46).

Jesus war nicht gerade sehr gebildet. Seine Schulausbildung, sofern er eine besaß, war einfach. Der einzige schriftliche „Nachlass", von dem man weiß, ist eine in den Sand gekritzelte Notiz.

Jesus hatte keine eigene Organisation. Seine Nachfolger waren Männer, die nicht gerade sehr beredt waren, schwielige Hände und eingerissene Fingernägel hatten. Es waren ungeschliffene, unkultivierte, ungebildete, ignorante Versager. In vielerlei Hinsicht und besonders in kritischen Zeiten erwiesen sie sich als labil, unsicher, unzuverlässig und enttäuschend.

Ja, Jesus kannte Undankbarkeit, Zurückweisung, Unverständnis und Verrat.

Allen psychologischen Gesetzen der Persönlichkeitsentfaltung zufolge hätte Jesus als wertender, kritischer, frustrierter, wütender, ungläubiger, zynischer, rebellischer, gewalttätiger, emotional benachteiligter, radikaler, militanter Revoluzzer enden müssen.

Jesus blieb unverheiratet – war sein ganzes Leben lang Single. Also verbrachte er seine Jahre ohne die Ermutigung, die Bequemlichkeit und die Gemeinschaft mit einer Frau und Kindern. Und das in einer Gesellschaft, in der Kinder den größten Schatz eines Mannes darstellten. Er starb, ohne auch nur einen Sohn oder eine Tochter hinterlassen zu haben.

Und denken wir mal an seinen Tod!

Jesus war erst 33 Jahre alt. Er war noch so jung. Er starb vor seiner Mutter! Ihm war noch nicht einmal ein halbes Jahrhundert vergönnt, um seine Spuren zu hinterlassen, seine Bücher zu schreiben, sein Reich zu bauen und die Welt zu erobern.

Allein das hätte eigentlich ausreichen können, um aus ihm einen zynischen Unmöglichkeitsdenker zu machen, der seine Lippen zusammenpresst und weint, ja bittere Tränen weint.

„Das ist nicht fair!"

„Ich bin zu jung zum Sterben."

„O Gott – gib mir mehr Zeit!"

Ja, wo war sein himmlischer Vater, als er ihn am meisten brauchte?

Jesus – sein ganzes Leben über war er gut, freundlich, liebevoll und sehr religiös. Jeden Sabbat verbrachte er in der Synagoge. Die Heilige Schrift – wie gerne las er doch in ihr! Gebet? Sein Leben war in jeder Lage ein Gebet!

Jesus.

Wie sehr liebte er doch seinen himmlischen Vater.

Wie sehr vertraute er doch seinem himmlischen Vater.

Wie sehr diente er doch seinem himmlischen Vater.

Jesus. Als er am Kreuz hing, als er Gott, seinen Vater, am meisten gebraucht hätte, schien Gott ihn verlassen zu haben.

Jesus wurde verfolgt. Er wurde ausgepeitscht. Er wurde verhöhnt. Er wurde zurückgewiesen. Er wurde gekreuzigt. Und doch zeigte Jesus auch nicht ein einziges Mal Bitterkeit ... Als er am Kreuz hing, sagte er: „Vater, vergib ihnen, denn sie wissen nicht, was sie tun!“

Für Jesus verbarg sich in jedem Problem eine Gelegenheit.

Krankheit war eine Gelegenheit zur Heilung.

Sünde war eine Gelegenheit zur Vergebung.

Trauer war eine Gelegenheit zum Mitgefühl.

Persönlicher Missbrauch war eine Gelegenheit, einen guten Eindruck zu hinterlassen und der Welt zu zeigen, wie Möglichkeitsdenker reagieren!

Für Jesus war jeder Mensch eine Goldmiene an unentdeckten, verborgenen Möglichkeiten!

Und Petrus? Ein aufbrausender Fischer. Aber er wurde zum großen Führer der neuen großen Kirche.

Maria Magdalena? Eine allseits bekannte Prostituierte. Aber sie wurde eine sensible, feine Seele. Sie balsamierte eines Tages seinen Körper für sein Begräbnis ein.

Matthäus? Ein gewöhnlicher Materialist. Aber er verfügte über das Potenzial, ein großer Schreiber zu werden. Und sogar ein Evangelium zu verfassen!

Für Jesus ist es nicht das Wichtigste, dass wir Sünder sind, sondern dass wir Heilige werden können. Und so verkündete Jesus die größte aller Möglichkeiten: die unermessliche *Gnade Gottes!*

Für Jesus war die ganze Welt voll gestopft, prall, überfrachtet von ungenutzten, unentdeckten, unerkannten *Möglichkeiten*! Jesus glaubte wirklich an die äußersten Möglichkeiten!

Der Mensch kann wiedergeboren werden!

Der Charakter kann geändert werden!

Sie können ein neuer Mensch werden!

Das Leben kann schön sein!

Für jedes Problem gibt es eine Lösung!

Hinter jedem Schatten gibt es ein Licht.

Ja! Jesus hatte einen unerschütterlichen Glauben an diese letztendlichen Möglichkeiten.

Gott existiert!

Das Leben geht nach dem Tod weiter.

Der Himmel ist ganz real!

Jesus war bereit dazu, dies unter Beweis zu stellen. Indem er starb – und vom Tod auferstand!

Jesus war von dem beeindruckt, was aus der Welt werden konnte – und nie deprimiert über das, was die Welt war.

Er glaubte tatsächlich daran, dass gewöhnliche Menschen ungewöhnlich mächtig werden können. Er wusste ohne den geringsten Zweifel, dass aus gewöhnlichen Menschen ungewöhnliche Menschen werden können, wenn sie nur zu Möglichkeitsdenkern werden.

Also verschrieb sich Jesus der Aufgabe, Menschen mit einem Minderwertigkeitskomplex Selbstvertrauen zu schenken. Er ermöglichte es schuldgeplagten, auf Versagen programmierten, problemorientierten Menschen, sich selbst lieben zu lernen und aufzuhören, sich selbst zu hassen!

Er gab den Hoffnungslosen Hoffnung, den Trostlosen Trost, Gnade denen, deren Herz und Leben angeknackst war. Er gab ihnen das Geschenk eines erfüllten Lebens und verriet ihnen das Geheimnis, wie sie durch die Seligpreisungen Leben finden konnten, das diesen Namen auch verdient.

- „Selig sind, die da geistlich arm sind; denn ihrer ist das Himmelreich."
- „Selig sind, die da Leid tragen; denn sie sollen getröstet werden."
- „Selig sind die Sanftmütigen; denn sie werden das Erdreich besitzen."
- „Selig sind, die da hungert und dürstet nach der Gerechtigkeit; denn sie sollen satt werden."
- „Selig sind die Barmherzigen; denn sie werden Barmherzigkeit erlangen."
- „Selig sind, die reinen Herzens sind; denn sie werden Gott schauen."
- „Selig sind die Friedfertigen; denn sie werden Gottes Kinder heißen."
- „Selig sind, die um der Gerechtigkeit willen verfolgt werden; denn ihrer ist das Himmelreich."

Dachte Jesus, als er diese Worte aussprach, bereits an seine eigene Verfolgung, die ihm bevorstand? Ja, bestimmt. Denn mit Sicherheit hat niemand mehr Verfolgung erlitten als Jesus. Mit Sicherheit folgen wir einem verwundeten Führer. Er führt uns an keinen Ort, an dem er nicht schon selbst gewesen wäre.

Er ertrug die Verfolgung der Einsamkeit. Er durchwanderte sein „finsteres Tal" ganz alleine. Die Nacht vor seiner Verhaftung betete Jesus im Garten von Gethsemane. Keiner seiner Jünger – nicht einer der Zwölf – blieb wach, um mit ihm zu beten und ihn in der Zeit der höchsten Not zu trösten. Und als er dann verhaftet und durch einen Kuss von Judas betrogen wurde, den er liebte und den er zu dem Kreis seiner engsten Freunde zählte, flohen die anderen Jünger und leugneten sogar ab, ihn zu kennen.

Jesus wurde verhaftet, kam auf die Anklagebank und wurde der Gotteslästerung beschuldigt. Beanspruchte er nicht für sich, der verheißene Messias zu sein? Erweckte er nicht vielmehr zumindest den Eindruck, dass er der Sohn Gottes war? In dem öffentlichen Prozess wurde er aufgefordert, seine Göttlichkeit zu verleugnen, seine gotteslästerlichen Behauptungen zurückzunehmen und die Verwirrung der einfachen Leute aufzuklären, die glaubten, dass er der in menschlicher Gestalt auf die Erde gekommene Sohn Gottes sei.

Aber er konnte sie nicht anlügen. Deshalb blieb er stumm. Das Urteil war absehbar: Tod durch Kreuzigung! Eine Menschenmenge versammelte sich, um zuzusehen, wie ein Möglichkeitsdenker starb. Wie starb er? Er starb, indem er die Möglichkeiten des Augenblicks sah und wahrnahm. Er praktizierte das, was er sein ganzes Leben lang gepredigt hatte. Er verwandelte seine Hölle in den Himmel. Denn hier lag seine Chance, die Seele eines verlorenen Diebes zu retten, der neben ihm gekreuzigt werden sollte.

Jesus ertrug die körperliche Schmach: die Auspeitschungen, die Dornenkrone, die Nägelmale an Händen und Füßen.

Er starb einen der schmerzvollsten Tode: die Kreuzigung. Er ertrug auch emotionale Verfolgung. Er wurde von den Römern gehetzt, die ihm zum Spott ein Gewand um seine zerschundenen Schultern legten. Ein Schild, das oben am Kreuz hing, verhöhnte ihn: „König der Juden". Als er um einen Schluck zu trinken bat, lachten sie ihn aus. Sie machten sich sogar noch mehr über ihn lustig, als sie einen Schwamm in Essig tränkten und ihn ihm gaben. Dann lachten sie über sein Stöhnen.

Dies war eine spektakuläre Gelegenheit, allen Frauen und Männern aller Zeiten eindrücklich zu vermitteln, dass der Tod ein großartiges Wiedersehen mit Gott sein kann. Dass aus Wunden Sternstunden werden können.

Heute ist das Kreuz das positive Symbol der glücklichsten Religion auf der ganzen Welt. Verfolgt? Sie und ich – wir können uns trotzdem dafür entscheiden, glücklich zu sein! Denn wir glauben, dass Jesus am Ostersonntag auferstanden ist! Nach meiner persönlichen Überzeugung ist es so, dass Jesus Christus lebt – und zwar jetzt, in diesem Moment!

Was bedeutet Christi Verfolgung, Kreuzigung und Auferstehung für uns? Sie bedeutet, dass wir, wenn Christus in uns lebt, auch die Möglichkeit haben:

- unsere Probleme in Gelegenheiten zu verwandeln,
- unsere Chancen wahrzunehmen und Erfolg zu haben,
- große Träume zu träumen und sie wahr werden zu lassen,
- von der Eifersucht und dem Selbstmitleid zur wahren Fürsorge für andere umzuschalten, die viel schlimmer dran sind als wir,
- unsere zerbrochenen Träume, Hoffnungen und Wünsche aufzugreifen und nochmals von vorne anzufangen,
- große Möglichkeiten in jenen unattraktiven Menschen zu sehen,
- ein wahrhaft schöner Mensch zu werden – wie Jesus!

Nachdem wir nun diese acht „Glücklich sind"-Aussagen noch einmal rekapituliert haben, geht es um eine letzte Frage: *Sind Sie wirklich glücklich?*

Glück – diese tiefe innere Stärke, die sich aus Mut, Glaube, Hoffnung und Frieden zusammensetzt. Verbinden Sie sie miteinander und Sie werden Glück finden!

Glück – der Mut, inmitten schwerster Feindseligkeiten am Ball zu bleiben!

Glück – der Glaube, dass Gott das letzte Wort hat und alles gut werden wird!

Glück – die Hoffnung, dass sich, auch wenn wir nur Schatten sehen können, eines Tages die Wolken aufhellen und die Sonne wieder scheinen wird!

Glück – das stille Wissen um den eigenen Selbstwert, das sich einstellt, wenn man weiß, dass man sein Bestes gegeben hat.

Glück – die ruhige Gewissheit, dass man freundlich und gnädig zu Freund und Feind gewesen ist.

Glück – die ruhige Gewissheit, dass Gott auch zu mir freundlich und gnädig sein wird.

Glück – der herrliche Glaube, dass dieses Leben, wie schwierig es auch sein mag, nicht unser letztendlicher Bestimmungsort sein wird.

Unser Leben hier auf der Erde ähnelt nur einer Wanderschaft. Der Himmel – das Leben mit Jesus in der Ewigkeit – ist unsere ewige Bestimmung.

„Ich werde heute glücklich sein!
Auch wenn der Himmel wolkig und grau ist,
Egal auch, was sich mir in den Weg stellt,
Ich werde heute glücklich sein."

Ella Wheeler Wilcox

Beim Christsein sprechen wir davon, „eine Entscheidung für Jesus Christus zu treffen". Wir hissen das Segel des Glaubens. Wir segeln und unternehmen diese Reise in unserem kleinen Boot über den aufgewühlten Ozean des Lebens. Aber auch das sollten wir wissen: Kein Segel hat je ein Schiff bewegt. Der Wind bewegt das Schiff. Das Segel fängt nur den Wind ein.

Ich bitte Sie jetzt, das Segel des Glaubens zu hissen. Sie werden die Macht von Gottes Geist einfangen und sich zunutze machen. Nun, wo Sie das Segel des Glaubens gehisst haben, halten Sie es hoch, auch wenn Sie, geistlich gesehen, in einer Flaute stecken. Nach Gottes Zeitplan wird die frische Brise kommen. Neue positive Gefühle werden die düsteren, alten, langweiligen, deprimierenden, negativen Emotionen ersetzen. Eine überschwängliche Begeisterung für das Leben wird Sie wie eine steife Brise, die Sie durchströmt, erfassen. Sie werden

Möge unser wunderbarer Herr Ihnen vor jedem Sonnenuntergang eine unerwartete Überraschung an Freude bescheren!

die Wiedergeburt jugendlicher Freude, Energie und erwartungsvollen Gespanntseins erleben.

Beten Sie dieses einfache Gebet: „Herr Jesus, ich brauche einen Freund auf meiner Lebensreise. Bitte vergib mir, dass ich bislang versucht habe, das Meer meines Lebens ohne dich zu durchqueren. Deshalb bitte ich dich jetzt, mein bester Freund zu sein und dich zu den Zusagen der ‚Glücklich sind'-Worte, die du uns gegeben hast, zu bekennen. Amen."

Anmerkungen

1 Pat Boone: amerikanischer Schlagersänger der 1950er und 1960er Jahre, Filmschauspieler, wurde später Christ. War nach Elvis Presley der zweitbekannteste Popsänger der späten 1950er; hatte von 1957–1960 seine eigene Fernsehshow und schrieb selbst Bücher (Ratgeber für Teenager).

2 Cherry Boone O'Neill: *Starving for Attention,* New York: Continuum Publishing Co., 1982.

3 Tony Orlando: Michael Anthony Orlando Cassivitis, wurde 1944 in New York als Sohn einer Puerto-Ricanerin und eines griechischen Einwanderers geboren. Seine Single *Halfway In Paradise* kam 1960 bis in die Top 40. Die Nachfolgeplatte *Bless You* erreichte die Top 20. 1963 stieg er erstmals aus dem aktiven Musikgeschäft aus und arbeitete als Plattenpromoter bei verschiedenen Musikunternehmen. Sein Wiedereinstieg in die Popwelt erfolgte 1970 mit *Candida.* Geboren war das Trio „Tony Orlando & Dawn", die zu Starruhm gelangten. 1977, beeinflusst durch den Tod seiner von Geburt an behinderten Schwester und durch den Selbstmord seines besten Freundes, des Komödianten Freddie Prinze, stieg Orlando wieder einmal aus dem aktiven Showbusiness aus und wurde in der Folge Christ.

4 Robert Schuller: *Self-Esteem: The New Reformation,* Waco, Texas: Word Books, 1982, S. 112.

5 Robert Schuller, ebd. S. 103–104.

6 Robert Schuller/Paul David Dunn: *The Power of Being Debt Free,* Nashville: Thomas Nelson Publishers, 1985.

7 Die in seiner Firma angewandten Prinzipien beschreibt S. Truett Cathy in seinem Buch „Das Prinzip Großzügigkeit – Von der Kunst, sich reich zu schenken", Ko-Autor: Ken Blanchard, Asslar: Gerth Medien, 2003.

8 Corrie ten Boom: „Die Zuflucht". Corrie ten Boom erzählt aus

ihrem Leben 1892–1945, Wuppertal/Zürich: R. Brockhaus Verlag, 1995.

9 Rita Nightingale: *Freed for Life,* Wheaton: Tyndale House, 1983. Von der Autorin auf Deutsch erschienen ist das Buch „Bangkok – Ausweglos", Holzgerlingen: Hänssler-Verlag, 2002.